MEMÓRIAS

Padre Germano
(Espírito)

MEMÓRIAS

Romance Mediúnico

Comunicações recebidas pelo médium falante
Eudaldo Pagés

Registradas por
Amalia Domingo y Soler

Tradução
Sandra Martha Dolinsky

LACHÂTRE

Instituto Lachâtre
Caixa Postal 164 – CEP 12914-970
Bragança Paulista – SP
Telefone: 11 4063-5354
Site: www.lachatre.org.br
E-mail: editora@lachatre.org.br

Produção Gráfica da Capa
Andrei Polessi

Tradução
(A partir da 11ª edição da Editorial Kier, Buenos Aires, 1979.)
Sandra Martha Dolinski

4ª edição – Novembro de 2017
Do 19.001º ao 21.000º exemplar

Impresso na Assahi Gráfica e Editora Ltda.

Impresso no Brasil
Presita en Brazilo

CIP-Brasil. Catalogação na fonte

Pagés, Eudaldo (pelo espírito padre Germano), organizado por Soler, Amalia Rodrigo y.
Memórias. Eudaldo Pagés. Bragança Paulista, SP : Instituto Lachâtre, 2017, 4ª Edição.
272p.

1. Espiritismo. 2. Romance Espírita . 3. Literatura espanhola. I.Título.

CDD 133.9 CDU 133.7

Sumário

Prólogo

Em 29 de abril de 1880, no jornal espírita La Luz del Porvenir, *comecei a publicar as memórias do padre Germano, longa série de comunicações que, por sua forma, às vezes (ao que parece) romanceada, instruíram deleitando. O espírito do padre Germano foi relatando alguns episódios de sua última vida, que consagrou a consolar os humildes e os oprimidos, desmascarando ao mesmo tempo os hipócritas e os falsos religiosos da Igreja Romana; isso lhe ocasionou (como era natural) uma infinidade de desgostos, perseguições sem trégua, cruéis insultos e ameaças de morte que, mais de uma vez, estiveram bem perto de se transformar em amaríssima realidade. Foi vítima de seus superiores hierárquicos e viveu desterrado em uma aldeia, ele que, sem sombra de dúvida, por conta de seu talento, sua bondade e por suas especiais condições, teria guiado a barca de São Pedro a porto seguro, sem tê-la feito ir a pique. Mas não por viver em um recanto afastado da Terra viveu obscurecido; pois assim como as violetas escondidas entre as folhas exalam seu delicado perfume, a religiosidade de sua alma exalou também o delicado aroma de seu sentimento religioso, e foi tanta sua fragrância, que sua inebriante essência foi aspirada em uma grande parte da Terra e foram muitos os soberanos que, aterrorizados pela lembrança de seus enormes crimes, correram e se prostraram humildemente diante do pobre sacerdote, pedindo-lhe que servisse de intermediário entre eles e Deus.*

Padre Germano recolheu muitas ovelhas desgarradas, guiando-as, solícito, pelo estreito caminho da verdadeira religião; que não é nada além de fazer o bem pelo bem em si, amando o bom, porque, por suas excepcionais virtudes, merece ser docemente amado; e amando o delinquente, porque é um doente da alma em estado gravíssimo, que só com amor pode se curar.

A missão do padre Germano em sua última existência foi a mais linda missão que o homem pode ter sobre a face da Terra; e como quando o espí-

rito deixa seu invólucro carnal continua sentindo no espaço o mesmo que sentia na Terra, ele sentiu, ao se ver livre de seus inimigos, a mesma necessidade de amar e de instruir seus semelhantes, e buscou todos os meios para realizar seus nobilíssimos desejos.

Esperando ocasião propícia, chegou a hora de encontrar um médium falante puramente mecânico, por quem ele professava profundo afeto havia muitos séculos; mas esse achado não era o bastante: precisava que aquele médium tivesse um escrevente que sentisse, que compreendesse e que apreciasse o que o médium relatasse; e encontrou esse escrevente em minha boa vontade, em meu veemente desejo de propagar o espiritismo, e nós três trabalhamos juntos na redação de suas memórias até 10 de janeiro de 1884.

Suas memórias não seguem uma ordem perfeita na relação dos acontecimentos de sua vida; tanto relata episódios de sua juventude (verdadeiramente dramáticos) quanto se lamenta de seu abandono na velhice; mas, em tudo que diz há tanto sentimento, tanta religiosidade, tanto amor a Deus, tão profunda admiração a Suas eternas leis, tão imensa adoração à natureza, que, lendo os fragmentos de suas memórias, a alma mais atribulada se consola, o espírito mais cético reflete, o homem mais criminoso se comove, e todos, a sua maneira, buscam Deus, na convicção de que Ele existe na imensidão dos céus.

Um dos fundadores de La Luz del Porvenir, *o editor espírita Juan Torrents, teve a bom senso de reunir em um livro as memórias do padre Germano, e eu acrescentei a elas algumas comunicações do mesmo espírito, por encontrar em suas páginas imensos tesouros de amor e de esperança, esperança e amor que são os frutos maduros da verdadeira religiosidade que o padre Germano possui há muitos séculos; porque para sentir como ele sente, e amar como ele ama, e conhecer tão a fundo as misérias da humanidade, é preciso ter lutado com a impetuosidade das paixões, com os assédios dos vícios, com a irresistível adulação das mundanas vaidades. As grandes, as arraigadas virtudes e os muitos conhecimentos científicos não se improvisam; são a obra paciente dos séculos.*

Sirvam estas linhas de humilde prólogo às memórias do padre Germano, e sejam elas as folhas que escondem um ramo de violetas cujo delicadíssimo perfume aspirarão com prazer os sedentos de justiça e os famintos de amor e de verdade.

Amalia Domingo Soler
Gracia, 25 de fevereiro de 1900.

O remorso

Com quanto sacrifício, com que santa fruição celebrei pela primeira vez o sacrifício da missa! Eu nasci para a vida religiosa, doce e contemplativa.

Que gratificante era, para mim, ensinar a doutrina às crianças! Quanto me deleitava ouvir suas vozinhas, umas destemperadas, outras berrantes, outras ainda fracas; mas agradáveis todas, porque eram puras como suas almas inocentes.

Oh, as tardes! As tardes de minha aldeia vivem sempre em minha memória! Quanta ternura, quanta poesia tinham para mim aqueles momentos, quando deixava meu querido breviário e, acompanhado de meu fiel Sultão, eu me dirigia ao cemitério para rogar diante da cruz de pedra pelas almas dos fiéis que dormiam a minha volta!

As crianças me seguiam de longe e me esperavam à porta da casa dos mortos; quando terminava minha oração, eu saía da mansão da verdade e, recordando as divinas palavras de Jesus, dizia: "Vinde a mim as criancinhas!" e um enxame delas me cercava carinhosamente e me pedia que lhes contasse histórias. Eu me sentava à sombra de uma venerável oliveira. Sultão se deitava aos meus pés e as crianças se entretinham, primeiro, puxando as orelhas de meu velho companheiro, que sofria resignado aquelas provas de infantil carinho e de alegre travessura. Eu os deixava, gostava de ver-me cercado por aquelas inocentes criaturas que me olhavam com ingênua admiração, dizendo uns aos outros: "Vamos brincar de morto com Sultão, que o padre não briga". E meu pobre cão se deixava arrastar pela grama, merecendo, no final, como prêmio por sua condescendência, que todas as crianças lhe dessem algo de seus lanches; depois, restabelecida a calma, todos se sentavam a minha volta e ouviam atentamente o acontecimento milagroso que eu lhes contava.

Sultão era o primeiro a dar o sinal de ir embora; levantava-se, inquietava as crianças com pulos e corridas e voltávamos todos juntos a nossos pacíficos lares; e assim passei muitos dias, muitos meses de paz e de amor, ignorando que houvesse criminosos no mundo. Mas, ah, a morte levou o padre João, e então assumi aquela paróquia, e novas atenções chegaram para perturbar o sono de minhas noites e o sossego de meus dias.

Sem perceber por quê, eu sempre havia recusado a confissão dos pecados alheios. Julgava ser uma carga muito pesada guardar segredos dos outros. Minha alma, franca e ingênua, angustiava-se com o peso de mil culpas e tinha medo de aumentar a carga com os pecados dos outros. Mas a morte do padre João me obrigou a sentar no tribunal da penitência, ou melhor, da consciência humana, e então, oh, então minha vida se horrorizou.

Quantas histórias tristes! Quantos desacertos! Quantos crimes! Quanta iniquidade!

Uma noite, oh, jamais esquecerei aquela noite. Eu me preparava para descansar quando Sultão se levantou inquieto, olhou para mim atentamente, apoiou suas patas da frente no braço de minha poltrona e parecia me dizer com seu inteligente olhar: "Não se deite, alguém está chegando". Cinco minutos depois, senti o galope de um cavalo e, após alguns instantes, o velho Miguel veio me dizer que um homem queria falar comigo.

Saí a seu encontro, e Sultão o cheirou sem demonstrar o menor contentamento, e se deitou aos meus pés em atitude defensiva.

Parece que ainda vejo meu visitante. Era um homem de meia-idade, de semblante triste e olhar sombrio. Olhou para mim e disse:

– Padre, estamos sozinhos?

– Sim, que queres?

– Quero que ouça minha confissão.

– E por que vens me procurar, se tens Deus?

– Deus está muito longe de nós, e eu preciso ouvir uma voz mais próxima.

– E tua consciência nada te diz?

– Justamente porque ouço sua voz é que o venho procurar. Não me enganaram ao me dizer que o senhor é inimigo da confissão.

– É verdade: o horror da vida me angustia; só gosto de ouvir as confissões das crianças, porque seus pecados fazem os anjos sorrirem.

– Padre, escute-me; porque é obra de caridade dar conselho o quem o pede.

– Fala, e que Deus inspire a nós dois.

– Preste toda tua atenção. Há alguns meses, junto aos muros do cemitério da cidade D., encontrou-se o corpo de um homem com o crânio arrebentado. Houve investigações para encontrar o assassino, mas foi tudo em vão. Recentemente, um homem se apresentou no Tribunal de Justiça e declarou ser o matador do homem que foi encontrado morto ao lado do cemitério. Eu sou o juiz dessa causa; a lei o condena à morte, por conta de sua declaração, mas eu não o posso condenar.

- Por quê?

- Porque sei que é inocente.

- Como, se ele se declara culpado?

- Pois eu lhe juro que não foi ele o matador.

- E como podes jurar?

- Porque o assassino desse homem fui eu.

- Tu?

- Sim, padre, fui eu; é uma história muito longa e muito triste; só lhe direi que me vinguei com minhas próprias mãos e que de meu segredo depende a honra de meus filhos; mas minha consciência não pode tolerar assinar a sentença de morte de um homem que me consta que não é culpado.

- Esse desventurado padece de alguma alienação mental?

- Não, não; sua cabeça se encontra perfeitamente organizada. Apelei ao recurso de dizer que estava louco; mas a ciência médica me desmentiu.

- Então, não tenhas remorso por condená-lo; o remorso por outro crime deve tê-lo feito dar esse passo. Ninguém entrega sua vida à justiça sem ser o que se chama um assassino. Vá tranquilo, cumpra com a justiça humana, que o remorso desse desventurado fez que se cumpra a divina. Eu te prometo falar com esse infeliz e, para teu sossego, te direi o que ele me confiar. E, quanto a ti, não voltes a esquecer o quinto mandamento da lei de Deus, que diz: "Não matarás".

Meus pressentimentos não me enganaram; alguns dias depois, falei com o réu, quando, em seus últimos momentos, lhe disse: "Fala que Deus te escuta!" Então, afogado em lágrimas, ele me disse: "Meu padre, como é triste a vida do criminoso! Há dez anos, matei uma pobre jovem e sua sombra sempre me perseguiu; ainda a vejo, está aqui entre nós! Eu me casei para ver se, vivendo acompanhado, perdia aquele horror que me matava lentamente; mas, quando ia acariciar minha esposa, ela se interpunha, e seu rosto lívido ocultava o semblante de minha companheira: quando teve o primeiro filho, não era minha mulher que segurava a criança diante de meus olhos; era ela quem mo apresentava. Viajei, entreguei-me a todos os vícios; ora me arrependia e passava dias e dias nas igrejas, e, quando estava nas tabernas, ela passava ao meu lado. Se ia ao templo, ela se colocava diante de todas as imagens; e sempre ela... Não sei por que não tive coragem para me matar e, quando não encontraram o matador desse pobre homem, dei graças a Deus, porque assim poderia morrer acusando-me do delito de sua morte.

- E por que não declaraste vosso crime anterior?

- Porque não há provas convincentes, porque eu soube ocultar tão habilmente meu assassinato que não ficou o menor rastro; mas o que os homens não viram eu vi. Aqui está ela, aqui, e parece que me olha com menos raiva. O senhor não a vê, padre? Não a vê? Ai! Ai! Que vontade de morrer para parar de vê-la!

No momento de subir ao patíbulo, o réu me disse:

- Ela está no lugar do verdugo. Padre, peça o senhor a Deus que eu não a veja depois de morrer, se é que se veem os mortos na eternidade.

Para descanso do juiz homicida, eu disse a ele tudo que havia dito o outro Caim e, ao terminar meu relato, ele me disse tristemente:

- Ai, padre, que vale a justiça humana comparada com a justiça divina? A morte daquele homem está vingada perante a sociedade; o réu, talvez, descansa na eternidade; mas eu, meu padre, onde descansarei?

Um ano depois, o juiz foi internado em um manicômio, e nunca mais saiu; e eu, depositário de tantos segredos, testemunha moral de tantos crimes, confidente de tantas iniquidades, vivo angustiado sob o peso das culpas humanas!

Oh, tranquilas tardes de minha aldeia! Onde estais? Já não ecoam minhas orações ao pé da cruz de pedra. Onde estão aqueles meninos que brincavam com Sultão? Este último morreu, os primeiros cresceram... Já são homens... e, quem sabe, alguns deles criminosos.

Dizem que sou bom. Muitos pecadores vêm me contar suas desventuras. E vejo que o remorso é o único inferno do homem.[1]

Senhor, inspira-me! Guia-me pelo caminho do bem, e já que me entristeço por culpas alheias, que eu não perca a razão recordando as minhas, porque que homem haverá neste mundo que não tenha remorsos?

[1] Nota da editora: É interessante observar que, no decorrer da obra, o padre Germano irá reafirmar constantemente sua crença espírita em oposição à da igreja que representa, como agora, ao constatar que não existe o inferno, ou como há pouco, ao recusar a confissão.

As três confissões

Manuscrito querido, fiel depositário dos últimos segredos de minha alma! Depois de Deus, tu és meu confessor, tu és meu exato retrato. O mundo não me conhece, tu sim. A ti me mostro tal qual sou, com minhas fraquezas e meus remorsos. Diante de ti sou homem. Para a sociedade, sou o sacerdote.

Muitos me julgam impecável. Meu Deus, por que pedem algo impossível? Por que exigem do ungido do Senhor a força do gigante? Se ele é um pigmeu, como os outros homens da Terra!

Ah, as leis! As leis sociais, quão absurdas são! Eu antes não sabia, passei muitos anos contente com minha sorte. Celebrar missa, ensinar a doutrina às crianças, passear com meu velho companheiro, o fiel Sultão, entreguar-me a leituras piedosas, era todo meu encanto. Só uma nuvem de tristeza envolvia minha mente quando tinha que cumprir um ato de meu sagrado ministério; só uma coisa me angustiava e me enlouquecia: receber a confissão dos pecadores. Oh! Quando me sentava no confessionário, quando meu angustiado olhar se fixava no rosto dos penitentes e estes me confiavam suas aflições e às vezes terríveis segredos, eu sofria mil mortes por segundo. Saía do confessionário fugindo de mim mesmo, corria feito louco, e ia para o campo; e ali me prostrava em terra, e pedia a Deus que me tirasse a memória. Às vezes, Deus escutava meu rogo; um sono manso se apoderava de meus sentidos e meu fiel Sultão, puxando suavemente meu hábito, me acordava, e eu me sentia fraco como se houvesse tido uma forte febre. Recordava vagamente mil acontecimentos estranhos e voltava a meu lar, onde o velho Miguel me esperava inquieto.

Nunca quis o tumulto das grandes cidades, sempre preferi minha aldeia; mas, como se fosse minha expiação, mesmo eu tendo recusado viver na grande cidade de N., seus principais habitantes iam buscar o padre da aldeia, e mulheres de nobre berço, e homens de altíssima posição social, iam a minha humilde igreja para que eu lhes desse a bênção nupcial. E eu olhava aqueles jovens casais sorrindo de felicidade e, sem saber por que, sentia uma dor aguda na testa e no coração, e quando todos iam embora, quando eu ficava sozinho no templo, ele me parecia um sepulcro, e eu o corpo enterrado nele.

Furtava-me muito bem de comunicar a alguém minhas impressões, porque o vulgo e meus invejosos companheiros teriam dito que o diabo me tentava, e eu bem sabia que Satanás não havia nascido.[2]

Educado no mais rigoroso ascetismo, sem ter conhecido minha mãe, que morreu ao me dar à luz; filho do ministério, cresci em uma comunidade religiosa, como flor sem orvalho, como ave sem asas, obrigado sempre a obedecer, sem direito algum a perguntar. Um dia, disseram-me:

– Serás ministro de Deus, e fugirás da mulher, porque dela se serve Satã para perder o homem – e eu fugi com um terror supersticioso, porque queria ser grato aos olhos do Senhor.

Entreguei-me à leitura, li muito e compreendi (ainda que tarde) que o sacrifício do sacerdote católico era contrário às leis naturais, e tudo aquilo que violenta a leis de Deus é absurdo. Mas emudeci, invejei a coragem dos reformadores e não me atrevi a segui-los. Quis cumprir bem minha delicada missão e me sacrifiquei pela instituição à qual pertencia.

No dia em que completei 35 anos, as crianças de minha aldeia entraram em tropel em meu jardim, e todos, disputando entre si, me entregaram ramos de flores, frutas e leite, mel e manteiga, e, quando mais contente estava eu entre meus filhos adotivos, suspirando internamente pela família que eu não havia podido criar, recebi uma carta da cidade de N. dizendo que a diretora de um colégio de meninas nobres anunciava que na manhã seguinte viria com quinze estudantes para que recebessem meus conselhos espirituais e se aproximassem da mesa do Senhor para participar do festim eucarístico. Sem saber por que, meu coração bateu aceleradamente, algo morno escorreu por minhas faces e, embora tentasse me dominar, passei o dia todo triste.

Na manhã seguinte, uma longa fila de carros cercou o humilde templo de minha aldeia, e lindas meninas de doze a catorze anos, como um bando de pombos, abateram seu voo e entraram no risonho ninho da igreja cristã, cujos simples altares estavam adornados com perfumadas flores, e justo era que se confundissem as rosas dos prados com as brancas açucenas do jardim da vida. Lindas meninas! Sorrisos do mundo! Esperanças do homem! Por que entrastes em minha pobre aldeia?

---

[2] Nota da editora: Maneira figurada para dizer que Satanás não existe. Padre Germano nega novamente uma crença da igreja e estende suas críticas aos 'invejosos' padres que a representam.

Eu olhei para elas, mas só vi uma; era uma menina pálida, com longos cachos negros. Ao andar, curvava-se como os lírios murchos. Quando se prostrou diante do confessionário, o odor dos brancos jasmins que coroavam sua fronte chegou até meu cérebro e me transtornou. A menina olhou para mim fixamente e disse com voz triste:

- Padre, quando uma pessoa se confessa, é preciso que diga tudo que pensa a seu confessor?

- Se for ruim, sim; se for bom, não.

- Amar é ruim?

A essa pergunta, eu não soube logo o que responder. Olhei para a menina e não sei o que li em seus olhos, pois levei as mãos ao meu coração para conter suas batidas e repliquei com ar grave:

- Amar é bom, mas nem sempre é bom. Devemos adorar a Deus, amar a nossos pais, amar ao próximo, mas há outras paixões no mundo que tu não compreendes ainda, nas quais amar é um delito.

- Eu amo Deus, amo meus pais, meus irmãos e... um homem.

- Tu és muito menina ainda para amar homem algum.

- Eu li que para o coração não existe idade, e já faz um ano que o amo.

Em vez de perguntar, emudeci. O nome daquele homem eu não queria saber, mas a menina prosseguiu:

- Faz um ano que minha irmã Adélia se casou. Queria ser abençoada por um santo e recebeu a bênção de ti.

- De mim?

- Sim, de ti; tens fama de justo. Eu vim com minha irmã, e desde aquele dia...

- O quê?

- Desde aquele dia penso em ti, e para tornar a ver-te, para poder te falar, fui a que demonstrou mais empenho em vir para te perguntar se é pecado pensar em ti.

O que aconteceu comigo, então? Não sei. Fechei os olhos, mas foi inútil. Aquela menina feiticeira, aquela jovem encantadora, cheia de ingenuidade e de paixão, revelava-me um mundo de felicidade negado para mim. Aquela voz acariciava minha alma, mas tive bastante força para dominar meu sentimento e disse à menina:

- Não podes amar um sacerdote, minha filha, porque é um homem que não pertence ao mundo. Roga fervorosamente a Deus para que afaste de ti essa fatal alucinação e pede a Deus que te perdoe como eu te perdoo.

E cego, angustiado por diversas e contraditórias emoções, saí do confessionário e pedi a Deus para não ver, não sofrer. Mas, ah! Só via a ela! A menina pálida dos cachos negros ficou gravada em minha mente e durante muito tempo o perfume dos jasmins que coroavam sua fronte perturbou meu sono e minhas orações.

Oito anos depois, um elegante cavalheiro chegou a minha aldeia, pediu para me ver e disse:

- Vinde, senhor, minha esposa está morrendo e não quer outro confessor além de vós.

Eu o segui e, sem saber por que, pensei na menina dos cachos negros.

Chegamos a um palácio e o jovem me acompanhou até um quarto régio, onde havia um leito envolvido em longas cortinas de púrpura e, dentro dele, uma mulher se queixava debilmente. Deixaram-me sozinho com a doente, e então ela me disse:

- Olha para mim! Não me reconheces?

Meu coração já a havia reconhecido. Para dizer a verdade, não a havia esquecido. Mas tive força de vontade para lhe dizer:

- Quem há de reconhecer-te é Deus em Seu reino; os homens da Terra são coisa sem importância.

- Eu não te esqueci. Hoje faz oito anos que te disse que te amava; dizem que vou morrer, e quis te dizer que, acima de todos os seres da Terra, eu te amei.

Olhei para ela por um instante, contemplei aqueles olhos que irradiavam paixão, abençoei-a com meu pensamento, fiz o sinal da cruz com a mão direita, querendo pôr algo entre ela e mim, e saí do aposento mortuário fugindo de mim mesmo. Voltei a minha aldeia e devorei em silêncio aquele amor que eu não tinha direito a gozar.

Dois anos depois, a peste assolou a cidade vizinha e muitas famílias vieram a minha aldeia em busca de seus ares de saúde. Mas, ah, os hóspedes trouxeram o contágio, e o sino lançou ao vento sua voz melancólica para dizer aos simples camponeses: "A morte está entre vós".

Mas isso não foi impedimento para que continuassem chegando novos emigrados. Entre eles, certa noite chegou o duque de V. acompanhado de sua esposa e de muitos criados. No dia seguinte, em breves horas, morreu o duque, e, quando cheguei para lhe prestar os últimos auxílios da religião, já era tarde. Uma mulher saiu a meu encontro chorando silenciosamente. Eu retrocedi estupefato; era ela, era a jovem pálida dos cachos negros que eu julgava morta havia dois anos.

Ela me compreendeu, dizendo com voz triste:

- Deus é muito bom para mim. Acho que agora morrerei de vez. Creio que agora seguirei meu esposo. Tu recebeste minha primeira confissão, e talvez recebas a última. Só um segredo tive em minha vida, só um pecado cometi, se é que amar é um delito.

Os sinais da febre contagiosa já deixavam marca em seu pálido semblante, e corri como um louco para pedir à ciência a vida daquela mulher que tanto me havia querido e que tanto eu havia amado. Mas a ciência (graças a Deus) não escutou meus imprudentes rogos e, dois dias depois, morreu a jovem duquesa, dizendo-me: "Quero que me enterrem no cemitério desta aldeia, quero estar a vosso lado morta, já que não pude estar em vida".

Que mistérios guarda o coração humano! Quando joguei um punhado de terra em sua sepultura quase me julguei feliz. Como é egoísta o homem!

Quando a menina pálida coroada de brancos jasmins, cheia de inocência e de amor, me brindou com a taça da vida, eu recusei o néctar da felicidade e invejei o homem que a levasse ao altar.

Quando a nobre dama cercada de opulenta família me disse que morria me amando, invejei os seus, que poderiam receber seu último suspiro e emprestar a seu corpo todo o luxo das pompas humanas.

Quando aquela mulher, sozinha, cercada de seres estranhos que fugiam, temerosos de se contagiar, me pediu um cantinho no cemitério de minha aldeia; quando vi que ninguém podia me arrebatar suas cinzas, porque de próprio punho deixou escrito que seu corpo não fosse extraído da humilde sepultura que desejava, oh, então, recebi suas últimas palavras com mágico êxtase. Sua primeira confissão foi para me dizer que me amava e sua última confissão foi para repetir que minha lembrança havia sido o culto de sua vida.

Nem um instante me afastei de seus restos. Os pobres habitantes de minha aldeia, dizimados pela febre, espantados pela mortandade, tendo morrido o coveiro, os poucos que me restavam não queriam tocar os mortos, e Miguel e eu depositamos em uma vala o corpo da mulher pálida. Sultão se deitou aos meus pés.

Miguel se afastou, e eu, então, entreguei meu coração à felicidade de amar.

Amando uma morta não desrespeitava as prescrições sagradas. Chorei minha juventude perdida, lamentei minha fraqueza de não haver protestado contra meus votos e me filiado à igreja luterana, unindo-me pelos laços do matrimônio àquela menina pálida dos cachos negros, e criando família grata aos olhos do Senhor. Compreendi em breves horas o que não havia compreendido em vinte anos, e suspirei por uma felicidade que raras vezes se encontra na Terra.

Eu, que soube tantos segredos! Eu, que vi tantas mulheres sem máscara, confiando a mim suas infidelidades e seus desvios! Eu, que vi tanta inconstância, apreciava em todo seu valor o amor imenso daquela mulher que me viu quatro vezes na vida e, desde que soube sentir, sentiu por mim!

Com que prazer cobri sua vala de flores!

Com que santo deleite cuidava delas!

O coração do homem é sempre menino!

Nem um dia, nem um único dia, deixava de ir ao cemitério! Ali estava o encanto de minha vida!

Passaram-se muitos invernos. A neve cobriu seu túmulo e deixou em minha cabeça brancos flocos, mas meu coração sempre foi jovem.

Sempre o calor do mais puro sentimento manteve o fogo santo do mais imenso amor. Mãe, irmã, esposa e filhos, tudo fundi nela, pois é justo pagar com acréscimo as sagradas dívidas do amor!

Se algo progredi neste mundo, devi tudo a ela! À menina pálida dos cachos negros!

Junto a seu túmulo compreendi o valor da reforma luterana, e regando os chorões-salgueiros que lhe emprestavam sombra, dissipei as sombras que envolviam minha imaginação. Soube como era pequena a igreja dos homens, e como era grande o templo universal de Deus.

Amor, sentimento poderoso! Força criadora! Tu és a alma da vida porque vens de Deus!

Sacerdotes sem família são árvores secas! E Deus não quer a esterilidade do sacrifício. Deus só quer o progresso e o amor universal!

O encapuzado

Senhor! Senhor! Quão culpado devo ter sido em minha vida anterior! Pois tenho plena certeza de que ontem vivi e viverei amanhã. Não de outro modo posso explicar a contínua contrariedade de minha vida. E Deus é justo, e Deus é bom, e Deus não quer que sua última ovelha se desgarre, e o espírito se cansa como se cansa o meu de tanto sofrer.

Que fiz eu no mundo? Padeci. Vim à Terra e minha pobre mãe morreu ao me dar à luz, ou a fizeram morrer, ou a obrigaram a emudecer, quem sabe! O mais profundo mistério velou meu nascimento. Quem me deu o primeiro alimento? Ignoro. Não recordo que nenhuma mulher tenha balançado meu berço. Meus primeiros sorrisos a ninguém fizeram sorrir. Homem de hábito negro via em volta de meu leito ao despertar. Nem uma carícia, nem uma palavra de ternura ecoava em meus ouvidos. Toda a condescendência que tinham para comigo era deixar-me sozinho em um espaçoso jardim. E os pais de meu fiel Sultão (lindíssimos cães de Terranova) eram meus únicos companheiros.

Nas tardes de verão, na hora da sesta, meu maior prazer era dormir repousando minha cabeça no corpo da paciente Zoa, e aquele pobre animal permanecia imóvel todo o tempo que eu quisesse descansar.

Essas foram todas as alegrias de minha infância. Ninguém nunca me castigou, mas também nunca ninguém me disse: Estou contente com você. Só a pobre Zoa lambia minhas mãos, e só Leão puxava as mangas de meu hábito e saía correndo, como quem dizia: "Vem correr comigo". E eu corria com eles, e então sentia o calor da vida.

Quando abandonei minha clausura, ninguém derramou uma lágrima; apenas me disseram: "cumpre teu dever". E como recordação de minha infância e juventude, entregaram-me Sultão, então um pequeno e brincalhão filhote, e comecei uma era menos triste que a anterior, mas triste sempre.

Amante da justiça, meus companheiros me apontaram o dedo; conceituaram-me como elemento perturbador, e me confinaram em uma aldeia onde passei mais da metade da vida. E quando a calma ia se apoderando de minha mente, quando a mais doce melancolia me deixava absorto em mística meditação, quando minha alma gozava algumas horas de manso sono moral, chamavam-me da cidade vizinha para abençoar um casamento, para tomar a derradeira confissão de um moribundo, para assistir à agonia de um réu à espera da morte. E, contrariado sempre, nunca pude, ao conceber um plano, levá-lo a efeito, por mais simples que fosse. E eu fui um ser inofensivo, amei as crianças, consolei os infelizes, cumpri fielmente os votos que pronunciei. Por que essa luta surda? Por que essa contrariedade contínua? Se meu espírito só tem direito a se individualizar nesta existência, por que Deus, amor imenso (que n'Ele tudo é amor), me fez viver nesta terrível solidão? Ah! Não, não, meu próprio tormento me diz que vivi ontem. Se não reconhecesse meu passado, negaria meu Deus! E eu não posso negar a vida. Mas, ah, quanto sofri! Só uma vez pude fazer minha vontade, só uma vez demonstrei a energia de meu espírito, e como fui feliz então!

– Oh, Senhor, Senhor, as forças de minha alma não podem ser inutilizadas no curto prazo de uma existência! Eu viverei amanhã, eu voltarei à Terra e serei um homem dono de minha vontade! E eu te proclamarei, Senhor, não entre homens presos a vãos formalismos. Eu proclamarei tua glória nas academias, nos ateneus, nas universidades, em todos os templos do saber, em todos os laboratórios da ciência! Eu serei um de teus sacerdotes! Eu serei um de teus apóstolos, mas não farei outros votos além dos de seguir a lei de teu *Evangelho*!

Eu amarei, porque tu nos ensinas a amar. Eu criarei uma família para mim, porque tu nos dizes crescei e multiplicai-vos. Eu vestirei os órfãos, como tu vestes os lírios dos campos. Eu hospedarei o peregrino, como tu hospedas nos galhos as aves. Eu difundirei a luz de tua verdade, como tu difundes o calor, e espalhas a vida com teus múltiplos sóis em teus infinitos universos. Oh, sim, eu viverei, porque, se não vivesse amanhã, negaria tua justiça, Senhor!

Eu não posso ser um simples instrumento da vontade de outros. Porque, senão, para que me dotastes de entendimento e de livre arbítrio? Se tudo cumpre seu papel na criação, minha iniciativa deve cumprir o seu; e eu nunca estive satisfeito com as leis da Terra! Quando, quando poderei viver?

Quantas vezes, Senhor, quantas vezes fui receber a confissão dos réus condenados à morte e, se me fosse permitido, teria levado aqueles desventurados a minha aldeia e teria dividido meu pouco pão com eles! Quantos obsessivos! Quantos espíritos doentes me confiaram seus mais secretos pensamentos, e vi muitas vezes mais ignorância que criminalidade! Desventurados!

Certa noite, eu repousava em meu leito, e Sultão, como de costume, estava deitado diante de minha cama. Eu, nem acordado nem dormindo, pensava nela, em minha adorada morta, na menina pálida dos cachos negros. De repente, Sultão se levantou, deu um grunhido abafado e apoiou suas patas da frente em meu travesseiro, dizendo com seu inteligente olhar: "Ouve". Prestei atenção, e nada ouvi; dei uma puxadinha na orelha de Sultão, dizendo: "Estás sonhando, companheiro"; mas ele continuou me olhando, e logo ouvi um rumor distante que foi se aproximando; e, de repente, o galope de muitos cavalos fez tremer as casas da aldeia. Uma forte aldravada ecoou na reitoria. Miguel se levantou apressadamente, viu quem era e foi me dizer todo assustado:

– Senhor, vêm nos prender. Um capitão que vem com muita gente quer te ver.

– Pois que entre – respondi.

A seguir, entrou o capitão, homem de semblante rude, mas franco, e disse:

– Perdão, padre, por vir em hora tão intempestiva perturbar vosso sono, mas, há alguns dias, um preso que em breve iria cumprir sua pena em Tolón fugiu da cadeia. Procuramo-lo, mas inutilmente, e viemos ver se por acaso o encontramos nos meandros destas montanhas. Dizem que tendes um cão a cujo fino olfato nada escapa, e venho para que mo empresteis para ver se ele fareja a pista. Disseram-me que lhe tendes muita estima, e vos digo que nada acontecerá a esse bravo animal.

Eu olhei para Sultão fixamente e disse ao capitão:

– Bem, vamos esperar o amanhecer e, enquanto isso, repousai duas horas em meu leito, e muito antes de nascer o sol eu vos chamarei.

– Tenho ordens de não perder um minuto, e não perderei.

Eu, que não desejava que encontrassem aquele desventurado, olhava fixamente para Sultão. E ele pareceu compreender meu pensamento. Mexeu a cabeça em sinal de assentimento e ele mesmo pegou a forte coleira de couro cheia de pontas de aço que lhe servia nas grandes caminhadas, colocou-a, e o capitão olhou para ele satisfeito, dizendo: "Que animal maravilhoso!" E momentos depois se foram, e eu fiquei rogando ao Ser Supremo para que naquela ocasião meu fiel Sultão não descobrisse rastro algum.

No dia seguinte, à tarde, o capitão voltou, mal-humorado, dizendo:

– Trago-vos duas más notícias: não encontrei o bandido e perdi vosso cão. Em uma hora que tivemos de descanso, ele desapareceu, o que lamento vivamente, porque é um animal que não tem preço. Como é inteligente! Podíamos estar aqui há duas horas, mas retrocedemos procurando o cão.

Fiz o capitão jantar comigo e, a seguir, ele partiu para tratar de sua tarefa. E eu, sem saber por que, não me inquietei pela ausência de Sultão.

Deixei a porta do jardim entreaberta e subi para meu quarto, onde fiquei lendo; às nove, apareceu Sultão. Tirei-lhe a coleira, ele me fez mil carícias e depois apoiou sua cabeça em meus joelhos. Começou a grunhir e puxar-me pelo hábito. Ia em direção à porta, voltava, olhava para mim, deitava-se no chão, fechava os olhos e se fingia de morto, levantava-se e tornava a me olhar, como se dissesse: "Vem comigo". Eu pensei no criminoso fugido e disse a mim mesmo: "Seja o que for, levarei algumas provisões".

Peguei um pão, uma botija com vinho, outra com água aromatizada, uma lamparina, que escondi debaixo de minha capa, e, sem fazer o menor ruído, saí pela porta do jardim, deixando-a encostada. Miguel dormia profundamente.

Quando me vi no campo, senti em todo meu ser uma emoção especial e me detive por alguns momentos para dar graças a Deus por aqueles instantes que me concedia de completa liberdade. Eu me sentia ágil, meus olhos viam mais longe. Era uma lindíssima noite de primavera e as muitas estrelas pareciam um exército de sóis que celebravam no céu a festa da luz, tão brilhantes eram os eflúvios luminosos que enviavam à Terra. Parecia que a natureza se associava comigo para fazer uma boa obra. Tudo sorria, e minha alma sorria também!

Mas Sultão estava impaciente e perturbava minha meditação, puxando-me com força pela capa. Segui-o e logo desapareci em fundos barrancos muito próximos ao cemitério. Sultão me guiava pegando a ponta de meu báculo, porque a luz da lamparina parecia diminuir naqueles antros escuros. Seguimos por uma longa caverna e, no fundo dela, havia uma pirâmide de galhos secos; e, atrás daquela trincheira coberta de seca folhagem, havia um homem que parecia morto, tão completa era sua insensibilidade. Seu aspecto era assustador, quase nu, rígido, gelado! A primeira coisa que fiz foi deixar a lamparina no chão junto com o pão, o vinho e a água, e, fazendo um grande esforço, consegui tirá-lo de trás da pirâmide e o arrastei para o meio da caverna. Quando o ajeitei, bem esticado, colocando sua cabeça sobre um montinho de galhos, Sultão começou a lamber o peito daquele desventurado. E eu, molhando meu lenço na água aromatizada, apliquei-o em sua fronte e têmporas, molhei seu rosto e, apoiando minha mão direita em seu coração, senti, depois de alguns instantes, fracas e lentas batidas. Sultão, enquanto isso, não poupava esforços para trazê-lo de volta à vida: lambia seus ombros, cheirava todo seu corpo, esfregava sua cabeça na cabeça daquele desventurado e, por fim, o moribundo abriu os olhos, e tornou a fechá-los, suspirando angustiado. Então sentei-me no chão. Coloquei suavemente a cabeça daquele desvalido sobre meus joelhos e pedi a Deus a ressurreição daquele pecador. Deus me escutou. O doente abriu os olhos e, ao sentir-se acariciado, olhou para mim com profundo espanto. Olhou para Sultão, que aquecia com seu hálito seus joelhos, e eu levei a seus lábios a botija de vinho, dizendo: "Bebe". Ele não se fez de rogado; bebeu com avidez e fechou de novo os olhos, tentando coordenar suas ideias. Tentou se levantar, e eu o ajudei. Passei o braço por sua cintura, apoiei sua cabeça em meu ombro e parti um pedaço de pão. Ofereci-lho, dizendo: "Faze um esforço e come". O doente devorou o pão com febril desalento e bebeu de novo, dizendo:

- Quem sois?

- Um ser que te quer muito.

- Que me te quer muito? Como, se ninguém me amou?

- Pois eu te amo e pedi a Deus que teus perseguidores não te encontrassem, pois creio que tu és aquele que devia ir para o presídio de Tolón.

O doente sentiu um violento espasmo, olhou-me fixamente e disse com voz áspera e desconfiada:

- Não me enganeis, porque vos custará caro, pois sou um homem de ferro. - E quis se levantar.

Mas eu o detive, dizendo:

- Não temas, eu quero te salvar; confia em mim e um dia agradecerás à Providência. Agora, dize-me por que estás aqui.

- Porque conheço muito bem estas montanhas e pensei, ao fugir da prisão: "Vou me esconder em uma de suas cavernas e depois tratarei de viver". Mas eu não contava ser rendido pela fome e não sei que outra doença. Porque parecia que alguém martelava meus miolos, e só consegui me jogar onde me haveis encontrado e cobrir-me com os galhos que encontrei à mão; depois, não recordo nada mais e, não fosse por vós, teria morrido.

- Tens forças para andar?

- Agora sim; não sei o que aconteceu, sempre fui de ferro.

E se levantou agilmente.

- Pois bem, apoia-te em mim e vamos sair daqui. Como te chamas?

- João.

- Pois vê, João, considera que esta noite nasceste de novo para ser grato aos olhos do Senhor.

E, guiados por Sultão, saímos da caverna, que tinha muitos meandros. Passamos os barrancos e, ao ver-me em terreno plano, estreitei o braço de meu companheiro e disse-lhe:

- Olha, João, olha este espaço e abençoa a grandeza de Deus.

- Mas, aonde vamos? - perguntou-me com receio.

- A minha casa. E te esconderei em meu oratório, onde ninguém nunca entra. Ali descansarás e depois conversaremos.

João se deixou conduzir. Chegamos ao jardim da reitoria muito antes do amanhecer. Levei meu companheiro a meu oratório, improvisei-lhe uma cama e fiz que se deitasse, e ali fiquei três dias cuidando dele com esmero.

Ele me olhava e não entendia o que acontecia. Na terceira noite, quando os habitantes da aldeia se entregaram ao sono, João e eu, acompanhados de meu inseparável Sultão, fomos a uma ermida abandonada pela morte de seu ermitão, ocorrida havia muitos anos, e, diante do altar derruído, João e eu nos sentamos em uma pedra, com Sultão aos nossos pés. João era um sujeito repulsivo, de semblante feroz. Estava aturdido, olhava-me de soslaio e ao mesmo tempo parecia contente com meu proceder, porque havia momentos em que seus olhos se fixavam em mim com tímida gratidão. Eu tentei dominá-lo com minha vontade e disse a ele:

– Escuta, João. Eu fiquei feliz salvando-te de uma morte certa: terias morrido de fome ou, entregue por mim à justiça, terias sofrido em Tolón mil mortes por dia. Dize-me agora qual foi o princípio de tua vida e dize-me, acima de tudo, a verdade.

– Minha vida tem pouco que contar; minha mãe foi uma meretriz e meu pai um ladrão. No bando que meu pai liderava, havia um italiano muito esperto que desde muito pequeno me ensinou a ler e escrever, porque dizia que eu seria muito bom para falsificar todo tipo de assinaturas e documentos. E, efetivamente, fui um bom calígrafo e fui falsário repetidas vezes. Há dez anos, amei uma mulher, e a mesma confissão que vos faço fiz a ela. Mas ela, que pertencia a uma família honrada, rejeitou-me com indignação. Eu lhe supliquei, prometi levá-la para a América e ali me tornar bom, mas foi tudo em vão. Ela dizia que me odiava e que me entregaria aos tribunais se continuasse a importuná-la; então jurei que a mataria e, algum tempo depois, cumpri minha promessa. Fortes suspeitas recaíram sobre mim e, por aquele delito e muitos outros atropelos, condenaram-me a trabalhos forçados por toda a vida.

– E nenhuma vez pensaste em Deus?

– Sim, quando amei Margarita, até roguei a Deus que amolecesse o coração de pedra daquela mulher. Mas, quando de minha louca paixão não resultou mais que um assassinato; quando vi outros homens, filhos de boa família, casados, cercados de seus filhos, respeitados por todos, e eu desprezado, perseguido pela justiça; quando vi que minha mãe morreu na prisão e meu pai se matou ao fugir do presídio, odiei o mundo e a Deus, que me fez nascer em tão baixa esfera social.

– E agora, que pretendes fazer?

– Não sei.

– Queres permanecer algum tempo nesta ermida? Eu te trarei diariamente o alimento, te trarei roupas, livros, cama, tudo o mais necessário, e espalharei o boato de que um nobre, arrependido de sua vida licenciosa, quer se entregar por algum tempo à penitência. Sob o manto da religião poderás viver tranquilo. Ninguém perturbará teu repouso. E para que por ninguém sejas conhecido, quando saíres para passear por estas cordilheiras, usarás um hábito com capuz, cobrindo teu rosto com ele, e só se verão teus olhos pelas pequenas aberturas que eu abrirei em tua máscara. E, à noite, quando tudo repousar em calma, poderás sair livremente e poderás, então, elevar tuas preces a Deus no topo da montanha e levantar teu espírito nas asas da fé. Se abandonares este porto de salvação, não encontrarás nada além de uma vida desgraçada e uma morte violenta; e, se escutares meus conselhos, tua alma se regenerará, teu espírito se engrandecerá, porque serás fortalecido pelo arrependimento. E, quando fores um homem, quando só te reste de teu passado a dor e a vergonha de haver delinquido, eu te proporcionarei outros meios de vida para que sejas útil à sociedade, porque aqui só podes permanecer enquanto precisares ser útil somente a ti; mas, quando amares a Deus, é necessário que ames aos homens e trabalhes para eles. Agora deixo-te aqui; amanhã voltarei e me dirás tua resolução.

João não me respondeu, mas quis prostrar-se aos meus pés, e eu o recebi em meus braços, estreitei em meu coração aquele desvalido e ficamos abraçados um longo tempo. Lágrimas benditas brotaram pela primeira vez daqueles olhos secos e ameaçadores, e eu lhe disse: "João, já te batizaste esta noite com tuas lágrimas. Perdes o nome de criminoso e, em tua nova vida, te chamarás o Encapuzado".

O sucesso mais satisfatório coroou meus desejos e, com dois meses de retiro, João parecia outro homem. Apoderou-se dele certo misticismo, que eu alimentei o quanto pude, porque para certos espíritos o formalismo é necessário, pois onde falha a inspiração, a rotina faz prodígios; onde não há fé espontânea, a superstição a cria. A questão é acostumar a alma a uma vida temerosa a Deus. Para aquele que não pode amar o Eterno, é indispensável que O tema, que reconheça Seu poder sorrindo ou gemendo; a ideia de reconhecer Deus deve ser despertada na humanidade e os meios empregados dependem do avanço do espírito.

Para João, a solidão, a doçura, o repouso, o respeito obravam maravilhosamente naquele espírito doente, indignado pelo desprezo social. O desprezo de uma mulher o tornou assassino, e o respeito a seu infortúnio e a sua obsessão levou-o a prestar culto a Deus e a tremer humilhado diante de sua grandeza.

Todas as tardes, depois de minha visita ao cemitério, eu subia para vêlo, e quanto gozava minha alma ao contemplá-lo em sua mansa solidão! Em meu pensamento, eu via os pobres presidiários arfantes, rendidos de fadiga, maldizendo sua vida sem se lembrar de Deus, e os comparava com aquele criminoso arrependido que a cada instante bendizia a misericórdia do Onipotente.

Quando soube que aquele espírito podia de novo estar em contato com o mundo, entreguei-lhe minhas poucas economias para que pudesse pagar sua passagem em um navio que partia para o Novo Mundo conduzindo trinta missionários. Recomendei-o com eficácia ao chefe da santa expedição, e disse a João, quando lhe dei o abraço de despedida: "Meu filho, trabalha! Cria uma família e cumpre como bondade a lei de Deus!"

Nunca esquecerei o olhar que João me dirigiu. Recompensou todas as amarguras de minha vida.

Quatro anos depois, recebi uma carta dele, que, depois de contar mil episódios interessantes, dizia:

"Padre! Meu padre, já não vivo sozinho. Uma mulher uniu sua sorte à minha, e tenho minha cabana, tenho minha esposa e em breve terei um filho, que levará vosso nome. Quanto vos devo, padre Germano! Se me houvésseis entregado à justiça, eu teria morrido maldizendo tudo que existia; mas, dando-me tempo para me arrepender, reconheci a onipotência de Deus e Lhe pedi misericórdia para os desventurados autores de meus dias. Bendito sejais vós, que não me haveis tirado a herança que o Fazedor dá a Seus filhos! Vale tanto ao homem dispor do tempo... mas de um tempo manso, não de horas malditas nas quais o penado se humilha e trabalha açoitado pelo chicote do feroz capataz.

"Vive em minha memória a ermida do Encapuzado, e não quis perder o nome que vós me destes. Quando meu filho chegar, eu lhe ensinarei a bendizer vosso nome, e, depois de Deus, a vós adoraremos, minha esposa, meu filho e vosso humilde servo - *O Encapuzado.*"

Esta carta será enterrada comigo; recordação preciosa da única vez em que obrei com inteira liberdade em minha vida.

Bendito sejas, Senhor! Bendito sejas, que me concedeste por alguns instantes o poder de ser teu vigário neste mundo, porque só amando e amparando o desvalido, perdoando o delinquente e instruindo o ignorante é que o sacerdote cumpre sua sagrada missão na Terra.

Como sou feliz, Senhor! Como sou feliz! Tu me permitiste dar visão a um cego, dar agilidade a um manco, dar voz a um mudo, e ele te viu, e correu a ti, e te disse: "Perdoa-me, Senhor!" E tu o perdoaste; porque tu amas muito as crianças e os arrependidos.

Como sou feliz! Nos bosques do Novo Mundo minha mente contempla uma humilde família e, ao chegar a tarde, todos se prostram de joelhos e elevam uma prece pelo pobre padre da aldeia. Obrigado, Senhor! Mesmo que longe de mim, pude criar uma família.

Julgar pelas aparências

Senhor! Senhor! Quando chegará o dia em que poderei deixar este vale de amargura? Tenho medo de permanecer na Terra. A ilusão das experiências sociais me oculta os abismos do crime e temo cair.

Quando um ser desconhecido se prostra diante de mim e me conta sua história, sinto frio na alma e exclamo com angústia: Outro segredo! Outra nova responsabilidade sobre as muitas que me angustiam! Acaso sou perfeito? Tenho mais luz que os outros para que, assim, me obriguem a servir de guia a alguns, cegos de entendimento? Por que essa distinção? Se eu senti como eles, se eu tive minhas paixões mais ou menos oprimidas, se eu me vi necessitado de fugir do contato do mundo para que meu coração parasse de bater, por que esse empenho em querer que a frágil argila seja forte como as rochas de granito?

Povos ignorantes que viveis entregues à vontade de alguns míseros pecadores! Não sei quem é mais digno de compaixão; se vós, que vos enganais julgando-vos grandes, ou nós, que nos vemos pequenos!

Senhor! Senhor! Por que nasci na casta sacerdotal? Por que me obrigaste a guiar pobres ovelhas se não posso guiar a mim mesmo? Senhor! Tu deves ter outras moradas, porque na Terra se asfixia a alma pensadora ao ver tanta miséria, tanta hipocrisia! Eu quero ir por bom caminho e em todas as sendas encontro precipícios para neles cair.

Oh, o sacerdote! O sacerdote deve ser sábio, prudente, observador, reto em seu critério, misericordioso em sua justiça, severo e clemente, juiz e parte ao mesmo tempo. E o que somos na realidade? Homens falíveis, fracos e pequenos. Meus companheiros me abandonam porque não quero me proclamar, como eles, impecável. Dizem que defraudo os interesses da igreja. E por acaso a igreja precisa dos bens da Terra? Necessitará a igreja de Deus os míseros dons dos filhos do pecado? No templo do Eterno não são necessárias oferendas de metais corruptíveis; com o incenso das boas obras das grandes almas perfumam-se os ambientes imensos da basílica da Criação.

Senhor, inspira-me! Se eu for pelo mau caminho, apieda-te de mim, porque meu único desejo é adorar-te na Terra, amando e protegendo meus semelhantes e continuar amando-te em outros mundos, onde as almas, por suas virtudes, estejam mais perto de ti.

Estou aturdido, a reprovação geral se levanta contra mim. Só dois seres me bendizem nesta ocasião. Perdoa-me, Senhor, se fui culpado! Mas para que duvidar? Se tu estás comigo! Tu não queres templos de pedra, porque tu tens teu templo na consciência do homem! Por mim não te haveriam de erigir uma soberba abadia onde algumas mulheres teriam rezado por costume, e algumas delas teriam te acusado de injusto porque em teu nome as haveriam sacrificado no mais maravilhoso de sua juventude.

Conventos! Conventos, antessalas dos sepulcros! Em vossos claustros se vive sem viver. E Deus criou a Terra para todos os Seus filhos! Eu recordo minha infância. Vejo em minha mente os monges silenciosos, cadáveres galvanizados, múmias insepultas, e sinto frio na alma, muito frio. Nos conventos, quando se cumpre o que prescreve a ordem monástica, vive-se contrariando a lei natural. Quando se quebram os votos é preciso enganar o mundo e faltar ao juramento contraído? Nunca prometa o homem mais que aquilo que racionalmente possa cumprir.

Minha cabeça arde; as ideias em violenta ebulição parece que querem quebrar o estreito molde de meu cérebro. Eu preciso me ver, preciso ver traçado no papel meu pensamento, e tu, manuscrito querido, serás meu confidente. Eu te direi por que sofro, eu te contarei como no retiro de minha aldeia as lutas da vida me perseguem.

Há vinte anos, vieram me buscar para ouvir a confissão de um jovem nobre, o opulento barão de G., que estava próximo da morte. Quando entrei no aposento do moribundo, uma dama ricamente vestida estava ajoelhada ao pé do leito. O doente, ao me ver, disse com voz imperiosa:

– Saia, senhora.

E, quando ficamos sozinhos, aliviou sua consciência, dizendo por fim:

– Não posso jurar, mas tenho quase certeza de que estou morrendo envenenado, e creio que minha mulher é a autora do crime. Deixo uma filha, que não sei se é minha filha, mas o feito feito está. Não quero escândalos depois de minha morte, porque, de qualquer maneira, Deus me vingará. Nem quero deserdar uma criatura que não sei se algum laço a une a mim e que, de um modo ou de outro, é inocente. Deus tenha misericórdia da vítima e dos assassinos!

E expirou em meus braços aquele desventurado, que morreu duvidando, sem se atrever a condenar.

Sua jovem viúva demonstrou uma dor extrema e gastou grandes somas em luxuosos e repetidos funerais. Algum tempo depois, contraiu novo matrimônio, sem que por isso deixasse de celebrar todos os anos exéquias em memória de seu primeiro esposo.

Vinha com frequência ouvir a missa que eu celebrava, quando os pássaros dizem "glorificado seja o Senhor", e ficava sozinha rezando com fervorosa devoção. Em particular, no verão, não faltava nem um único dia à missa do alvorecer, pois vivia perto de minha aldeia, em uma fazenda magnífica. Sua filha mais velha recebeu de minhas mãos, pela primeira vez, o pão da vida.[3] E sempre que via aquela menina eu me lembrava da confissão de seu pai.

A inocente Raquel me dava pena, porque, em suas infantis confissões, se queixava de que sua mãe não lhe demonstrava nenhum carinho, e ela, ofendida, também não a podia amar.

Eu, que sempre fui avesso a receber a confissão de qualquer um, da mãe de Raquel, a baronesa G., desejava ouvir sua história. Meu coração pressentia algo terrível naquela mulher.

Para o mundo, ela era um modelo de virtudes, e pouco a pouco tornou-se tão devota que passava horas e horas na igreja de minha aldeia. Raquel foi crescendo, e a pobre jovem vivia completamente sozinha. A desventurada se lamentava de que sua mãe não a amava, e que havia momentos em que, ao brigar com ela, dizia que a odiava. E seus irmãos, seguindo o exemplo da mãe, também a tratavam mal. E o esposo de sua mãe era o único que se mostrava carinhoso para com ela. Mas era um homem de caráter fraco, absolutamente dominado por sua esposa, e Raquel era, em resumo, a vítima de todos eles. Mas, como para todos os seres há um dia de sol, Raquel veio um dia me dizer que amava e era amada. Um jovem escultor lhe havia pedido que se unisse a ele pelos laços do matrimônio. Mas ela temia que sua mãe soubesse, pois, segundo havia entendido, estava destinada a ser esposa de Deus, e ela preferia a morte a entrar no claustro. Pedia-me amparo para não ser sacrificada e disse que cederia sua fortuna à mãe se a deixasse se unir ao escolhido por seu coração.

É obrigação do mais forte ser protetor do mais fraco, e eu prometi a Deus salvá-la da cilada que, segundo ela, estavam lhe preparando.

Suas suspeitas não eram infundadas. Logo correu a notícia de que a exemplar baronesa de G. ia reedificar uma antiquíssima abadia e uma das noviças da nova comunidade seria a primogênita da devotíssima fundadora.

Ao saber da notícia, escrevi à baronesa pedindo-lhe uma entrevista na reitoria, e ela compareceu prontamente para ver o que eu desejava.

Talvez pela primeira vez, olhei fixamente para uma mulher, mas olhei-a para ler em seus olhos o que se passava em seu coração. Não acreditava que sua extrema devoção fosse resultado de um grande fervor religioso e, infelizmente, não me enganei.

[3] Nota da editora: Refere-se o autor à hóstia recebida em sua primeira conhunhão.

Quando chegou à igreja, mandei-a subir a meu gabinete, convidei-a a sentar, sentei-me em frente a ela e lhe disse:

– Sempre evitei receber confissões de alguém, mas a força das circunstâncias me obriga, hoje, a lhe pedir, em nome da religião que professo em nome do Crucificado, que faça comigo uma confissão.

– Não vim preparada para tal ato – respondeu a baronesa com certo desconcerto –, posto que não fiz exame de consciência.

– Não é necessário, senhora. Isso é mera formalidade. Para um pecador dizer o que sente, não necessita mais que boa vontade. Cada um tem memória suficiente para se lembrar de todos os desacertos que cometeu na vida.

A baronesa empalideceu, conteve um suspiro e não me respondeu, e eu prossegui dizendo:

– Sei que a senhora vai reedificar a arruinada abadia de Santa Isabel.

– É verdade – respondeu ela –, quero que a juventude tenha um novo albergue para fugir das tentações do mundo.

– E dizem que sua filha Raquel será uma das noviças da nova comunidade.

– Sim, porque em nenhum lugar estará melhor que lá.

– E foi consultada sua vontade?

– Os filhos bem educados têm a obrigação de querer o que querem seus pais.

– Desde que não sejam contrariadas suas inclinações particulares e que seu organismo e temperamento possam se adaptar ao tipo de vida que lhe querem impor. E Raquel, menina fraca e adoentada, se for trancafiada em um convento, logo entregará sua alma ao Criador.

– Acreditas nisso? Não me parece que seja tão delicada e creio que lhe falta a sujeição de um convento.

– Pois eu acredito que Raquel é sensível e por isso quis lhe falar, porque tenho a obrigação sagrada de velar por ela. Pois se a senhora é mãe de seu corpo, eu sou o guia de sua alma. Eu pus em seus lábios o pão da vida espiritual, eu lhe falei de Deus, sou o confidente de seus angelicais segredos e sei que a alma dessa menina não serve para a clausura.

– Pois eu, pode-se dizer – replicou a baronesa em um tom contrariado – que desde que ela nasceu fiz voto de que não fosse para o mundo, e o voto que se faz se deve cumprir.

– Mas esse voto não é válido, senhora. Prometeu a Deus um ser que não lhe pertencia, porque não sabia o que amanhã pensaria sua filha, e Deus não quer o sacrifício de seus filhos, Deus quer apenas felicidade deles.

– E que maior felicidade que servi-Lo e amá-Lo?

– E Ele não pode ser servido e amado em todas as paragens da Terra sem escravizar uma pobre jovem que precisa, como as flores, do sol e do ar para viver?

– O senhor não parece sacerdote – replicou ela, com certa raiva.

– Por que não pareço sacerdote? Porque não tento explorar sua devoção e me oponho a que erga a abadia e, principalmente, a que Raquel faça parte da comunidade? Porque sei muito bem que a alma dessa menina não nasceu para a aridez de um claustro; ela é doce, carinhosa, expansiva, é um ser que Deus destinou para ser um modelo entre as mães de família.

– Pois eu a consagrarei a Deus, e só a Deus servirá.

Naquele momento, não sei o que aconteceu comigo. Eu me senti crescer, senti-me revestido de certo poder espiritual, julguei-me, naqueles instantes, um enviado de Deus. Não sei que anjo me inspirou, mas uma força estranha, uma potência desconhecida transfigurou meu ser. Deixei de ser, naquele instante, o paciente e sofrido pastor que sorria sempre ao ver as travessuras de suas ovelhas. Senti minhas têmporas pulsarem com violência inusitada. Parecia que uma mão de fogo se apoiava em minha fronte; em meus ouvidos zuniam mil palavras confusas e incoerentes. Estendi minha mão direita, levantei-me possuído de um terror e um espanto inexplicáveis. Pareceu-me ver sombras de noviças que fugiam em debandada. Aproximei-me da baronesa, apoiei minha mão em seu ombro e, com uma voz oca que parecia o eco do sepulcro, disse a ela:

– Escute um ministro de Deus e ai da senhora se se atrever a mentir!

Ela olhou para mim e não sei o que lia em meus olhos, pois teve que baixar os seus, dizendo com voz transtornada:

– Que quer? O senhor me causa medo! – E a infeliz pecadora começou a tremer.

– Não tema – disse. – Só quero seu bem, ou melhor, não sei quem o quer; porque alguém murmura em meu ouvido o que vou lhe dizer. Sua devoção, seu misticismo, seu fervor religioso tem uma base. Sabe qual é?

– Qual? – disse ela com voz abafada.

– O remorso!

– O que o senhor está dizendo? – balbuciou tremendo.

– Eu repito – repliquei com voz profundamente intencionada. – A causa de seu fanatismo religioso é o remorso. Há vinte anos, recebi a última confissão de seu esposo, e ele, moribundo – escute-me bem, senhora, não perca nem um acento de minhas palavras –, confiou-me o nome de um assassino. A senhora está me entendendo? Ele sabia de tudo! Tudo! Até o menor detalhe!

Ela olhou para mim, leu em meus olhos seu nome e perdeu os sentidos, mas minha mão direita tocou sua fronte e minha voz profética (naquele momento) lhe disse com vigorosa entonação: "Desperte!", e aquela desventurada abriu os olhos com espanto e quis se prostrar aos meus pés, mas eu a detive, dizendo:

– Escute. Sei sua história e segui passo a passo a espinhosa senda de sua vida. A senhora se casou mais tarde com o cúmplice de seu crime. Raquel, como fruto da primeira falta, lhe recorda constantemente uma parte dos desacertos. Seus outros filhos, nascidos em legítimo matrimônio, não lhe causaram remorso, mas essa pobre menina que leva um sobrenome que não é o seu a atormenta, sem dúvida. Talvez veja a sombra do morto que a persegue onde quer que vá e pense em aplacar sua ira mandando celebrar missas em sua memória. E agora quer erguer um convento com o dote usurpado de Raquel e enclausurar longe da senhora essa menina inocente para não ver constantemente o fruto da primeira falta. E acredita que, com esses atos de falsa devoção, Deus a perdoará? Não; a senhora poderá enganar os homens da Terra, poderão os iludidos tomá-la por santa, mas para Deus de nada servem as comédias religiosas. Não cometa um novo sacrilégio, não sacrifique Raquel. Ela ama e é amada, deixe-a ser a esposa de um homem, que Deus já tem por esposa a Criação.

"Não confesse, tudo é inútil, pois leio sua vida passada no livro de seus olhos. Basta vê-la para sentir uma profunda compaixão, pois embora aparente ser bem-aventurada, uma velhice prematura enfeia seu corpo. E, sempre que a vi ajoelhada no templo, me compadeci da senhora, porque, por um momento de insensatez, viverá uma vida de martírio. A cada dia quer ser mais devota, sem dúvida, porque a cada dia se reconhece mais culpada. Faça o que Deus lhe ordena: concorda com o casamento de Raquel e empregue sua grande fortuna, que ela com prazer lhe cederá, para erguer um hospital e socorrer uma centena de famílias pobres. Assim a senhora fará duas boas obras: empregará em obras beneficentes o que não lhe pertence e não sacrificará um ser inocente que não cometeu mais delito que recordá-la de sua primeira queda."

Ela olhou para mim e não soube o que responder. Levantou-se e tornou a cair em sua cadeira, querendo sufocar seus soluços, mas eu lhe disse:

– Chore, pobre mulher, chore, que com lágrimas rezam os que como a senhora esqueceram o quinto mandamento!

Então aquela mulher deu vazão a seu pranto, e eu a deixei chorar livremente, dizendo enfim:

– Jure que fará o que lhe pedi.

– Jura que rogarás por mim – respondeu ela, abatida.

– Suas boas obras serão a melhor oração, senhora. Mas fale, não temas; há calado vinte anos, e seu silêncio é seu verdugo. Não é verdade que sofre? Não é verdade que suas orações não conseguem levar a calma a seu coração?

– Não, padre, não; tudo que disseste me acontece. Ele vive comigo. Raquel me assassina. Ela, quando nasceu, inspirou-me o que não quero recordar. Quando ele a acariciava, e de repente a afastava de mim, não sei o que então eu sofria, e quando ele a olhava com íntima ternura, então, sofria mais ainda. E quão certo é que a mulher caída só se levanta para cair de novo; e eu caí no abismo do crime. Depois, quando a bênção do sacerdote me uniu a meu novo esposo, pensei que descansaria, mas esperei em vão, e, para ser-te franca, em nada creio, porque a religião não me consola. Mas tenho medo, e me perco no caos da dúvida.

- E a senhora passa pela dama mais devota desta comarca. O que é julgar pelas aparências! Eu lhe repito, não consuma sua iníqua obra sacrificando um ser inocente.

- Pensa, padre, que Raquel é filha do pecado.

- Pensando assim, todos os vossos filhos são, senhora. Pensa que seu casamento é válido perante Deus? Se há recebido por puro formalismo a bênção do homem, as uniões sacrílegas nunca são abençoadas por Deus.

- Os livros sagrados dizem que as faltas dos pais cairão sobre os filhos até a quinta geração.

- E a razão natural também compreende que o ser inocente está livre da herança do pecado. Deixe que cada um dos vossos pobres filhos escreva sua história, e não aumente sua culpa sacrificando Raquel.

Ela me prometeu que cumpriria meu desejo, e o cumpriu; com a condição de que Raquel cedesse sua fortuna em benefício dos pobres, caso não quisesse professar. Raquel, aconselhada por mim, concordou contentíssima e, sorrindo de felicidade, me apresentou seu amado da alma, dizendo docemente:

- Abençoa-nos, padre!

Eu os abençoei com toda minha fé, com todo meu amor, e estreitei em meu coração o jovem casal que por um milagre pude salvar de uma infelicidade certa.

A baronesa dividiu o dote da filha entre a construção de um pequeno hospital e o auxílio a cem famílias; isso a santificou aos olhos do mundo. Todos dizem que é uma santa, passa mais tempo na igreja que em casa, e, como as palavras voam no ar, dizem que eu a fiz desistir do plano de erguer a abadia e que eu apadrinhei a união de Raquel com o amado de seu coração. E que, portanto, eu tirei da igreja uma casa de salvação. E se ontem alguns de meus companheiros me odiavam, hoje, se o pudessem fazer impunemente, far-me-iam viajar rumo à eternidade. E as recriminações chovem sobre mim, e me dizem que sou um mau sacerdote, que penso mais nas coisas da Terra que nos interesses do céu. Que sou um pastor descuidado, que deixo que minhas ovelhas se descarriem. E eu, Senhor, em certos momentos duvido de mim mesmo, mas depois reflito e digo: o que teria sido melhor: erguer o convento e fazer entrar nele uma pobre menina que viveu morrendo, e, no momento de sorrir, no bendito instante de ser feliz, arrebatar-lhe violentamente a felicidade e enterrá-la em um claustro onde teria acabado de morrer amaldiçoando uma religião que a havia condenado ao martírio e lhe havia dito “morra, porque esta é minha vontade?"; que teria sido melhor, repito: destruir as crenças de uma alma jovem e confiante ou cooperar para sua felicidade, unindo-a ao homem que a adora e criando uma família feliz?

Já há casas de reclusão suficientes! Muitas, incontáveis são as vítimas das tiranias religiosas! Feliz de mim se pude arrebatar uma mártir do lugar do sacrifício!

Não me importa que me apontem o dedo e que digam que meus conselhos afastam do bom caminho os servos do Senhor. Se em Deus tudo é verdade, não devemos lhe oferecer falsas adorações.

Consagre-se à penitência a alma lacerada que realmente necessite do isolamento para pensar em Deus; mas a mulher jovem, a que ama e é amada, que forme o sagrado altar da família e ensine a seus doces filhos a abençoar a Deus.

Senhor! Senhor, dizem que tirei uma casa de tua igreja, mas eu creio que aumentei tua propriedade, porque tua graça entrou nas choças dos desventurados que receberam uma grande esmola em teu nome; e os doentes, os desamparados. Não é essa tua verdadeira casa, Senhor? Tua casa é onde o faminto e o sedento aplacam sua fome e sua sede. Onde o nu encontra abrigo. Onde o atribulado acha consolo. Onde o espírito errante recebe útil conselho; essa é a verdadeira casa do Senhor. Onde se faça o bem pelo bem em si. Não é preciso erguer casas para rezar rotineiramente, pois, para rezar com a alma, todos os lugares são bons, desde que o homem eleve seu pensamento a Deus.

- Perdoa-me, Senhor! Tu lês minha mente. Todos me acusam! No tribunal da Terra sou julgado como um mau sacerdote, mas tu és a verdade em si, e eu quero que os homens te adorem em espírito e em verdade.

“A fonte da saúde”

O passado foi sempre melhor! Via de regra, o ontem perdido faz nosso coração sorrir misteriosamente, mesmo quando a miséria nos oprimiu e torturou. Há uma secreta alegria ao recordar as horas confundidas nas sombras do que foi.

Por que será isso, Senhor? Ah, é fácil de adivinhar, porque, quanto menos anos contamos, menos responsabilidades temos. Por isso o tempo passado nos parece melhor, porque, em cada hora que passa, ou cometemos uma falta, ou presenciamos um crime, ou lamentamos um ultraje, ou deploramos uma punível mentira. E esteve certo aquele que disse: longa vida, longa conta. Ah, Senhor! Minha jornada foi muito longa, e vi tanto! Sondei tão a fundo o coração humano! Olhei tão atentamente o voo das inteligências, que, se houvesse dado cem voltas ao redor do mundo, não poderia ter visto tanta variedade de ideias e tanta desordem em todos os sentidos como observei nos muitos anos que passei no rincão de minha querida aldeia!

Que afã têm os homens por parecer bons! Logo, não pecam por ignorância! Ao contrário, conhecem o que é ruim, sabem ser ruins. E como Adão se escondeu do Senhor depois de haver pecado, envergonhado de sua nudez, do mesmo modo os outros homens cobrem a nudez de seus vícios com o manto de hipócritas virtudes. E nada se amolda melhor a essa prestidigitação das almas que as tradições religiosas.

A religião só admite a verdade. Mas as religiões , oh, as religiões são o manto que cobre as misérias humanas. E eu aceitei o cumprimento de meu sacerdócio com a firme vontade de ser um mártir, se preciso, mas não um pecador. Quer dizer, pecar, todos pecamos, mas há desacertos premeditados e há faltas que obedecem a nossa fraqueza moral e física. E é obrigação do homem pecar o menos possível, já que a perfeição em absoluto só Deus possui.

Força grande é necessária no mundo para ser intolerante com os hipócritas, porque a pessoa se transforma no alvo de todos os ódios. E acontece que reconhecem minha retidão, que sabem que eu não condeno, porque recordo o que fez Jesus com a mulher pecadora. Sabem que transijo com o pecador, mas nunca com a iniquidade. Eu estreitarei em meus braços aquele que ingenuamente me diga: “Padre, sou um miserável, sou um malfeitor!” Mas repudiarei, e abominarei, e jogarei longe de minha presença aquele que me venha ponderando seu amor a Deus e seu desprendimento das coisas terrenas, quando o vejo ligado às vaidades humanas como a ostra à concha.

Por que, pois, me perseguem, para fazer-me retirar-lhes a máscara e dizer-lhes, cara a cara, o que mais ofende o homem, que é enumerar seus defeitos? Senhor! Senhor! Tem misericórdia de mim. Recorda que sou fraco, que eu senti, que eu amei, que eu lutei comigo mesmo a vida toda. Por que, então, hão de exigir de mim virtudes que não possuo? Por que hei de me ver mesclado em histórias alheias, se o peso da minha me angustia?

Oh, Senhor! Cada dia que passa, eu me convenço mais de que terei vivido ontem e devo viver amanhã para realizar o sonho de minha mente. Eu sei que minhas forças estão desgastadas e preciso repousar em uma nova existência, na qual viva esquecido de todos, menos da companheira de minha alma, porque, sem amarem-se dois em um, não compreendo a vida.

Ah, Senhor, como desejo acabar minha jornada! Tão cheia de contrariedades, tendo que lutar abertamente, criando poderosas inimizades! Sim, quero viver em um canto da Terra. Quero ter minha cabana cercada de palmeiras. Quero amar uma mulher de rosto pálido e cachos negros. Quero estreitar junto ao meu coração lindas crianças que me chamem de pai! Quero bendizer a Deus quando os pássaros O saudarem! Quero extasiar-me na meditação quando a esposa do Sol acariciar a Terra! Quero, enfim, recuperar forças, adquirir vida! Quero que meu espírito sorria, quero que durante algum tempo não cheguem a mim os lamentos dos homens! Quero ignorar as histórias da humanidade! Não me chames de egoísta, Senhor, porque tenho muitos anos de luta. A carreira do sacerdote é das mais penosas quando se quer cumprir seu dever.

Exige-se tanto ao sacerdote!

Sem dúvida, por expiação, aceitei o sacerdócio, porque, ao ver tantas infâmias, tantos crimes ocultos, todo meu ser estremece e me vejo pequeno, muito pequeno para reprimir tantos abusos. E quando quero acabar com algum, meus superiores me ameaçam e me dizem que o fim justifica os meios, e eu, então, quanto sofro, Senhor! Porque não admito bons fins sem justos meios. E digo àquelas eminências: “Senhores: ou se acredita em Deus ou não se acredita! Se reconhecemos uma inteligência suprema, se consideramos que um olhar infinito está fixo constantemente na Criação, devemos compreender que para esses olhos eternos não há meio de ocultar o que sentimos. Assim, pois, a falsa devoção de nada serve. Que importa que os homens a aceitem se não tem valor para Deus? As religiões são convênios especiais para criar privilégios no mundo? Não. As religiões devem servir para aproximar o homem de Deus, porque as religiões são um freio que detém o galope das paixões. E, se não conseguimos melhorar intimamente, tão ateu é aquele que diz que não crê em nada quanto aquele que ergue uma capela para encobrir um crime.

Senhor, Senhor! Eu te confesso, faltam-me forças para lutar com os homens. Ou tira de mim esse amor à verdade para que eu possa tolerar a hipocrisia, ou reveste-me de mais energia para que nos momentos supremos da luta meu pobre corpo conserve a força necessária e não seja vencido, tendo tanta integridade quanto meu espírito. Agora mesmo me encontro rendido, passei alguns dias cruéis, porque quando estou em contato com o mundo sou profundamente infeliz. Oh, a humanidade! A humanidade tudo envenena!

Quem haveria de me dizer que uma tranquila fonte (que os aldeãos chamam de Fonte da Saúde) me proporcionaria sérios desgostos, amargas contrariedades e, ao mesmo tempo, me permitiria fazer uma boa obra? Salvei uma rosa cercada de afiados espinhos! Manuscrito querido, quando amanhã eu deixar a Terra, sabe Deus onde irás parar. Mas, qualquer que seja teu dono, desejo que aprendas com estas confissões de minha alma e reflitas sobre os extravios a que nos conduzem as paixões desordenadas. E vejas que a hipocrisia e o fingimento têm sido, quase sempre, os motivos das fundações religiosas.

Ao pé de uma montanha, entre duas penhas, um leito de água cristalina aplacava a sede das crianças de minha aldeia. E naquelas felizes tardes que eu passava cercado de crianças, quando ainda não conhecia as misérias do mundo, gostava de me sentar junto ao rústico manancial e ali contemplava minha infantil família que corria gozosa e terminava sua frugal merenda bebendo alegremente aquele néctar da natureza, tão necessário para viver. E, ao ver aqueles rostinhos corados, aqueles olhos brilhantes, aquelas bocas sorridentes que recolhiam a água com alvoroçado afã, eu lhes dizia: – Bebam, bebam, filhos meus, que esta é a água da saúde.

Desde então, todos os habitantes da aldeia chamaram o humilde manancial de "a Fonte da Saúde".

Água salutar era, na verdade, para as inocentes crianças que me seguiam para que as deixasse brincar com Sultão e lhes contasse histórias de fantasmas. Para as almas puras todas as águas são boas! Além do mais, quando vim para a aldeia, notei muito descuido no asseio das crianças, e lentamente fui impondo a elas a limpeza como um dever de bom cristão, e, para que melhor obedecessem, eu dizia às crianças: – Se todos os dias lavardes duas vezes os olhos com a água da saúde, nunca ficareis doentes.

E aqueles inocentes (que me amavam muito) cumpriam religiosamente a instrução do senhor padre, acreditando que a água tinha uma virtude milagrosa, e a virtude consistia na limpeza que eles e as mães foram adquirindo paulatinamente. Essa foi a origem da Fonte da Saúde. Que simples princípios têm, quase sempre, todas as coisas! Mas como não faziam nenhuma especulação, eu os deixava acreditar que a água daquela fonte tinha a virtude de conservar a visão, a fim de que meus fiéis tivessem o bom costume do asseio higiênico.

Um dia, um de meus superiores chegou e disse que seria conveniente ver se seria possível erguer uma capela junto à Fonte da Saúde, porque, assim, quando as mulheres fossem buscar água, poderiam rezar; que era necessário que o pecador encontrasse por todos os lados pequenos templos onde orar para se arrepender de suas culpas e, ao mesmo tempo, aquela água podia ser propriedade da capela e, vendendo-a a um preço módico, seria uma renda segura para a nova ermida.

Eu olhei fixamente para meu superior e disse-lhe friamente:

– Compreendo muito bem vossa boa intenção, mas, perdoai-me, não estou de acordo com ela. Templos não são necessários, há demais. E quanto a pôr um preço na água, não é possível, porque essa água não tem virtude nenhuma, quimicamente a avaliei e não tem nenhuma substância que a recomende especialmente.

– Mas chamam-na de Fonte da Saúde.

– Eu lhe pus esse nome para dar mais estímulo ao costume do asseio que queria estabelecer em favor de meus fiéis. Limpeza é saúde, e eu desejava que esses pobres seres carentes até do mais necessário tivessem uma riqueza positiva em uma saúde inalterável, e é sabido que a limpeza robustece o corpo e, ao mesmo tempo que o fortalece, o embeleza. Erguei onde quiserdes a capela que desejais (que eu julgo desnecessária), mas deixai livre o manancial da saúde, que eu não quero especulações à sombra da religião.

– Sois um mau sacerdote – disse meu interlocutor –, não sabeis despertar a fé religiosa.

– Do modo que vós quereis nunca a despertarei. Se Deus é a verdade, só a verdade se Lhe deve oferecer.

– Pois tereis que permitir, porque uma opulenta família virá aqui em breve, atraída pela fama da Fonte da Saúde. A primogênita dessa nobre casa está doente. Sua mãe (devotíssima senhora) espera que aqui sua filha fique boa, e fez a promessa de que, se recuperar a saúde, erguerá uma capela junto à fonte bendita. E vos repito: não venhais estorvar que se erga uma nova casa de oração.

Eu ia lhe responder, mas parece que alguém disse em meu ouvido: “Cala e espera”.

E nada respondi. Meu superior acreditou que havia me convencido com suas razões e despediu-se de mim mais afetuosamente que de costume.

Em poucos dias chegou à aldeia a família que ele me havia anunciado. Ou melhor, parte dela, pois só vinham a mãe e filha mais velha, com vários criados que, depois de instalar seus senhores, voltaram à cidade, ficando apenas um velho escudeiro e a ama da jovem doente. Fui imediatamente lhes oferecer meus respeitos, pois recebi uma ordem categórica de assim fazer, e, mesmo se não a houvesse recebido, eu teria ido, pois pressentia que aquela família trazia mistérios. E, apesar de eu fugir das pessoas, quando pressinto que um crime vai ser cometido, venço meu caráter e faço tudo que me é possível para evitá-lo, porque creio que essa é minha única obrigação: evitar o mal e praticar o bem.

Efetivamente, assim que as vi, compreendi que não havia me enganado. A mãe era uma mulher de boa índole, temia verdadeiramente a Deus. Mas, orgulhosíssima de seu nobre berço, teria morrido cem vezes antes de admitir em sua família um plebeu, e a filha era tão orgulhosa quanto a mãe, supersticiosa e absolutamente dominada pelo fanatismo religioso e pelo orgulho de seu nobilíssimo berço. Sabia-se que estava doente por sua extrema palidez. E a expressão de seu semblante denotava tão profundo tédio que se via que tudo a incomodava, começando por ela mesma.

Pela primeira vez em minha vida fui diplomático e as deixei falar, vendo-as muito dispostas a construir uma capela junto à Fonte da Saúde, desde que a jovem Clarisa se curasse com a água, e tinham certeza de que se curaria. Eu as olhava e pedia força de vontade para emudecer, pois compreendi que Clarisa estava doente, mas que sua doença teria remédio. Procurei estudar o caráter daquela mulher, e vi que tinha um coração de mármore, uma inteligência viciada por um orgulho excessivo e tinha uma ideia de Deus tão absurda e tão inadmissível que não era possível ouvir com calma seus desdenhosos argumentos.

Todos os dias ia à Fonte da Saúde beber água, mas sua palidez aumentava, e sua impaciência crescia, e seu caráter se azedava. Eu procurei apossar-me daquela alma rebelde por meio da doçura, mas compreendi que daquele espírito só pelo terror religioso se conseguiria alguma obediência. De modo que para ela fui o sacerdote severo, falando-lhe frequentemente de um inferno (no qual nunca pude acreditar). Por outro lado, sua mãe tinha melhores condições. Era de caráter mais doce e se abriu muito mais comigo, a ponto de, passado algum tempo, dizer-me em confissão o seguinte:

– Ah, padre! Tenho um peso em minha consciência que me angustia, e tenho evitado contar a meu esposo. Contei a meu confessor e, embora ele tenha aprovado meu plano, desde que vos ouço falar não sei o que há comigo. Eu me confundo, fico aturdida, perco-me entre mil ideias diferentes, e há circunstâncias tão agravantes que se necessita de uma vontade poderosa para sair delas.

– Faz tempo que compreendo seu sofrimento.

– Ah, padre! Sofro muito. Minha filha Clarisa, infelizmente, vai ser mãe do modo mais fatal que podeis imaginar. Basta saber que o que leva em seu ventre é fruto de um amor incestuoso. Ela e seu irmão, um filho clandestino de meu esposo, um infeliz bastardo, foram vítimas de satânica tentação. A honra da família em primeiro lugar. Eu descobri essa horrível loucura, mas já não era tempo de remediar o dano. E apelamos a meios violentos para ver se seria possível desfazer o ser em má hora concebido, mas foi tudo em vão. Ao chegar aqui, apelamos a novos remédios, mas inutilmente, e é necessário! Padre, ajuda-me neste momento terrível.

– E em que posso lhe ser útil, senhora? Fale, estou disposto a servir-lhe.

– Obrigada, meu padre, não esperava menos de ti, e sabe que recompensarei teus serviços. Quando o filho do delito, quando o fruto do incesto vier ao mundo, é necessário sufocar o pranto e, para desagravo do Eterno, construiremos no lugar que lhe sirva de ignorada sepultura uma ermida que tomará o nome do manancial próximo e se chamará Capela da Saúde. Minha filha, livre da carga do pecado, voltará boa, e irão acreditar que foi curada com a água da fonte bendita. O santuário adquirirá renome e, com a fundação dessa obra, a igreja de Deus se engrandecerá, pois embora os meios não sejam tão louváveis quanto eu gostaria, o fim não pode ser melhor: conservar sem mácula a honra de uma nobre família e erguer um templo que com o tempo será grandioso e ao qual os fiéis virão implorar a misericórdia de Deus.

– É do que necessita, senhora: da misericórdia do Eterno para que vos perdoe um infanticídio.

– Um infanticídio, padre?

– Não há outro nome para o assassinato de uma criança. A senhora deseja erguer um templo sobre um túmulo! Deseja que o sangue de um ser inocente sirva de argamassa para unir as pedras de uma nova igreja construída para encobrir um crime! E acredita, pobre pecadora, que essa casa de oração será grata ao Divino Jeová? Não blasfeme mais, senhora. Porque ai dos blasfemos! Acredita que os incestuosos serão menos culpados se depois de cometer um assassinato assentarem as primeiras pedras de uma catedral? Ah, senhora, Deus não quer templos de pedra, porque Ele os formou diversos na consciência de cada homem.

– Pois, então, como desarmaremos Sua justa cólera?

– E acredita a senhora que Deus se encoleriza como um fraco mortal? Acredita que as pobres histórias da Terra podem chegar a seu trono excelso? Quando o negro lodo pôde manchar o arco-íris? Quando o réptil que se arrasta pelo lodo pôde se embalar nas ondulações do éter?

- E o que farei, então, para fazer algo meritório? Porque te confesso, padre, tenho medo.

- O que fará? Escute-me, e ai da senhora se não me obedecer! O que tem a obrigação de fazer é procurar secretamente quem se encarregue desse pobre ser que virá ao mundo, pois, quando chegar, algo terá que fazer aqui. Se quiser, eu me encarregarei de tudo. E a quantia que iria gastar para erguer uma capela, aplique em criar um patrimônio para esse pobre órfão, que suficiente desgraça terá por ter nascido sem receber um beijo de sua mãe. E já que o orgulho de família e a fatalidade lhe arrebatam o pão da alma, não lhe negue o pão do corpo, pois seu sangue corre por aquelas veias.

- Ai, padre, o que me propões é muito comprometedor, e homem morto não fala.

- Como não fala? Que está dizendo? Um morto fala mais que uma geração inteira! A senhora imagina o que é ser perseguido pela sombra de uma vítima? Eu sei, não por experiência própria, graças a Deus, mas muitos criminosos me contaram suas aflições e sei que o remorso é o potro do tormento onde se tritura o homem. E eu, em nome de Deus, e por amor ao próximo, a proíbo terminantemente de levar a cabo seu cínico plano. Deixe-me cuidar de tudo, eu encontrarei uma família em um povoado próximo que assuma o filho da loucura, e a senhora cumpre a lei de Deus, se não quiser que o sacerdote se transforme em implacável juiz.

Não sei que metamorfose se opera em mim quando evito um desacerto, mas sinto-me crescer. Não sou o tímido pastor das almas que foge do perigo, sou o juiz severo que deve ter tomado depoimentos, naqueles tempos, dos primeiros soberanos da Terra. Não me deslumbraria o resplendor das coroas; julgo-me tão forte e me vejo investido de um poder tão especial, que, se não cumprissem minhas determinações, eu não respeitaria normas sociais. Diria a verdade ao mundo inteiro e, antes de consentir com uma felonia, creio que atentaria contra minha vida. E exerço naqueles instantes uma subjugação tão poderosa sobre os que me cercam que me obedecem, se não de bom grado, à força. E quando a vida de um inocente corre perigo, tomo todas as providências para salvá-lo.

Durante um mês não vivi, até que encontrei uma família adequada que se encarregasse do órfão, e lhe assegurei uma grande soma com a qual tenha um bom porvir. E até o momento em que Clarisa, moribunda, deu à luz um menino, fui sua sombra, pregando constantemente o amor ao próximo. A jovem me escutava com profundo assombro e seu sentimento parecia se humanizar, mas eu não fiquei tranquilo até que vi o menino nos braços de uma ama dormindo docemente. Pobre ser, condenado a morrer antes de ter nascido! Eu te salvei de uma morte certa. Qual será tua missão na Terra? Só Deus sabe!

Quando Clarisa voltou para a corte, apertou minha mão com efusão, dizendo:

- Obrigada, padre. Cheguei a teu lado desesperada e, graças a ti, vou embora tranquila. Vela por ele, meu padre. E, quando já puder rezar, ensina-lhe a rezar por sua mãe.

Ao ouvir estas palavras, ao ver que havia conseguido quebrar o gelo daquele coração, senti uma satisfação tão imensa que aquele momento de puríssima alegria me recompensou de minhas grandes amarguras, e só de recordá-lo adquiro forças para resistir ao embate que me espera, porque meus superiores me chamarão, e me pedirão explicação por não ter deixado construir a Capela da Saúde, e por não ter utilizado o manancial do qual tomava o nome.

Muito sofrerei, gravíssimas censuras cairão sobre mim. Mas minha consciência está tranquila. Senhor, salvei um ser inocente de uma morte certa e assegurei seu porvir. Não tomei parte da piedosa fraude de transformar uma água natural em água milagrosa e evitei que se cometesse um engano e que duas desventuradas fossem infanticidas. Não é melhor isso? Não é isso mais justo que ter deixado erguer um templo sobre o túmulo de um inocente? Quem sabe o que esse menino poderá ser!

Senhor, creio que cumpri estritamente meu dever e estou tranquilo. Mas, ao mesmo tempo, as recriminações injustas me cansam e vão viciando o ar de minha vida a ponto de eu não encontrar um lugar onde respirar livremente.

Muitos me chamam de herege e falso ministro de Deus. Senhor, dá-me força de vontade para emudecer, porque os segredos de confissão não posso revelar. Mas eu te amo, Senhor. Creio que devemos te adorar com o culto de nossas boas obras. E não é boa obra cometer fraudes em teu nome. Se em ti tudo é verdade, não devemos te adorar com hipocrisia.

O melhor voto

A que vem o homem à Terra, Senhor? Vendo as leis que regem a natureza, compreende-se que a raça humana, senhora de tudo que foi criado, vem dominar todo o existente.

Vem tomar posse de seus vastos domínios.

Vem colonizar os dilatados continentes.

Vem povoar os mares de casas flutuantes, veleiros e navios.

Vem estudar na grande biblioteca da Criação e vem, enfim, trabalhar incessantemente, porque a lei do trabalho é a lei da vida. Pois bem; se a ocupação contínua é a síntese da vida, as comunidades religiosas empregam a lei imposta? Não. Porque o trabalho há de ser produtivo, há de proporcionar benefícios, há de servir para o engrandecimento do homem moral e intelectualmente considerado, e o trabalho a que mais se dedicam os religiosos é completamente improdutivo. Porque a oração sujeita a horas fixas é uma tarefa penosa, é a rotina em ação, é uma prece que se assemelha a um pássaro sem asas que, em vez de se elevar no ar, cai ao chão.

As preces elevadas ao som do chamado de um sino não ultrapassam as grades do coro. São como um manancial perdido entre penhascos, escorregam entre as pedras sem deixar o menor rastro de sua passagem.

O que é oração? É o gemido da alma e é o sorriso do espírito! É a queixa do aflito e o suspiro do que espera! É o idioma universal que todas as humanidades falam para se dirigir a Deus! E o homem, ser impressionável por excelência, sujeito a variadíssimas sensações, a uma determinada hora deve fixar seu pensamento em Deus? Impossível, completamente impossível. O homem que reza quando lhe mandam é um corpo galvanizado, mas não é a alma que sente. O êxtase do espírito não ocorre quando se quer. Livre como as águias, não há clausura, não há voto que detenha seu voo. Por isso creio que as comunidades religiosas fazem um trabalho estéril; são lavradores que aram uma montanha de granito, e nos sulcos que fizerem não poderá se esconder nem uma única formiga.

Nas épocas do terror, quando o mundo era um acampamento, quando o direito de conquista era o que determinava os limites dos povoados, bom era então que as almas tímidas se refugiassem em afastado asilo. Mas, quando os códigos raciocinados deram aos homens direitos e deveres, os conventos são um contrassenso, são uma paralisação da vida, são um lugar de estacionamento para os espíritos, e são, por último, um inferno para as pobres mulheres. Eu antes não pensava assim; mas quando ouvi a confissão de muitas freiras, quando aquelas desventuradas me abriram seu coração, quantos rios de lágrimas! Quantos tormentos! Quantas horas de inexplicável agonia vi passar diante de mim!

Muitas mulheres, fanatizadas, pronunciaram o voto quando ainda não sabiam o que era viver. Mas depois, quando despertaram de seu sonho, quando imposições horríveis as obrigaram a conhecer os acidentes da vida, quando às vezes tiveram que triturar pequenos seres que teriam amado com todo seu coração, e sem fé e sem esperança, sem nenhuma crença, tiveram que sucumbir à mais detestável das servidões. Ah! Quantas histórias guardam os claustros! E se em alguns conventos vivem verdadeiramente entregues à oração, repito, essa oração é nula. A oração verdadeira é aquela que o homem pronuncia quando sofre muito, ou quando a felicidade lhe sorri. A oração não é a palavra, é o sentimento. Um olhar da alma fixo no céu vale mais que mil rosários rezados por rotina.

Talvez porque eu não tive família fui e sou tão amante dos laços que estreitam os homens, e quando vi as mulheres se desprenderem de todas as suas afeições, ignorando os soluços de seus pais, desdenhando as carícias de seus irmãos, fugindo do único prazer verdadeiro da vida para se trancafiar em uma cela, dentro do mais frio egoísmo, onde tudo é negado, onde as leis naturais se truncam, onde o homem renuncia aos direitos de sua legítima soberania, porque perde sua vontade... ah, quanto sofri quando vi a consumação desses sacrifícios! Mas resta-me o consolo de que algumas vítimas salvei. Isso me valeu ser o alvo de grandes ódios. Mas o bem deve ser feito e a verdade deve ser difundida, sem considerar nem medir os abismos onde se pode cair. Faça-se o bem e cedo ou tarde colheremos saudáveis frutos.

Os cegos não levam um guia? Pois se os sacerdotes são os ungidos do Senhor, devem conduzir por bom caminho os incontáveis cegos que tropeçam nas paixões e caem nos vícios. Oh, sim, sim, esta é a missão de nós que nos chamamos ministros de Deus! Inspira-me, Senhor, para que eu possa cumprir o divino mandado de tua sagrada lei!

E Deus me ouve, sim. Deus me atende, porque, apesar de estar aqui escondido, muitos me procuram para me pedir conselho nas atribulações da vida. E muitas famílias chegam ao porto do repouso obedecendo a minhas indicações. Inspira-me sempre, Senhor!

Há poucos meses devolvi a calma a um pobre ancião que havia chegado ao último grau de desespero, apesar de ser de um caráter manso. Pai de uma numerosa família, ficou viúvo há algum tempo, e não só perdeu a fiel companheira de sua vida, como a maior parte de sua fortuna, e quase toda a luz de seus olhos. Sete filhos lhe pediam pão, e sua filha mais velha, jovem de grande inteligência em música e pintura, utilizava seus conhecimentos com sucesso brilhante e ajudava com o produto de seus bons quadros no sustento de sua família.

Madalena era o consolo e alegria de seu pai, que se extasiava ouvindo-a cantar.

Eu gostava de ir algumas vezes à cidade próxima para ver meu pobre amigo, que é livre-pensador, e admirava seu claro raciocínio, sua paciência evangélica, sua cristã resignação, e invejava sua desgraça porque o via amado, cercado de seus filhos que o acariciavam.

Um dia, vi-o entrar em minha casa apoiado em um de seus filhos. Corri ao seu encontro e ele se jogou em meus braços, chorando como um menino.

– Que tens? – perguntei assustado.

– Roubam-me a filha do meu coração!

– Que me dizes? Não entendo, explica-te.

– Digo que roubam Madalena de mim!

– Quem?

– Quem? Esses que se chamam ministros de Deus.

– Que dizes? Tu, sem dúvida, estás doente.

– Não deliro, não. Não recordas a voz de minha filha, que quando canta parece que um serafim do paraíso desceu à Terra? Pois bem, eles querem essa voz para si e a estão levando embora.

– Mas como a estão levando?

– Como? Fazendo-a entrar em um convento, porque dizem que ao meu lado não aprende nada de bom porque sou um reformista. E uma família muito poderosa assumiu as rédeas do assunto, e minha filha, aturdida e alucinada com os conselhos de um missionário, diz que quer pensar na salvação de sua alma, porque todos juntos a estão enlouquecendo. E nossa casa, que antes era um céu, agora é um inferno. Tu me conheces, Germano. Tu sabes que minha filha é minha vida, que eu sonhava em vê-la casada com um homem digno dela. Que não é que eu a queira por egoísmo, pois a mim não me importa; se preciso fosse, passaria o dia à porta de uma igreja pedindo esmola, desde que à noite pudesse ouvir sua voz de anjo. Mas perdê-la para sempre, saber que vive, e que não vive para mim, ah, Germano, isso me deixa louco.

E aquele pai infeliz chorava o horrível pranto do desespero.

– Acalma-te – disse eu –, acalma-te; nem tudo está perdido ainda. Eu falarei com Madalena, que me respeita muito.

– És a única esperança que me resta! Se tu não conseguires fazê-la desistir do plano, já sei o que hei de fazer.

– E o que farás?

– O que farei? Perguntas o que farei? Morrerei!

Sem perda de tempo fui com meu pobre amigo pedindo a Deus que me inspirasse para salvar duas vítimas ao mesmo tempo, o pai e a filha. Porque esta última é inteligente demais para viver feliz dentro de um convento.

Quando chegamos à casa de meu amigo, dois de meus superiores estavam fazendo companhia a Madalena, que dava aula de solfejo a duas irmãs e ao mesmo tempo ensaiava o canto gregoriano. Madalena, ao me ver, empalideceu, porque sem dúvida compreendeu a que eu ia. Meus colegas me olharam e se prepararam para sair. Um deles disse-me antes:

– Cuidado com o que fareis, pois seguem vossa pista muito de perto.

– Podem segui-la quanto quiserem – respondi –, mas sabei que a perseguição não me assusta, porque sei que Deus está comigo, e aquele que com Deus navega a porto chega.

Naquele momento eu me senti possuído por essa força portentosa que se apodera de mim nos lances extremos. Parece que há em mim duas naturezas. No fundo de minha aldeia sou um pobre homem de caráter simples, que se contenta com ver passar os dias monótonos e compassados, fazendo hoje o que fez ontem, sorrindo com as crianças, perguntando aos lavradores por suas colheitas, encarregando as mulheres de manter limpos seus filhos, olhando o céu quando o pintor do infinito testa suas cores na paleta do horizonte. E ninguém, ao ver-me com meu hábito esfarrapado, com meu semblante triste e resignado, poderá acreditar que me transformo, como por encanto, e que meus olhos apagados adquirem um brilho extraordinário. Pois embora eu nunca tenha me visto, compreendo perfeitamente, porque ninguém pode resistir a meu ardente olhar. E assim foi com Madalena, que, ao ficar sozinha comigo, cobriu o rosto com as mãos e caiu em sua poltrona soluçando. Eu me sentei junto a ela, peguei sua mão e disse:

– Olha para mim.

– Não posso.

– Por quê?

– Não sei; tenho medo de ti.

– Medo? Medo tens tu de ti mesma, não de mim.

– Creio que tens razão.

– Acho que sim. Olha bem para mim, Madalena. Pensas que cumpro meu dever como ministro de Deus?

– Sim, penso. Mas te acusam, como a meu pai, de seguir secretamente a reforma de Lutero. E me dizem que me perco, e que me salve entrando em um convento, que é preciso salvar a alma. E eu vejo meu pai que sofre, e seu pranto queima meu coração, mas entre Deus e meu pai, creio que Deus vem primeiro.

– Sem dúvida. Mas crês que vais a Deus assassinando teu pai? Porque no dia em que ele perder toda a esperança, no dia em que tu pronunciares teus votos, nesse dia teu pai se matará. Tu me ouves bem, Madalena? Teu pai vai cometer suicídio. Que bom modo de ir a Deus, regando o caminho com o sangue de um ser inocente a quem lhe deves a vida!

– Mas não lhe restam minhas irmãs? Que me deixe seguir pelo bom caminho.

– Não vais pelo bom caminho, Madalena. A clausura é contrária à lei natural. A mulher não veio à Terra para trancar-se em um convento. Se para isso houvesse vindo, Deus não teria formado o paraíso descrito pelas santas escrituras. Antes teria construído uma fortaleza e nela teria trancafiado a mulher. Mas, muito pelo contrário, os primeiros casais das diversas raças humanas vieram a Terra e tomaram posse dos bosques e dos cerros, dos vales e das montanhas, das margens dos rios, das praias e dos mares, e os acordes da vida ecoaram em todos os confins do mundo. E o homem e a mulher se uniram para criar novas gerações que glorificassem o Senhor. O bom caminho, Madalena, não é abandonar o autor de teus dias nos últimos anos de sua vida, quando perdeu a esposa, a fortuna e a linda luz de seus olhos. Sabes qual é o bom caminho? Que lhe sirvas de báculo em sua velhice, que alegres sua triste noite com teu amor filial, que aceites o amor de um homem de bem, que te cases e proporciones a teu pai um novo sustento. Essa é tua obrigação, Madalena. Consagrar-te a tua família, é esse o melhor voto que podes pronunciar.

“Onde está tua inteligência? Onde está tua compreensão? Como julgas boa uma religião que ordena o esquecimento dos primeiros afetos da vida? Dizem a ti que teu pai é reformista e que a seu lado perderás tua alma. E isso, quem sabe melhor que tu? Que conselhos te dá teu pai? Que sejas boa, honrada e laboriosa; que respeites a memória de tua mãe; que ames a teus irmãos; que, se amares, ames a um homem digno de ti, que possa te fazer sua esposa; que ames aos pobres; que sejas muito indulgente para com os pecadores; que ao chegar a noite faças um exame de consciência e te confesses com Deus. Isso te diz teu pai. E isso pode servir para tua perdição, Madalena? Responde-me em sã lógica.”

– Em tudo tens razão, meu padre. Sim, acredita que temo a eles, porque quando vêm me deixam louca. E como a duquesa de C. é minha protetora, é a mais empenhada em minha profissão, e ela me diz que não abandonará meu pai e, ainda mais, que fará felizes minhas irmãs se eu consentir em entrar no convento, porque vê que com meu pai e vós, e meu caráter um pouco independente, me perderei no mundo, e que não haverá salvação para mim.

– Ninguém se perde, Madalena, quando não quer se perder, e, além do mais, nem teu pai nem eu te aconselhamos mal. E se queres salvar a vida de teu pobre pai, é preciso que desistas de entrar para o convento. Reflete bem e tem em conta que, no dia seguinte em que pronunciar teus votos, estarás arrependida e a sombra de teu pai te seguirá por todo lado. E quando te prostrares para orar, tropeçarás com seu corpo, e quando quiseres entregar-te ao sono, seu espírito te pedirá contas de seu suicídio e, acredita em mim, Madalena, não desates os laços que Deus formou. Perder-te no mundo sendo tua posição tão digna de respeito e de consideração! Que voto mais santo podes pronunciar que prometer a Deus que servirás de mãe a teu pai doente e a teus irmãos pequenos? Que ocupação mais nobre podes ter que sustentar os passos do ancião que te ensinou a rezar e a bendizer a Deus? Sê razoável, minha filha; cumpre a verdadeira lei de Deus e faz que teu pai, em sua triste noite, sorria agradecido ao sentir-se acariciado pelos raios da luz de teu amor.

– Agora é tarde, padre Germano, pois lhes dei minha palavra.

– E pelo cumprimento de tua palavra sacrificarás teu pai? Vamos, Madalena, eu quero a vida de teu pai e tu não ma podes negar.

Naquele momento entrou meu pobre amigo. Vinha sozinho e seu passo era inseguro como o de uma criança que começa a andar. Madalena correu a seu encontro, os dois se uniram em estreito abraço, suas lágrimas se confundiram por alguns instantes e eu os olhava extasiado, dizendo a mim mesmo: "Eis aqui a verdadeira religião! O amor da família! A proteção mútua! A devolução dos ternos cuidados! O pai ensina o filho a andar, e o filho, depois, sustenta os passos hesitantes de seu pai e lhe oferece doces crianças que alegram os últimos dias de sua velhice! Oh, a família! Idílio eterno do mundo! Tabernáculo dos séculos onde se guarda a história consagrada pelo alento divino de Deus! A religião que não te respeite e não te considere acima de todas as instituições da Terra terá um poder que será mais frágil que o castelo de espumas levantadas pelas ondas do mar.

Madalena rompeu o silêncio dizendo:

– Perdoa-me, meu pai. Compreendo minha loucura, e ao padre Germano devo a razão. Não me afastarei de ti, e faço diante de Deus solene voto de ser teu guia e teu amparo, e acredito que Deus nos protegerá.

– Sim, minha filha – assenti eu –, Jeová velará por ti. Crê em mim, Madalena: ao consagrar-te ao cuidado da família pronunciaste *o melhor voto*.

O melhor voto, sim. Porque a paz e a alegria voltaram a reinar na casa de meu amigo. As crianças recuperaram sua jovem mãe, o ancião cego sua sábia companheira, e todos sorriem, e todos vivem, e nada mais risonho e mais lindo que quando vêm todos juntos me ver em um dia festivo. Minha velha casa se alegra. Ao cair da tarde, Madalena e seus irmãos cantam no jardim a oração do Ângelus e os pássaros alvoroçados repetem "Glória!" Seu pai a escuta comovido e me diz em voz baixa:

– Ah, Germano! Quanto te devo! Que teria sido de mim sem ela?

Obrigado, Senhor! Perseguem-me muito de perto e me acusam de tirar de ti tuas ovelhas, mas enquanto eu aumentar o rebanho dos bons cristãos, creio, Senhor, que cumpro meu dever.

O patrimônio do homem

Senhor, cada dia que passa, a cada hora que transcorre, a cada minuto que foge para se perder na eternidade, mais me convenço de tua grandeza e misericórdia, Senhor, bendito, bendito sejas!

Quanto amas o homem e quão mal compreendemos teu imenso amor!

O tempo, essa demonstração eterna de tua sabedoria! Essa prova imensa de teu poder! Essa decifração contínua dos grandes problemas! Como foi visto em todas as idades? Como? Com certo temor supersticioso. E o tempo foi simbolizado por um velho esquálido devorando seus filhos, destruindo tudo, consumindo a beleza e a juventude do homem, extinguindo seus afetos, caducando suas leis, derrubando seus impérios. Para o homem, o tempo e o nada são sinônimos. Porém, a natureza sempre demonstrou que o tempo é a renovação suprema da vida. E, ao estudar a existência do homem, vê-se que o tempo é a redenção da humanidade. É, em uma palavra, o único patrimônio do homem. Se um único indivíduo chegasse a possuir todos os tesouros de um planeta, não seria poderoso se não tivesse a sua disposição tempo de que dispor. Eu, que estudei profundamente nesses livros inéditos, nesses volumes palpitantes que se chamam homens, tive oportunidade de apreciar o valor das horas, e por isso considero o tempo como a apoteose de Deus.

Quantos seres culpados se redimiram com o passar dos anos! Quantas almas rebeldes entraram nos caminhos do Senhor! Por isso acredito que o homem vive sempre, porque, se não viver, como é curto o prazo de uma vida para aquele que cai e quer se levantar!

Os sinos dobram a finados! Nuvens plúmbeas cobrem o horizonte, os pássaros assustados se refugiam nas copas das árvores e o vento balança seu berço de folhagem. Os cães ganem lastimosamente, a tempestade se aproxima, e as lembranças surgem em minha mente. O tempo passou, porém, aquela tarde vive em minha memória.

Por qual estranho mistério, manuscrito querido, não tracei em tuas amareladas folhas as impressões de um acontecimento que marcou época em minha vida? Por que algumas vezes, ao tomar a pluma e ao pensar naquele desventurado, minha mão tremeu e não pude formar uma única letra? Por que tive medo, como se houvesse sido um criminoso? Por que em minhas orações, ao pronunciar seu nome, minha voz sufocou em minha garganta e emudeci, temendo que as paredes do templo repetissem minhas palavras? Pela primeira vez em minha vida fui fraco, e quero vencer minha fraqueza, quero acrescentar uma página ao livro de minhas confissões e de minhas lembranças. Quero que os homens saibam a desventurada história de um espírito rebelde cujo nome verdadeiro nem mesmo a ti, manuscrito querido, devo confiar. Mas quero deixar consignado o fato para demonstrar que o tempo não é o deus Saturno devorando ansiosamente seus filhos, e sim o alento de Deus fecundando os universos do infinito.

Chove já. A água bate nos esverdeados vidros de minha janela e parece que essas gotas me dizem: "Tu te lembras?"

Sim, eu me lembro, sim. Era uma tarde de primavera e a estação das flores (como mulher caprichosa) havia se envolvido no manto do inverno. Chovia a cântaros. As nuvens, carregadas de eletricidade, deixavam cair sobre a Terra raios de fogo. O furacão arrancava pela raiz as árvores centenárias, que voavam pelo espaço com a rapidez do pensamento. As casas da aldeia tremiam como se tivessem febre; seus tetos, ao desabar, soltavam um gemido e o vento, como insaciável monstro, devorava-as em sua veloz corrida. A igreja estava cheia de fiéis que rezavam angustiados pedindo a Deus misericórdia, e eu estava em meu oratório entregue à mais triste meditação, pedindo ao Eterno que, se algum ser daquela aldeia devesse morrer naquele terrível momento, que fosse eu o escolhido, árvore seca que a ninguém dava sombra, e que deixasse os outros anciãos, que eram árvores frondosas a cuja sombra benéfica se abrigavam duas gerações. Pensava nos marinheiros que lutavam com as embravecidas ondas, contava e recontava e não conseguia somar os gemidos de agonia que naqueles críticos instantes centenas de famílias arruinadas pela violência da tempestade deviam exalar, e chorava, considerando tantos outros infortúnios, tantas esperanças perdidas, tantas horas de árduo trabalho. Pobres, pobres lavradores!

De repente, entrou Miguel, meu velho companheiro, segurando Sultão pela orelha, dizendo-me muito assustado:

– Ah, senhor! Sultão enlouqueceu, não sei o que este animal tem. Entrou na igreja e começou a puxar as mulheres pelos vestidos e a arranhar os casacos dos homens, correndo de um lado a outro. Latindo agitado, pulou em cima de mim e por pouco me derruba ao chão, e a duras penas consegui trazê-lo até aqui.

Eu olhei para Sultão, que pingava água e lodo. Peguei sua cabeça, examinei seus grandes olhos e vi que estavam cheios de lágrimas. O pobre animal, como se compreendesse o relato de Miguel, estava quieto, olhando para mim lastimosamente. Eu, que amava Sultão como um amigo íntimo da vida inteira, acariciei-o dizendo:

– Por que assustas as pessoas? Por que impacientas Miguel, que divide contigo seu alimento? Vamos, pede-lhe perdão.

Miguel pôs-se a rir e deu vários tapinhas na cabeça de Sultão, que, ao se ver acariciado, ganhou novos brios e começou a grunhir, a dar fortes uivos, pulando em nós dois. Puxava nosso hábito, cavava o chão impaciente, corria para a porta, ficava em pé, apoiando-se na janela, batia nos vidros como se os quisesse quebrar, voltava de novo a mim, pegava-me pela manga e me fazia andar à força.

Vendo esse empenho inusitado, eu disse a Miguel:

– O que Sultão tem é que deve ter visto algum desventurado e está nos dizendo que o salvemos.

Ao ouvir isso, Sultão começou a latir de novo. Vesti minha capa e o capuz, e Miguel olhou para mim espantado, dizendo:

– Mas, senhor, enlouquecestes? Aonde vais chovendo desse jeito?

– Vou aonde meu dever me chama. Os homens não devem ser menos generosos que os cães.

Miguel, em resposta, foi buscar seu velho capote e se ofereceu para que me apoiasse nele. Saímos e seguimos Sultão, que logo se perdeu por entre as escabrosidades de um barranco. Rapidamente o seguimos, subimos uma montanha. No meio da subida, Sultão parou e olhou para um novo barranco, latindo agitado. Paramos e Miguel disse, depois de ouvir por alguns instantes:

– Creio que lá no fundo há alguém se queixando.

Mas o vento que assoviava por entre aquelas fendas não nos deixava ouvir nada. Sultão, para nos convencer, olhou o terreno, deu várias voltas e começou a descer, e nós o seguimos, guiados e sustentados por algum anjo do Senhor, pois de outro modo não se concebe que conseguíssemos vencer tantas dificuldades. Chegamos a um lugar plano, de pedras, e ali encontramos um homem que se lamentava angustiado. Miguel e eu o levantamos e, como se aquele pobre ser estivesse nos esperando, ao se sentir amparado por nós, disse com voz abafada:

– Graças a Deus!

E perdeu os sentidos. Depois de uma marcha penosíssima, chegamos à igreja e deitamos aquele pobre infeliz em um banco da sacristia. Prestamos os auxílios convenientes e ele logo abriu os olhos, olhando para todos os lados. Olhou para os camponeses que o cercavam e se levantou prontamente, dizendo:

– Vão embora daqui! Não sei se estou morto ou vivo, mas quero ficar sozinho. Ouvistes? Vão embora!

Esvaziei o aposento e fiquei sozinho com o velho e Sultão, que, como se compreendesse que seu trabalho já estava concluído, deitou-se para descansar de sua fadiga. Eu me sentei ao lado do doente e disse:

– Pelo modo como falas, percebe-se que não estás ferido, graças a Deus.

– Não há ninguém na Terra que possa ferir meu corpo, porém, minha alma está ferida. Agora diga-me: estou morto ou vivo? Sinto grande confusão em minhas ideias.

– Estás vivo, graças a Deus.

– Não agradeça tanto, padre, pois, sem dúvida alguma, seria melhor que eu houvesse morrido. Sabe para que quero a vida?

– Para que a queres?

– Para vingar-me, para lavar com sangue a mácula de uma ofensa.

– Belo modo de lavá-la, cometendo, sem dúvida, um assassinato!

– Que quer, padre? Primeiro o mais importante, e as manchas da honra só com sangue se lavam. Contarei minha história, pois para isso vim. Não pense que foi o acaso que me levou àquele barranco. Eu quis cortar caminho, e em minha corrida caí, e creia que ali sofri todos os tormentos do inferno. Lutava para subir e escorregava, e quanto mais queria avançar, mais terreno perdia. As forças me faltavam, minha cabeça não queria se levantar de seu travesseiro de rochas e pensei que ia morrer sem confissão, sendo que só para me confessar vim até aqui. Faz muito tempo que o conheço e não queria ir embora do mundo sem me confessar. A carga de minhas culpas é muito pesada, e só um homem como o senhor pode ajudar a levá-la. Dois únicos objetivos tenho na vida: confessar-me hoje e vingar-me amanhã.

– Pois nem te confessarei hoje, nem te vingarás amanhã. Estás doente, teus olhos têm o brilho da febre, teu olhar perdido me diz que deliras. Agora te deixarei em meu leito, descansarás, repousarás e, quando houveres recuperado a saúde, seguirás tua viagem. Eu te advirto que não quero receber tua confissão, horrorizam-me os segredos dos homens. Quando entro nesta igreja, sinto medo, porque os ecos me repetem as queixas da mulher adúltera, os lamentos da mãe infanticida, as imprecações dos assassinos, e não posso guardar em minha mente mais lembranças de horror, porque temo enlouquecer.

O doente passou o olhar a sua volta e disse amargamente:

– Tem razão. Quantos segredos guardarão as paredes desta igreja! É bem triste a história da humanidade!

– Segui-me – disse eu com afã. – Necessitas descanso, estás doente, crê em mim.

– Bem, eu o seguirei, mas amanhã me ouvirá, se não de bom grado, por obrigação.

Conduzi-o a meu quarto, fiz que tomasse alimento, ajudei-o a se despir e ele se deitou em meu leito. Logo adormeceu, um sono agitado, e eu então o contemplei atentamente. Era um homem de uns cinquenta anos, de arrogante figura e até dormindo seu semblante revelava orgulhosa altivez. Retirei-me a meu oratório e ali me entreguei a pensar, e, como o réu no corredor da morte, temia que amanhecesse e chegasse a hora de meu suplício. Eu me perguntava: "Quem será esse homem, Senhor? Que novos crimes saberei amanhã? Que novos inimigos criarei?" Porque nunca transigirei com a hipocrisia, nem entregarei nenhum criminoso à justiça, pois sei que destruo um corpo e entrego um espírito ao tormento, e prefiro trabalhar em sua regeneração com todas as forças de minha alma. Eu quero a correção para o criminoso, mas não quero os tormentos horríveis, os trabalhos forçados. Quero fazê-los pensar e fazê-los sentir. Não encontro isso nas leis da Terra, e por isso evito entregar-lhe novas vítimas. Mas isso me ocasiona grandes responsabilidades, porque, embora, até agora, todos os seres culpados que arrebatei dos tribunais deste mundo tenham se regenerado, poderia haver algum que, por minha tolerância, cometesse novos crimes. Ah, Senhor, as forças me faltam, tem misericórdia de minha fraqueza. Eu, quando ouço uma confissão, quando vejo uma vida cheia de horrores, identifico-me com aquele pobre ser e sofro com seus remorsos, e padeço com a agonia de suas vítimas e sombras aterradoras atormentam meu sono, e não sei o que acontece comigo.

As horas se passaram, o alvorecer cobriu de púrpura com seu manto o velado horizonte, os pássaros chamaram o Pai do dia e Ele lhes respondeu enviando-lhes seus raios luminosos, e o doente se levantou em seu leito, dizendo com tom satisfeito:

– Dormi muito bem, padre! Sinto-me perfeitamente bem, e o que quase nunca acontece, sonhei com minha mãe. E como são os sonhos... Vi-a como era.

Pulou do leito, e prosseguiu dizendo:

– Preparemo-nos para sair, pois não quero que suas paredes guardem o eco de minha voz. Vamos ao campo, pois, segundo dizia minha mãe, é o lugar onde o homem está mais perto de Deus.

Eu olhava para meu interlocutor como o réu olha para o verdugo. No olhar daquele homem havia uma ferocidade extraordinária, mas ele não era um ser repulsivo, ao contrário. Era interessante a expressão de seu rosto, seu porte era distinto, e percebia-se que pertencia à mais alta sociedade.

Fiz que ingerisse algum alimento. Ele comeu maquinalmente, e disse em tom seco:

– Padre, vamos sair daqui, pois me perseguem muito de perto. Eu nunca fui traidor e não quero premiar sua generosa hospitalidade com o transtorno de uma prisão. O senhor não sabe ainda a quem tem em sua casa.

– Eu te deixaria partir muito contente sem saber, recomendando-te apenas que fizesses com os outros homens o que ontem nesta aldeia fizemos contigo.

Em resposta, ele simplesmente saiu do aposento, acariciou Sultão, que seguiu ao seu lado muito satisfeito, e fomos para o campo sem pronunciar uma palavra. Já fora da aldeia, olhou para mim e disse:

– Conheço estes lugares melhor que o senhor, padre, e o levarei a uma paragem onde ninguém poderá nos interromper.

Assim foi. Sentamo-nos em uma depressão e Sultão, como sentinela avançada, sentou-se a longa distância de nós. Eu pedi a Deus inspiração e, como sempre, senti em todo meu ser uma forte comoção. Senti sobre meu crânio uma mão de fogo, minhas ideias adquiriram lucidez e o velho padre da aldeia se sentiu forte e rejuvenescido. Olhei para meu companheiro, que estava mergulhado em profunda meditação, e disse:

– Cumpra-se o sacrifício, comece. Mas, acima de tudo, diga-me absolutamente toda a verdade.

– Os homens de minha raça não mentem jamais. Olhe bem para mim. Não calcula quem sou? Meu nome deve ter chegado muitas vezes a seus ouvidos. Sou o grão-duque Constantino de Hus.

Efetivamente, ele me era bastante conhecido por seu fatal renome e, por um instante, senti medo, senti horror, senti um espanto inconcebível. Mas foi uma coisa instantânea, porque um desejo muito veemente de saber a história daquele homem se apoderou de minha alma. Ele era para mim um náufrago perdido no oceano irado das paixões e do fundo do mar dos vícios eu me propus tirá-lo a todo custo. Então, senti-me forte, animado, disposto a transformar o mundo inteiro. Aproximei-me mais dele, peguei uma de suas mãos, olhei fixamente para ele e disse:

– Fala! Eu te conheço e me compadeço de ti há muito tempo.

– O senhor se compadece de mim? – exclamou com espanto.

– Sim, eu me compadecia. Como não haveria de me compadecer, se és mais pobre que o último mendigo da criação?

– Pobre, eu! – respondeu com ironia. – Sem dúvida, ignora que em meus domínios o sol nunca se põe.

– O sol não tem que se esconder no lugar onde nunca brilhou. Mas começa teu relato.

O grão-duque olhou para mim e começou, dizendo:

– Não conheci meu pai, morreu em uma ação antes de eu nascer e, quando se celebravam seus funerais, minha mãe me deu à luz. Segundo contam, colocaram-me sobre o túmulo de meu pai e meus súditos me aclamaram como o único chefe de minha ilustre família. Não restava mais descendente homem além de mim, pois todos haviam perecido na guerra. Minha mãe era uma santa mulher, agora sei, e recordo que muitas vezes me dizia: "Quisera, ao morrer, levar-te comigo, e que teu nome se perdesse nas sombras do sepulcro".

- Nota-se que tua pobre mãe via muito claramente teu fatal porvir. Prossegui.

- Quando ela morreu, eu me alegrei com sua morte, porque era o único ser que contrariava meus desejos, e, aos catorze anos, fiquei livre de toda tutela, com direito de vida e morte sobre meus vassalos. Não conheci limites para meu querer, minha vontade soberana se cumpriu sempre, e ai do ousado que não a houvesse cumprido! Para ter um herdeiro de meu nome uni-me a uma jovem de estirpe real para perpetuar minha raça. Por isso sempre usei as mulheres, e a nenhuma amei. Só a minhas filhas olhei com respeito, porque, afinal, levavam meu sobrenome. Minha primeira esposa deu à luz uma menina, e eu me indignei de tal maneira que ela desapareceu rapidamente da Terra, porque meu médico compreendeu que eu queria que desaparecesse. Casei-me pela segunda vez, e aconteceu o mesmo, e me casei a terceira e a mesma história se repetiu, e esse filho nunca veio.

- E como querias que viesse, infeliz! Para a árvore da iniquidade não há brotos na natureza!

- Pode dizer, padre. Obriguei trinta e seis jovens filhas de meus vassalos a que cedessem a meus desejos. A maior parte foi estéril, outras morreram de pesar, algumas conservaram uma recordação de mim, que se extinguiu ao nascer. Porque nenhuma das filhas que tive de origem bastarda sobreviveu ao nascimento, e invejei o último dos meus súditos ao vê-lo brincar com seus filhos. Todos tinham um herdeiro de seu nome, só o meu estava fadado a se extinguir.

- Porque é necessário que se extinga, porque és filho de uma família execrável, porque onde tu e os teus haveis chegado, não deixastes mais que um rastro de sangue e lágrimas. Por isso é preciso apagar teu nome do livro da história, para que os povos não se envergonhem. Mas prossegue, pois ainda não deves ter concluído.

- Resta-me algo a lhe contar ainda; três filhas me restaram de meus três casamentos, às quais, se não amei muito, respeitei, e para que com suas fraquezas ou leviandades (porque todas as mulheres são a mesma coisa) não manchassem meu nome, duas delas coloquei em um convento, e a mais velha ficou ao meu lado, fazendo-me cometer um novo crime. Um homem mais poderoso que eu, por conta de sua posição social, seduziu-a e, depois de seduzi-la, como ele é casado, abandonou-a, e ciente de que ao saber do ocorrido eu me vingaria, ele me afastou, acusando-me de ser o chefe de uma sedição e me despojou da maior parte de meus bens. Eu já sabia de minha desonra. Reuni meus companheiros e desafiei o ladrão que havia ousado se aproximar de minha filha, e disse que viesse a minha residência habitual para provar que eu era um traidor, e lhe mandei minha luva, que ele recolheu. E veio aos meus Estados, porque a tal chamado não há homem que se negue; mas veio com forças mais poderosas, muito superiores em número às hostes que defendiam meus territórios. Compreendi que rapidamente se apossaria de meu castelo, e mandei um arauto com uma carta dizendo que eu mesmo jogaria as chaves da fortaleza à porta de sua tenda, e não tardei a cumprir minha palavra. Ele montou sua tenda às margens do rio, e eu subi na torre mais alta de meu castelo, acompanhado de minha filha, perto de dar à luz o fruto de sua desonra e a minha, e com um braço forte levantei-a no ar e a lancei ao espaço. Seu corpo se perdeu entre as ondas do rio enquanto eu gritava três vezes: "Aí está a chave da fortaleza de Hus!" Sem perda de tempo, seguido do mais bravo de meus capitães, fugi por um caminho subterrâneo, enquanto meus soldados defendiam, palmo a palmo, a morada de seu senhor. E sabe por que fugi? Porque queria que aquele homem sentisse a mesma dor que eu senti, queria que minha vingança se cumprisse olho por olho e dente por dente. Queria que uma de suas filhas fosse desonrada como foi a minha, e consegui meu intento, e fiz que ele soubesse, e o desafiei a um combate a sós nas cercanias desta aldeia. Ele temeu meu braço e não veio, mas vieram em meu encalço emissários seus, que eu soube burlar com destreza. Aquele que não quer morrer como um nobre, morrerá como morrem os covardes e os traidores, feridos pelas costas. Vou atrás dele, mato-o, e depois virei aqui e acabarei de uma vez com a vida que me angústia. E então, padre, o senhor será o único que rogará por mim, e não negará terra sagrada ao corpo do suicida. Muito se fala do senhor, e por isso vim, porque ao morrer preciso de alguém que me prepare para essa viagem que não sei onde acaba. Dizem que há um inferno, e, se existe, certamente irei para lá. E se hei de ser amaldiçoado na Terra, quero receber minha excomunhão de um homem verdadeiramente grande, como contam as pessoas que é o senhor.

Eu estava absorto. Olhava para aquele homem e via passar diante de mim pálidas sombras em forma de mulheres jovens e belas. Umas estendiam a mão direita ameaçando a cabeça do nobre, outras choravam e lhe enviavam um ósculo de paz, e eu, maravilhado, atônito, subjugado, compreendi que estava cercado de seres espirituais. Uma sombra enlutada se aproximou do grão-duque. Chorava com o maior desconsolo e apoiava sua fronte na cabeça do pecador. "Esta é a alma de sua pobre mãe", pensei comigo. "Só uma mãe pode perdoar a iniquidade do homem". A sombra respondeu a meu pensamento, porque redobrou suas carícias e apertou minhas mãos, suplicante. Então, senti o que nunca havia sentido. Pensei em minha mãe, a quem nunca havia visto, e meu coração soluçou dentro de meu peito, e quase invejei a sorte daquele desventurado, porque ainda era amado por sua mãe.

O grão-duque olhou para mim e, sem dúvida estranhando meu silêncio, disse com impaciência:

- E então, padre, que diz?

Ao ouvi-lo, voltei à vida real e só fiquei vendo sua mãe, que se apoiava no ombro de Hus.

- Alguma vez te lembras de tua mãe?

- Sim, muitas vezes; por que me pergunta?

- Enquanto agora olhavas para mim, pensavas nela?

- Sim. Há alguns dias que sua lembrança não me abandona. Como pretendo deixar este mundo, não é estranho que recorde àquela que me trouxe a ele. Pobre mulher! Quase tinha razão. Se eu não haveria de deixar um herdeiro de meu ilustre nome, teria sido melhor ter ido com ela? Mas, enfim, o feito feito está. Agora só espero do senhor duas coisas.

- Quais são?

- Sua excomunhão, porque sua bênção é impossível, e a formal promessa de que me enterrará em terra santa e porá uma cruz em minha vala.

- O último desejo está concedido, naturalmente. E aproveito para te advertir que, para mim, toda terra é sagrada, porque toda ela recebe o reflexo divino do olhar de Deus. E quanto a teu primeiro pedido, não o posso atender, porque não há na Terra nenhum homem que tenha poder suficiente para abençoar a outro em nome de Deus, nem para lançar-lhe o anátema cumprindo uma ordem do Eterno.

- Pois então, para que servem os sacerdotes?

- Servem, quando são bons, para consolar e para instruir a humanidade, para iniciar o homem no progresso eterno da vida, para conduzi-lo pelo caminho mais curto à terra prometida. Dia chegará que os sacerdotes não serão necessários, porque cada homem cumprirá seu dever, e esse é o verdadeiro sacerdócio. Mas enquanto não chega esse maravilhoso dia, certo número de homens, dedicados ao estudo e a práticas piedosas, será um freio para os povos, e às vezes um motivo de escândalo. Pois em nossa mal organizada sociedade quase sempre os extremos se tocam.

- E se não quer nem me absolver, nem me excomungar, que me diz, então? Que lhe parece minha vida?

- Que queres que me pareça, desventurado? Uma trama de iniquidades! Uma série de crimes horríveis! Mas nem todos são filhos de vós, muitos deles obedeceram aos vícios desta época. Dentro de alguns séculos não haverá criminosos como vós. Os nobres não terão tão fatal poderio, os servos serão resgatados pelo progresso, as mulheres reconhecerão seus deveres e reclamarão seus direitos, e não serão como são hoje, o pobre brinquedo da libertinagem do homem. Vieste à Terra em muito mau tempo, infeliz, e teu espírito disposto a cometer todo tipo de desacerto, e todos os atropelos inconcebíveis satisfizeram teus iníquos desejos, porque tudo que te cercou cooperou com tua perdição.

- E o que há depois disto, padre?

- Que há de haver? O progresso eterno, porque é o que a razão natural dita. Tu e eu nascemos na mesma época, embora em diferentes classes, mas a raça sacerdotal não é a menos privilegiada, e bem sabes que muitos são os sacerdotes que cometem abusos. Por que tu nasceste inclinado para o mal e eu para o bem? Por que morrerás amaldiçoado por todos sem que ninguém derrame uma lágrima em tua sepultura, e eu serei enterrado por um povo inteiro que chorará minha memória? Por que tu te entregaste ao turbilhão das paixões, e eu soube conter as minhas? Por que esse privilégio para mim, se tu e eu viemos ao mundo nas mesmas condições? Se nós dois nascemos de mulher, por que para ti todos os incentivos do prazer e do poderio (que não são mais que elementos de perdição), para mim toda a sensatez, toda a reflexão e todos os meios para seguir pelo verdadeiro caminho? Por que, se não tivermos outra vida, tu haverias de ser tão desventurado e eu ditoso? Cabe em Deus tal justiça? Não; não pode caber, e nossa vida deve continuar, porque, se não continuasse, eu negaria Deus, e Deus é inegável, porque a Criação prova sua existência.

"Tu me perguntas: que há depois disto? Há a vida eterna e o progresso indefinido do espírito. Não podes deixar de ser a execração universal, enquanto eu, teu irmão, filho de um mesmo Pai, porque os dois somos filhos de Deus, sucumbirei cercado das crianças de minha aldeia, e muitos homens honrados chorarão minha memória.

"Tens que engrandecer teu espírito, porque o mal não é eterno na Criação. Deus cria, não destrói; por conseguinte, o espírito tem que harmonizar com a criação, porque, como ser pensante, como entidade inteligente, é o complemento da divina obra. Tu viverás, pagarás uma a uma todas as dívidas que contraíste, e chegará um dia em que serás dono de ti mesmo. Hoje foste escravo de tuas paixões, amanhã serão elas tuas escravas, e as dominareis como quiseres, como eu dominei as minhas."

- Diz que viverei. Que viverei? Conservarei a memória de minha existência? Desta vida que tanto me angustia? Ouvirei sempre essas vozes distantes que me dizem sem parar "Maldito! Maldito!"?

- Não, não as ouvirás, Deus é misericordioso para com os arrependidos. E, se quiseres, a partir de hoje mesmo poderás começar tua nova vida. Renuncia a esse nome que tantos crimes te fez cometer e que te deu tão detestável celebridade. Deixa que se extinga o nome de tua raça, renasce de novo e, se ontem foste o açoite da humanidade, amanhã talvez alguns pobres agradecidos semeiem flores em teu túmulo.

– Quer que entre em um claustro?

– Não, quero que trabalhes, que sejas útil aos desventurados. O trabalho é a oração da natureza.

– Mas, falando-lhe, esqueci que tenho algo a fazer ainda.

– Nada tens mais a fazer, e eu não tenho poder nem para te perdoar, nem para te escarnecer. Mas tenho para impedir-te de cometer um duplo crime. Pensa em amanhã; a alma de tua mãe te conduziu até aqui para tua regeneração. Demos início a ela. Restam-te alguns bens?

– Sim, sim, algo me resta.

– Pois bem, hoje mesmo irás embora daqui, e do melhor modo possível utilizareis tua fortuna. Espalharás (pois com dinheiro tudo se consegue) que morreste pelas mãos de uns foragidos que levaram até teu corpo, e as guerras e turbulências atuais favorecem nosso plano. Desfigurarás teu rosto com uma tinta acobreada que te darei, virás aqui onde há férteis campos que só esperam bons lavradores para produzir, e ocuparás nas fainas agrícolas muitos dos pobres camponeses, que só desejam trabalhar. Tu também trabalharás a terra, pois bom é que regues com teu suor o que tantas vezes regaste com lágrimas e sangue de tuas vítimas. Confio em tua palavra, voltarás. E, se não voltares, não serei eu o prejudicado, serás tu. Se matares esse homem e cometeres suicídio depois, teu espírito sofrerá horrorosamente e sentirás todas as agonias que fizeste sentir as pobres jovens que sucumbiram de vergonha e dor. Se voltares, prepararás tua alma para uma morte muito mais tranquila. És livre na escolha.

O grão-duque se levantou e disse:

– Voltarei. Porque, se hei de viver para sempre, já estou farto de sofrer.

E, escondendo-se em sua capa, partiu a passo ligeiro, e a sombra de sua mãe desapareceu com ele.

Quando fiquei sozinho, chorei com esse pranto da alma, que, como chuva bendita, fertiliza nosso sentimento. Vi ao longe novas perseguições para mim, porque ele era um réu da alta nobreza que eu arrebatava da justiça do Estado. Mas, que me importava, já que evitava dois crimes e fazia um pobre louco de nascença pensar em sua cura?

Passaram-se muitos dias, alguns meses, até que, uma tarde, um aldeão me trouxe uma carta. Era do duque, anunciando sua chegada próxima, e me advertia que, seguindo meu conselho, havia deixado de pertencer à raça branca.

Um mês depois, chegou o grão-duque de Hus pedindo-me hospitalidade, acompanhado de seu servo mais fiel, que, como seu dono, parecia um etíope.

O grão-duque não parecia o mesmo. De cabelos tonsurados, as mãos enegrecidas, o ar vulgar, seu semblante humilde. Havia morrido, efetivamente, o último rebento da casa de Hus.

Quando me viu, jogou-se em meus braços e disse em meu ouvido:

- Eu lhe confesso que mais de uma vez hesitei em vir, mas, por fim, o senhor venceu, única vontade que já dominou a minha.

- Demos graças a Deus, mestre João. Se não te opões, usarás este nome.

- Muito bem. Agora, todos os nomes me são iguais. Diga-me o que devo fazer.

- Já te contei meu plano, segue-me se quiseres, mas eu não te chamei ao meu lado para que vivas oprimido, e sim para salvar-te de um duplo crime, para lavrar a terra, e talvez encontres os sulcos no céu.

Quatro anos depois, em uma linda tarde de primavera, alguns camponeses vieram me dizer, muito desolados, que mestre João estava morrendo. Fui com eles e me dirigi à abadia de Santa Isabel, transformada em granja modelo. O trabalho havia embelezado aquele vetusto e arruinado edifício, onde uma multidão de famílias havia encontrado meios de subsistência.

Uma completa revolução reinava na granja. Os homens falavam com mistério, algumas mulheres choravam e seguravam seus filhos para que não fizessem barulho e respeitassem o repouso do mestre João. Quando entrei no quarto do doente, ele acordou e, segurando minha mão, disse com voz solene:

- Padre, sua profecia vai se cumprir: vou morrer, mas serei chorado. Vejo a comoção dessa boa gente, alguns gemidos chegam até mim. Como é lindo ser amado! Em minha mesa encontrará meu testamento. Meus colonos são meus herdeiros. Por que não o conheci no momento de nascer, padre Germano? Como é bom ser bom, meu padre!

E, reclinando a cabeça em meus braços, expirou.

Minha profecia se cumpriu. Nos ombros dos camponeses o último grão-duque de Hus foi levado a sua humilde sepultura e seres agradecidos a cobriram de flores. Muitas famílias enaltecem sua memória, e um espírito perdido começou a conhecer seus erros.

Escondi um réu, arrebatei da justiça humana um criminoso, porque não o quis despojar de seu legítimo patrimônio, dessa riqueza inestimável que se chama TEMPO!

Perdoa-me, Senhor! Acusam-me de quebrar as leis da Terra, mas creio firmemente que não violo as tuas.

As pegadas do criminoso

Estou triste, Senhor, muito triste. Fiquei tão sozinho! Sultão, meu fiel Sultão, companheiro de uma grande parte de minha vida, apesar de ter alcançado uma longevidade extraordinária, por fim partiu, e me deixou sozinho. Eu fui o primeiro a acariciá-lo ao nascer, e fui aquele que, ao morrer, apoiei sua inteligente cabeça em meus joelhos. Nobre animal! Triste é dizer, mas é muito certo: encontrei em um cão o que não pude encontrar em um homem. Quanta lealdade! Quanto cuidado! Quanta solicitude!

Ele dormia durante o dia, raras vezes o vi dormir à noite, e só estando doente. Como eu gostava, se de manhã Miguel e eu ficávamos dormindo, de ver com que suavidade Sultão nos acordava puxando as mantas que respectivamente nos cobriam. Se à tarde, passeando pelo bosque, eu me sentava para meditar melhor, e por fim me rendia ao sono, antes de anoitecer por completo ele me acordava, e sempre adivinhava meus desejos!

Ele nunca havia entrado no cemitério, ao contrário. Parava na porta e latia com impaciência quando via o coveiro. Mas, quando ela morreu, a jovem pálida dos cachos negros, ele entrou comigo quando a levei para enterrar. E quando Sultão não aparecia em lugar nenhum, Miguel dizia sorrindo: "Deve estar lá". Aquele "lá" era o túmulo dela, e efetivamente eu ia buscá-lo e o encontrava sentado junto ao túmulo, atrás da cruz. Ao me ver, corria para mim, e nós dois nos dirigíamos novamente ao túmulo que encerrava todos os amores e felicidades de minha vida. Ah, Sultão, Sultão, que inteligência tão maravilhosa possuías! Quanto interesse tinhas por mim! Ao perder-te, perdi meu melhor amigo.

Antes, quando voltava a meu retiro, quando no fundo de meu oratório rezava com meu pranto, quando lamentava as perseguições que sofria, eu o via, e ele me escutava imóvel. Nunca se cansava de estar ao meu lado, seu olhar sempre buscava o meu, e no último sono ele mesmo reclinou sua cabeça em meus joelhos buscando o calor de meu corpo até o derradeiro instante, quando se apagou nele essa chama misteriosa que arde em todos os seres da criação.

Agora sim que estou sozinho, pois o pobre Miguel é uma máquina que funciona se a faço funcionar. Mas em Sultão havia iniciativa, ação incessante e, se algumas obras boas pude fazer durante minha existência, ele foi o primeiro que me impulsionou a elas, porque me dizia com suas carícias e com seus olhares cheios de intenção: "Corre, que é preciso salvar um homem", e eu corria, alentado pelo desejo de fazer um bem.

Agora ninguém me chama, quando acordo ninguém se alegra, e sinto frio na alma, mas um frio intenso. Quando entro em minha pobre casa tudo permanece mudo. O velho Miguel, ocupado no jardim, vem quando o chamo; senão, nem ouve meus passos. Ele continua em sua ocupação favorita, e eu me sento à janela, olho o céu, e, olhando a imensidão, as lembranças afluem a minha mente; e embora veja ao longe alguns seres que me dirigem um olhar de gratidão, perto de mim contemplo inimigos implacáveis que me perseguem e me acusam de apóstata, de traidor da Igreja e do Estado. E se não fosse porque é cometer um crime, eu lhes diria: "Matai-me, saciai vossa cólera neste pobre velho, que já não tem forças para lutar contra a humanidade". Mas isso não pode ser; a vida é um depósito sagrado e não podemos dispor de bens que não nos pertencem. Eles seriam criminosos e eu homicida, e o homem não vem a Terra para matar, pois o quinto mandamento da lei de Deus diz: "Não matarás". Por isso eu, seguindo seu mandado, fiz o que pude para evitar os grandes homicídios sociais, e por isso me acusam e até me chamam de avaro. Isso é o que mais deploro, Senhor! Que me acusem de avareza acreditando que fui herdeiro do último grão-duque Constantino de Hus.

O tempo! Esse mago misterioso, esse grande aritmético que soma todas as contas, esse matemático dos séculos que decifra e resolve todos os problemas, esse agente do passado disse aos homens que o grão-duque de Hus não morreu pelas mãos de assassinos disfarçados, mas que, muito pelo contrário, morreu tranquilamente em seu leito, e seu corpo descansa em humilde sepultura sombreada pelos chorões-salgueiros e embalsamado pelas flores que seres agradecidos semearam em seu túmulo. Isso se sabe. Também que os colonos de mestre João herdaram de seu senhor, mas não se concebe que seu salvador não herde nada, e deduzem que a maior parte de seus bens me foi entregue antes de Hus morrer.

Pobre humanidade! Não crê no sacrifício sem benefício imediato. Não podem se conformar por eu haver me exposto a uma prisão certa e a uma morte segura para fazer um desventurado criminoso entrar na senda da virtude.

Como a razão terrena está atrasadíssima ainda! Mergulhada no envilecimento, submersa no egoísmo, acorrentada pela mais completa ignorância, vê tudo pequeno e mesquinho. Para ela só existe o comércio, o negócio, a usura, emprestar um e cobrar cem. O homem ignora que a alma vive além do sepulcro. Crê que na Terra começa e acaba tudo, e por isso se empenha em comprar gozos efêmeros para uma única existência.

Eu vejo mais longe, por isso o ouro não me seduz. Não sou virtuoso, não; sou é razoável, essencialmente racionalista. Não busco a santidade, busco o progresso, porque, em último resultado, o que é a santidade na Terra segundo as religiões? É a intolerância de um homem, é a aniquilação de um corpo, é truncar todas as leis naturais. Eis aqui a santidade dos homens! Será grata essa santidade aos olhos de Deus? Ele gostará de ver seus filhos lutando como feras famintas?

Não. Se Deus é amor, se Deus é justiça, como há de querer que O adorem com cruéis sacrifícios? A Deus, verdade essencial, com atos de verdade devemos adorar. Mas não querem compreender isso, e como a generalidade dos seres que se chamam racionais não vê mais que a terra que pisa, não quer se convencer de que há outros homens que olham e descobrem a vida universal, vida que eu pressinto; vida que eu vejo, que eu toco, que eu sinto germinar em mim qual generosa seiva que reanima meu abatido corpo e alimenta meu desfalecido espírito. Sim, quando as circunstâncias urgentes me lançam à correnteza impetuosa do mundo, quando a perseguição dos homens aproxima de meus lábios a taça da amargura, quando bebo até o fim o amargo fel da vida, contemplo a natureza, vejo a renovação em tudo e a morte em mim mesmo. Então, reflito e digo: "Eu também, átomo integrante da Criação, estou sujeito à lei da reprodução eterna. Eu viverei porque tudo vive! Eu progredirei porque tudo progride! Eu, Senhor, creio em ti, e te adoro em tua imensa obra, e sigo o quanto me é possível tua linda lei, para poder entrar um dia em teu reino! Mas, ah, quantas angústias! Quantas agonias esta vida me custa, tão breve para o prazer e tão interminável para a dor! Nunca acabo de sofrer, sempre uma boa obra me deixa uma herança de lágrimas. Fiz que o grão-duque de Hus morresse tranquilo em seu leito, mas eu não sei ainda como morrerei.

Dá-me forças, Senhor; estou em poder de um homem que sabe toda essa história e, infelizmente, ele sabe que sou a voz de sua consciência. Em sua mão ele tem minha vida agora; exerço sobre ele uma fascinação especial. Quisera me matar e não ser ele o autor de minha morte. Que fará comigo? Deus sabe, Rodolfo é terrível.

Faz tempo, muito tempo, um velho nobre pôs secretamente fim a seus dias, e eu fui seu confessor. O veneno que tomou não foi ativo como ele desejava, e mandou me chamar para que eu o ajudasse a morrer. E, naquele último momento, nessa hora suprema, nesses instantes sagrados nos quais os homens mais degradados não se atrevem a mentir, disse-me o ancião: "Padre, atentei contra minha vida para evitar o crime; preferi ser eu criminoso a que meu filho fosse. No olhar de meu filho Rodolfo vi minha sentença de morte e, para evitar um parricídio, preferi deixar a Terra. Meu filho me odeia porque eu sou o único que pode lhe dizer frente a frente: 'És um miserável!'. Padre, a vós o recomendo. Velai por ele, sede seu segundo pai, já que o primeiro tem que fugir de seu lado para evitar um horrendo crime. Que Deus tenha em conta a fatal causa de minha morte!" O ancião expirou e uns olhos de fogo se cravaram em mim. Rodolfo, escondido atrás das pesadas cortinas que envolviam o leito, havia ouvido a confissão do moribundo e se lançou sobre mim rugindo como um leão ferido. Eu segurei seu braço e lhe disse: "Desgraçado, foge daqui, e não profanes o corpo de teu pobre pai". E embora ele fosse vigoroso e eu fraco, segurei em minhas mãos as suas de ferro, obriguei-o a sair do aposento mortuário e então lhe disse, deixando-o livre: "Fere se quiseres". Ele olhou para mim e levantou sua mão direita, mas eu fixei meus olhos nele, que caiu como ferido por um raio, proferindo uma horrível maldição.

Pouco tempo depois, o conde de A. me chamou para me fazer sua última confissão, e disse: "Padre, só uma filha tenho, e ela foi desonrada por Rodolfo. Querendo lavar com sangue a mancha de minha honra, ao ver que se negava a dar seu nome a Berta, desafiei-o a um duelo, e ele me respondeu que não se batia com idosos. Mas isso foi um pretexto. Não se bateu comigo por medo de que eu o matasse, pois o braço do ofendido recebe a força de Deus. Meu plano era matá-lo e colocar minha filha Berta em um convento. Mas Rodolfo, mais astuto que eu, feriu-me pelas costas e, embora estivesse encoberto, eu o reconheci. Este assassinato por ninguém é sabido, porque eu escondi de todos o nome do matador. A pobre Berta ignora; meu nome ficará desonrado se minha filha não se casar com seu sedutor. Em vós confio, padre, e morrerei tranquilo se me jurardes obrigar Rodolfo a dar seu nome a minha filha".

Prometi àquele mártir de sua honra cumprir seu nobre desejo e, ato contínuo, fui ver Rodolfo. E disse a ele que sua vida estava em minhas mãos porque sabia de seus horríveis segredos. Subjugado por minha vontade, ele concordou com meu mandado e, antes de dar sepultura ao corpo do conde A., abençoei a união de Berta e Rodolfo. E, coisa estranha, se me houvessem exigido juramento, teria jurado que a alma do conde de A. havia servido de testemunha na sagrada cerimônia, tão claro o vi ao lado de sua filha. Quem sabe!

Berta foi para o campo passar o luto e dar à luz uma criança deformada, de uma feiúra impressionante, que eu batizei secretamente, pois, para salvar a honra da mãe, pactuou-se ocultar o nascimento daquela criança que nasceu com má estrela, pois sua mãe tinha horror de olhar para ele, e Rodolfo repetia que um monstro como aquele não poderia levar seu nome.

Eu me encarreguei do menino, que ficou em poder de uma ama em uma chácara perto de minha aldeia. Seus pais foram viajar e, durante oito meses, nada se soube deles. O menino, enquanto isso, corcunda e esquálido, vivia graças aos cuidados que recebia. Era um ser repulsivo, de caráter violento, mas comigo sorria, e eu, sem entender a causa, quando o beijava sentia o coração oprimido.

Certa manhã, sua ama veio chorando e disse que haviam levado o menino.

- Quem? - perguntei tremendo.

- O próprio pai, senhor. Há três dias veio, deixou-me muito dinheiro e, por mais que eu suplicasse que o deixasse comigo, respondeu: "A mãe dele precisa vê-lo", e o levou.

A pobre mulher se foi, e eu, sem perda de tempo, pus-me a caminho e cheguei à casa senhorial de Rodolfo. Os criados me disseram que os senhores haviam estado ali por quinze minutos, mas nada me falaram do menino. Eu emudeci e, quando fiquei sozinho, sem saber por que, chorei. Chorei com esse pranto cujas gotas de fogo desviam seu curso e, em vez de escorrer pelas faces, caem perpendiculares sobre o coração.

Aquele menino sempre me inspirou uma profunda compaixão, porque sua mãe não o queria por ser ele a prova de sua fraqueza, e seu pai porque o herdeiro de seu nome era um ser marcado pela cólera de Deus, pois a ignorância atribui a Deus raiva e vinganças que não têm razão de ser. Mas de absurdos se compõe o mundo.

Naquela noite não dormi, e alguém dizia em meu ouvido que o pobre menino havia sido assassinado. Essas suspeitas viveram comigo, e a Sultão estava reservado encontrar o corpo daquele inocente. Uma tarde, passeando com ele no lado mais agreste da montanha, ao pé de um cedro centenário, notei que Sultão cavava com furor. Ajudei-o e de repente encontrei, enrolado em uma manta, o corpo do filho de Rodolfo em perfeito estado de conservação. O morto delatava seu matador, porque só seu pai e sua mãe eram inimigos daquele pobre ser, e não me restou nenhuma dúvida de que Rodolfo, talvez com a conivência de Berta, havia matado aquele infeliz.

Enterrei novamente o corpo, reguei com meu pranto a terra de sua sepultura e voltei para minha casa para sofrer uma aguda doença, porque a infâmia dos homens é o veneno mais ativo para as almas sensíveis.

Não disse nada a ninguém sobre meu triste achado, porque nos crimes dos grandes sempre os pequenos são as vítimas. Apenas escrevi a Rodolfo, e obtive o silêncio como resposta, e mais tarde uma perseguição impressionante de sua parte.

Os anos se passaram, Rodolfo adquiriu renome e grande influência na Corte, e em todos os acontecimentos de minha vida ele teve participação, direta ou indiretamente. A verdade é que sempre que nos encontramos, seu olhar se fixou em mim com ódio feroz. Porque não consegue perdoar que eu saiba de seus crimes. Ele para mim é um miserável, e isso o exaspera, porque se empenha em parecer impecável, pois ninguém é mais avaro de virtudes que aquele que não tem nenhuma.

Entre Rodolfo e eu há um mistério. Ele me odeia; quando me olha, vejo em seu olhar que lamenta não ter me estrangulado diante do corpo de seu pai, e ao mesmo tempo quando o fito, fecha os olhos, como deslumbrado, e foge de mim com desespero. Eu, porém, o amo. Por quê? Não sei. Algum laço terá nos unido em outras vidas? Quem sabe? Eu só posso explicar que, apesar de reconhecer nele um grande criminoso, amo-o, sim, com toda a minha alma, e no fundo de meu coração há um mundo de ternura para ele e para o pobre menino que dorme ao pé do cedro da montanha.

Muitas, muitas vezes, o pequeno assassinado desperta minhas lembranças e em seu ignorado túmulo elevo uma oração a sua memória.

Ultimamente, com a descoberta do segredo e o mistério de como Constantino de Hus passou os últimos anos de sua vida, Rodolfo é quem mais interesse demonstrou no assunto, porque encontrou uma ocasião propícia para me pôr a perder, e quer aproveitá-la. Eu me encontro nos braços de Deus, e deixo os homens agirem, e Deus me protege, com certeza vela por mim, não me resta dúvida.

Há alguns meses, Rodolfo veio com uma ordem expressa de me levar com ele para comparecer diante de meus superiores e ser julgado pelo tribunal da Igreja e pelo tribunal do Estado. Por que não me obrigou a ir com ele? Por que, depois de me ouvir e de cumprir a penitência que lhe impus, deixou-me livre, e nada tornei a saber dele? Por que isso? Porque sobre todos os ódios dos homens está a imutável justiça de Deus. Oh, sim, Deus é justo!

Estava uma noite sozinho em meu quarto quando Rodolfo entrou, dizendo-me com mordaz ironia:

– Sabe o que fazem com quem acoberta criminosos?

– O que fazem com eles? – perguntei friamente.

– Amarram-nos com uma corrente muito curta.

– Então, há muito tempo eu devia estar amarrado.

– Por fim confessa seu delito.

– E não o hei de confessar! Pois tu és meu cúmplice.

– Eu? Que está dizendo?

– Na verdade, talvez tenhas sido tu o primeiro assassino de quem eu tive misericórdia.

– Olha bem como fala!

– Estamos sozinhos, Rodolfo, por isso falo assim. Não te lembras? – E peguei sua mão nas minhas olhando para ele fixamente. – Lembras? Faz vinte e cinco anos que teu pai morreu, e tu escutaste sua confissão, e o confessor te causou estorvo, mas viveu, para sofrimento teu. Depois, passaram-se cinco anos e o conde de A. morreu. Tu e eu sabemos quem o assassinou. Tu te uniste à filha do assassinado e, pouco tempo depois, nasceu um herdeiro de teu nome. Oito meses viveu no mundo e, ao fim de tão breve prazo, um ser sem coração, um pai sem entranhas, um monstro de iniquidade, arrebatou-o de seu berço, porque aquele ser disforme estorvava uma mãe sem alma. Aquele pobre menino, por sua impressionante fealdade, vos parecia um castigo de Deus e, para evitar o ridículo, que coisa melhor que fazê-lo desaparecer? Que te parece, Rodolfo, não é verdade que o pai daquela inocente criatura é realmente um miserável? Matar um ser indefeso pelo simples delito de ser um desventurado!

– Cale! Cale! Vá para o inferno! Não sei por que vive ainda, pois é a sombra maldita de minha vida! O que acontece comigo ao seu lado não compreendo; diante de você não sei negar. Você me diz os horríveis segredos de minha fatal existência e o ouço sem entregá-lo ao mutismo eterno. Não olhe para mim, deixa-me livre dessa espécie de fascinação que exerce sobre mim. Não estreite minha mão, que a seu contato parece que chumbo derretido circula por minhas veias.

Soltei sua mão e me sentei em minha poltrona, e ele ficou em pé olhando para mim com furor concentrado, dizendo por fim:

– Bem me dizia ela!

– Quem é ela?

– Quem há de ser? Berta, minha esposa, que, ao saber que eu vinha vê-lo, veio comigo dizendo: "Aquele homem é um bruxo, um feiticeiro, e com suas artes mágicas te subjuga, e não conseguiremos nossos desejos".

– Eu te deixarei fazer o que quiseres. Pergunta-me, e te direi o que desejas saber.

– Que quer que lhe pergunte, se já sei tudo? Estou muito bem a par da história de Hus, não é verdade que é certa?

– Certíssima.

– E por que apadrinha os malvados?

– Pela mesma causa que apadrinhei a ti; porque sempre confio em conseguir mais com a persuasão que com o castigo rude, e, afortunadamente, sempre obtive bons resultados. Só tu, criminoso impenitente, continuas descendo ao fundo do abismo. Mas sempre tenho esperanças de que te deterás na escorregadia encosta de teus vícios. E já vês como te deténs, pois me odeias, sou para ti o tormento de tua vida, se quisesses não te faltariam assassinos para em menos de um segundo triturar meu frágil corpo, porém, embora penses nisso muitas vezes, te deténs e não o fazes. Tu sabes que ninguém tomou conhecimento de teus três grandes crimes senão eu, pois te escrevi logo que encontrei teu filho, chamando-te de iníquo infanticida.

"Nada me respondeste porque nada me podias responder, tu que a mim não sabes mentir. Para tua esposa também pesa minha vida, porque compreende perfeitamente que eu sei a parte que tomou em teu último crime. Sois ricos, poderosos, vossa delação pode me pôr a perder, pode afundar-me em um calabouço onde nunca mais veria a linda luz do sol. Por que não o fazes? Por que não me acusas de encobridor dos grandes pecadores? Sabes por que não o fazes?"

– Por quê? Diga.

– Porque eu te domino moralmente; porque a piedade é a arma mais poderosa da Terra, por isso te sentes pequeno diante de mim. Tu, o nobre! O favorito de um rei e aquele que dispõe a seu bel-prazer dos poderes do Estado! Como abdicas de teus direitos perante um pobre velho que tem a obsessão de amar seus semelhantes? Corre, vai, conta e dize ao próprio rei que Constantino de Hus morreu em meus braços, envia forças para me prender, já que não tens coragem para fazê-lo tu mesmo. Que te importa um crime a mais ou a menos? Quem foi duas vezes parricida e uma vez infanticida bem pode denunciar um benfeitor da humanidade que pediu a Deus em todas as suas orações pelo progresso de teu espírito.

– Cale, padre, cale!

– Infeliz! Minha voz é a única na Terra que te diz a verdade. Não estás cansado de crimes? Pensas que não te vejo? Crês que não sei todas as intrigas nas quais tomas parte, desventurado? Até quando vais viver assim? Não compreendes que não há culpa sem castigo? Tu mataste teu filho porque era um ser de uma fealdade impressionante; querias um filho mais belo, mas tua mulher foi estéril; porque a vida tem que se extinguir onde o crime deixa suas pegadas. Pensa no amanhã, Rodolfo, pensa no amanhã.

Rodolfo olhou para mim fixamente. Eu me levantei, aproximei uma cadeira, fiz que se sentasse e me sentei junto a ele. Peguei suas mãos e, logo, ao se sentir dominado, suavizou um pouco a dura expressão de seu semblante e me disse:

– Não sei, não sei o que acontece quando estou com o senhor. De longe o odeio, bem sabe; ódio que só seria satisfeito com sua morte. Meu passado me pesa algumas vezes, e o que mais me fere é que outro homem saiba de todos os meus segredos. Tenho meios seguros para prejudicá-lo, porque o senhor desafia os tribunais, e quando vou assinar a ordem de sua prisão, a pluma se desprende de minha mão, sinto uma dor agudíssima no coração e me levanto fugindo de mim mesmo.

– E eu me alegro que assim suceda, meu filho; não por mim, mas por ti. Porque teu espírito começa a sentir algo. Eu, perdendo a vida, o que perco? Uma existência solitária, cheia de misérias e de contrariedades. No mundo sinto frio, muito, muito frio; e dentro de um sepulcro, no seio da mãe Terra, estaria mais abrigado. Mas se me fazes morrer, será um novo remorso para ti. Eu te ofendi? Não; fui para ti o que fui para os outros: um ministro de Deus que acredita ser intérprete de Sua misericórdia perdoando e amando o delinquente. É esse todo meu crime. Alguém te conduz até aqui porque já é hora de começar tua regeneração. Teus cabelos se cobrem de matizes de prata, chegaste ao cume do poder na Terra. Mas há algo além, Rodolfo, e eu não quero morrer sem te deixar em bom caminho.

– E que hei de fazer para começar? Deixá-lo livre?

– Essa questão me é totalmente indiferente. Onde quer que me encontre, procurarei ir a Deus. O que te peço é outra coisa.

– O que? Diga.

– Quero que amanhã, quando o sol der bom dia à Terra, vás em companhia de tua esposa rezar no túmulo de teu filho, e acredita, mais vale que o visites em vida, e não que o visites depois de morto e permaneças junto a ele séculos e séculos. Dá o primeiro passo, Rodolfo, pois nunca é tarde para Deus.

Rodolfo tremia, olhava para mim, e eu, conhecendo o grande poder que tinha sobre ele, pedi a Deus vontade bastante para dominá-lo, e consegui. A noite toda roguei, a noite toda pedi que não faltasse ao compromisso, e ele não faltou.

No dia seguinte, muito cedo, fui rezar sob a árvore que dava sombra aos restos do menino e logo depois vi Rodolfo e Berta subindo pela falda da montanha. E, então, prostrei-me de joelhos e exclamei: "Senhor! Tu que me vês! Tu que lês no fundo do meu coração! Tu que sabes o que eu desejo, inspira-me nestes instantes supremos para que esses dois seres sintam o dardo do remorso em sua mente atribulada e te peçam misericórdia com o mais sincero arrependimento!"

Rodolfo e Berta chegaram e se prostraram sem dizer uma única palavra. Os dois estavam pálidos, agitados, convulsos. Olhavam para todos os lados com receio. Ela se prostrou e rezou, e ele se recostou no tronco da árvore, ficando semioculto entre seus galhos. Eu me aproximei de Berta e disse: – Olha para mim, não tenhas medo. Não sou feiticeiro, mago nem bruxo; sou apenas um ministro de Deus que chorou teu crime.

Berta, ao ouvir essas palavras, comoveu-se até derramar algumas lágrimas, e eu lhe disse: – Não tentes reter teu pranto, chora, desventurada! Chora no túmulo de teu pobre filho, que seus restos fecundados por teu pranto produzirão flores! Chora, que o pranto é o Jordão bendito onde se purifica a fratricida humanidade das manchas do pecado!

"Chora, mulher ingrata, chora! Tu que desprezaste a fecundidade que o Senhor te concedeu! Considera tua longa esterilidade. Arrancaste de teu seio o ser inocente que podia te amar e secou-se em ti a fonte da vida. Olha, contempla a vereda por onde subiste; o monte todo está coberto de um verde tapete. Só na senda que haveis percorrido a grama se tornou amarelada, porque as pegadas do criminoso só deixam rastro de morte".

Rodolfo e Berta olharam a trilha que eu lhes indicava, e tal poder tinha minha voz sobre eles, tão potente era minha vontade de impressionar aqueles espíritos rebeldes, tão decidida estava minha alma a fazê-los sentir, tão fervorosa eram as preces que eu dirigi a Deus, tão profunda era a fé que eu sentia, tão imenso meu desejo, tão puro meu sentimento, tão grande minha inspiração, tão poderoso me senti, tão cercado me vi de figuras luminosas, tão claro ecoou em meu ouvido: "Fala, que Deus te escuta", que eu lhes disse com entonação profética: - Olhai! Olhai! Vede vosso caminho? Levais a morte convosco, porque a pegada do criminoso tudo aniquila!"

E eu também via aquela grama murcha, de uma cor amarelada, e não parava de dizer: - Olhai! Terra estéril encontrareis sempre! Planícies endurecidas percorrereis sem descanso! Pedireis água e pão, e se secarão as fontes, e as espigas do trigo serão arrancadas pelo vendaval! Porque a criação não tem frutos para os filhos ingratos. Voltai agora para vossa prisão dourada; embriagai-vos com vossos festins, adornai-vos com vossos trajes de púrpura, enganai a vós mesmos. Mas recordai sempre que as pegadas do criminoso deixam rastro de morte.

Berta chorou, e Rodolfo olhou para mim com um olhar inexplicável. Todas as paixões estavam retratadas nele. Pegou minha mão e disse com voz trêmula:

- Vou embora, porque aqui enlouquecerei. Mas voltarei.

Desceu rapidamente. Berta se apoiou em meu braço e desceu lentamente. De vez em quando olhava para trás e eu pensava comigo: "Meu Deus, que para seus olhos a grama esteja murcha". E estava, porque meu desejo era tão grande, que acredito que só com meu hálito de fogo teria murchado o mundo inteiro. A infeliz pecadora tremia de espanto e me dizia:

- Padre! A grama está seca!

- Sim, está seca como esteve teu coração. Mas Deus, se quiseres, te dará uma eterna primavera. Ama os pobres, acolhe os órfãos e os anciãos desvalidos, pratica a verdadeira, a sublime caridade. Ama, porque tu não amaste! Sente, porque tu não sentiste! Arrepende-te, pobre pecadora! Para o Pai de todos nunca é tarde, confia e espera n'Ele, e em teu caminho hoje murcho verás brotar as mais lindas flores.

Antes de chegar à aldeia nos separamos e Rodolfo me repetiu: "Voltarei". Alguns meses se passaram, e ele ainda não voltou. Longe de minha presença seu ódio deve ter renascido; mas tenho certeza de que, quando elevo meu espírito, quando penso na regeneração daqueles dois seres, quando digo: "Senhor! Que vejam em sonho a senda da montanha com a grama murcha", eles ouvirão minha voz dizendo-lhes: "As pegadas do criminoso só deixam rastro de morte, arrependei-vos!" Isso é o que peço a Deus com a profunda fé que se aninha em minha alma, e Deus deve ouvir minha súplica fervorosa.

Que será deles? Que será de mim? A ti me entrego, Senhor, faça-se tua suprema vontade, porque tu és o sábio dos sábios, o grande dos grandes. Tu és Deus, e a sabedoria infinita só tu a possuis.

A gargalhada

Quanto tempo o esperei, Senhor! Por fim, ele voltou. E para que veio? Para deixar cravada uma nova flecha em meu coração. Pobre Rodolfo! Quanto me assusta seu porvir!

Tenho a íntima certeza de que o homem vive para sempre. Há momentos em que, sem poder explicar, parece que me transporto a outra época, e me vejo jovem, cheio de energia e vigor. Uma mulher e uma criança me seguem como se fossem coisa minha. Nunca consigo ver o rosto do menino, mas alguém me diz: "Esse é Rodolfo", e corro atrás dele para estreitá-lo em meus braços, e o menino foge, debochando de meu amoroso desejo. Volto a mim e me pergunto: "Por que amo tanto Rodolfo se nele só conheci crimes? Por que sempre sigo ofegante as pegadas de sua vida, se sei positivamente que minha morte seria, talvez, o único prazer que ele poderia sentir na Terra?" E, apesar disso, eu o amo, e pelo rápido progresso desse espírito daria cem séculos de amor, cem séculos de felicidade ao lado da menina dos cachos negros!

Isso deve ter uma causa. Ontem, sem dúvida, vivemos e, vivendo, teremos que viver amanhã. E amanhã Rodolfo será muito infeliz.

Inspira-me, Senhor! Dá entonação profética a minhas palavras, imprime em meus olhos uma atração tão poderosa quanto minha vontade. Eu quero que Rodolfo venha viver perto de mim; eu quero que seja bom, porque eu o amo com toda minha alma.

Dez meses se passaram. Todas as noites eu esperava, rogando a Deus que tivesse misericórdia dele e de mim. Ontem veio, ontem senti os passos de seu cavalo desde muito longe e corri com a leveza de uma criança para ir a seu encontro e, ao vê-lo, todo meu ser estremeceu. Saltou de seu alazão e me disse:

– Padre, o senhor fez bem em sair de seu quarto. Dentro das casas sinto-me sufocado e preciso de muito ar para respirar.

– Aonde queres ir?
– Onde ninguém nos ouça, porque precisamos conversar.
– Que faremos com o cavalo?
– Está bem ensinado, e aqui me esperará.
– Então, iremos para trás do cemitério.
– Não, não! Não quero nada com os mortos.
– Pois vamos à Fonte da Saúde, então.
– Vamos – respondeu Rodolfo. E seguimos nosso caminho.

Tudo estava calmo. Os habitantes da aldeia dormiam tranquilamente, a lua velava seu sono, a brisa emudecia, nada interrompia o profundo silêncio da noite. A natureza estava preparada para ouvir a confissão de um homem. Chegamos à fonte e nos sentamos sobre as pedras. Olhei para Rodolfo e seu olhar me horrorizou; notava-se que olhava sem ver, sua boca estava contraída por um amargo sorriso, sua testa pregueada por fundas rugas, sua respiração cansada, mesmo tendo andado pausadamente.

– Que tens? – perguntei-lhe.
– Que tenho? O inferno dentro de mim.
– Por que demoraste tanto a vir?
– Porque lutei. Quando cheguei à corte, estava decidido a acabar com o senhor. Fui ao palácio e, diante do rei, não sei o que senti, não posso explicar; mas quando ele me perguntou: "Que sabes da história de Hus?", eu respondi: "É tudo mentira, senhor. O túmulo do duque não existe, seu corpo não se sabe onde está". E, ao dizer isso, parecia que cauterizavam minha garganta com ferros incandescentes. Mas eu disse, e desta vez o senhor está salvo.
– Não esperava menos de ti.
– Ah, não pense que falei por carinho, nem por medo de cometer um novo crime. Mas é que noto uma mudança estranha em mim. Toda minha vida desejei sua morte e, agora, a ideia de que possa morrer me horroriza. Creio que, se o senhor faltar no mundo, faltar-me-á tudo para viver. Embora não goste, necessito do senhor.

Ao ouvir essas palavras, creio que o céu se abriu para mim, porque via que aquela alma rebelde necessitava e queria meu consolo, e isso já é algo, já é um passo no caminho do progresso.

– E que pensas fazer? – perguntei com afã. – Estás decidido a vir viver em teu castelo?
– Ainda não. Tenho sede de vida, sede de comando, sede de glória. Mas, desde que subi à montanha, não sei que demônios acontece comigo, pois vejo a grama seca por todos os lados, em todas as paragens sempre a mesma visão, e com Berta acontece o mesmo. Ela passa o dia na capela, rezando, e, quando nos vemos, me diz com espanto: "Aquele homem é um bruxo, e precisa ser morto porque nos enfeitiçou". "Tens razão", digo eu; mas

imediatamente retrocedo horrorizado, pego-a pelo braço e lhe digo com voz ameaçadora: "Ai de ti se aquele homem desaparecer da face da Terra! Ai de ti se alguém arrancar um fio de seus cabelos!" E penso em vós de uma maneira que nunca pensei, e, quando sofro novos desenganos, logo penso: "Irás lhe contar o que aconteceu", e não venho com frequência porque muitas atenções ocupam minha vida. Hoje vim deixando tudo, para ver se ao seu lado para de ecoar em meus ouvidos uma maldita gargalhada que ouço há um mês e que não me deixa viver. Despachando com o rei, nos momentos em que estou sozinho em minha câmara, no meio do festim, em todos os lugares onde me encontro ouço a gargalhada da pobre louca.

– Pobre louca? Quem é essa mulher? Quem é essa desventurada que, sem dúvida, perdeu a razão por ti?

– Quem é? Uma mulher muito bela, padre. Uma mulher que amei, que desejei, com quem sonhei durante muito tempo e que por fim odiei com todo meu coração.

E Rodolfo ficou pensativo, dizendo por fim:

– Até aqui seu riso me persegue, risada maldita! E felizmente agora a ouço mais distante, mal se ouve. O senhor a ouve, padre?

– Não, não ouço nada, mas fala, conta-me essa nova história, por mais que ao ouvi-la meu coração chore.

– Em poucas palavras tudo está dito: meu monteiro-mor tinha uma filha que agora teria vinte anos. Quando pequena, quando me via, fugia assustada, chorando descontroladamente. Era muito bonita. No dia em que completou quinze anos, eu a encontrei à tarde em meus jardins e notei que, ao me ver, se afastou. Então, dei ordem de que se detivesse e perguntei a ela: "Por que foges?" E ela respondeu tremendo: "Porque o senhor me dá medo". Eu não soube o que lhe dizer, e Elísea, aproveitando meu silêncio, partiu. Um ano depois, seu pai me pediu permissão para casar sua filha; eu lha concedi, e quis honrar seu casamento com minha presença. Naquele dia não inspirei medo a Elísea porque ela só olhava para seu jovem esposo.

"Desde aquele dia, eu a quis e desejei que ela me quisesse, mas quantos esforços fiz, todos em vão! Sempre que se dirigia a mim, ela me dizia: 'Ontem o senhor me inspirava medo e hoje me causa horror, mas um horror invencível', e me olhava de um modo que me deixava gelado.

"Assim prosseguimos, até que meu amor se transformou em ódio feroz, e eu disse a ela: 'Esperei muito tempo, mas te devolverei dia por dia as humilhações que me fizeste sofrer'. E mandei seu marido levar umas cartas; e, no caminho, ele caiu do cavalo, para não levantar mais. Fui até o nefasto local e fiz que a conduzissem ao mesmo lugar. Indo ao seu encontro, disse-lhe: 'Vem ver tua obra. Tu me desprezaste durante cinco anos, e estive em meu direito vingando-me de teu desdém. Vai encontrar teu marido'. Ela correu ansiosa e, ao ver o corpo de seu companheiro, abraçou-se a ele e olhou para mim soltando uma horrível gargalhada. E, com uma força incompreensível para mim, pegou o corpo pela cabeça e, com a rapidez de um raio, arrastou-o até um despenhadeiro próximo e se jogou ao abismo, sem parar de rir com aquela risada que fazia estremecer as montanhas. E os dois corpos foram rolando até se perder no fundo, sem que Elísea morresse de vez, porque não parava de rir! Com aquela risada horripilante que é preciso ouvir para compreender todo o horror que encerra. E, desde então, aquela risada maldita ecoa em meus ouvidos. E não posso viver. E à noite vejo a trilha da montanha com a grama seca. E passando por ela contemplo os corpos de Elísea e seu marido, e ela parece que não morreu, porque de vez em quando para e solta sua horrível gargalhada. E eu não posso viver assim, não posso, porque parece que eu também vou ficar louco. Diga-me, padre, que farei?"

E dito isso, Rodolfo mergulhou em profunda meditação. Eu também fiquei olhando para o céu, porque me horrorizava olhar para a terra, e durante um longo tempo permaneci em silêncio. Por fim me levantei, e apoiando minha mão direita em seu ombro, disse com voz solene:

- Rodolfo, meu filho! Chegou o momento decisivo: é preciso que decidas vir junto a mim, é preciso que escutes meu apelo de dia e de noite, porque, se não o fizeres agora, não sei mais o que será de ti. És um monstro de iniquidade! Fizeste derramar rios de lágrimas, e essas lágrimas são a água que beberás amanhã na amarga taça da dor. Teu porvir é horrível! Tua expiação parece que não terá fim. Já basta de crimes! Volta a ti, Rodolfo, volta a ti! Prepara-te para tua viagem; vem a meu lado, e aqui parará de ecoar em teu ouvido a gargalhada da pobre louca.

- Tem razão, aqui não a ouço tão próxima - disse Rodolfo com tom apagado. - Ao seu lado meu coração bate com menos violência. Mistério estranho! Eu que o odiei a vida toda, hei de vir morrer junto ao senhor.

- Não, eu é que morrerei junto a ti.

- Que está dizendo, padre? Que diz? Eu não quero ficar no mundo sem a sua presença. Se possível fosse que, matando toda a humanidade, pudesse manter a sua vida, creio que teria força bastante para destruir tudo. Não quero ficar sozinho, não quero.

- Não temas, Rodolfo, não temas. Eu velarei eternamente por ti.

- Depois de morto, que poderá fazer?

- Talvez muito mais que agora, porque meu espírito terá mais lucidez no espaço do que tem na Terra. Lerei melhor no fundo de tua alma, estarei em relação mais direta com teu anjo da guarda. Eu sei, enfim, que hei de viver e, vivendo, todos os meus afãs serão para ti. Mas agora vem logo, repito; não temos tempo a perder. Deves vir logo, muito logo, minha vida terrena está acabando e preciso aproveitar meus últimos dias para ti.

Muitos criminosos conduzi ao bom caminho e Deus me dará a graça de também poder conduzir a ti.

Rodolfo se levantou e disse:

- Eu juro que em quinze dias me terá aqui e, mesmo que me ofereçam um trono, não me afastarei mais do senhor.

- Assim seja.

Pausadamente voltamos à aldeia. O fiel cavalo esperava no mesmo lugar em que o deixamos. Rodolfo saltou sobre ele e disse com voz grave:

- O dito, dito está: dentro de quinze dias voltarei. E, agora que vou deixá-lo, parece que ecoa muito mais perto aquela maldita gargalhada - e, esporeando o cavalo, lançou-se a galope e fugiu como fantástica visão.

Nada restou dele além de uma recordação em minha mente. Subi até meu oratório e entreguei meu pensamento àquele desventurado.

Que espírito, Senhor! Que espírito! Quantos séculos terá que sofrer! Quantas vidas penosas o farão padecer indizíveis tormentos! Não pode ser de outra maneira.

Eu poderei inclinar sua alma à piedade. Eu poderei adoçar seu sentimento. Eu poderei fazê-lo chorar com lágrimas do coração. Eu o farei rezar essa oração ardente que ecoa de mundo em mundo, e que repetem alvoroçados os espíritos da luz; não obstante, é necessário saldar as contas, é indispensável pagar as dívidas.

O arrependimento predispõe o espírito a pedir forças nas rudes provas da vida, prepara o ânimo para sofrer resignado todas as dores, humilha nosso orgulho e nos reconhecemos culpados, e pedimos a Deus misericórdia. Tudo isso o arrependimento faz. Mas para conseguir a reabilitação de nossa alma não basta que sintamos um momento de dor indescritível. Uma vida de crimes e uma hora de verdadeira constrição não têm o mesmo peso na balança divina. Seria muito confortável pecar, então. E Deus deve ser mais justo que tudo isso. O culpado não pode sorrir enquanto não houver sofrido um por um os tormentos que fez padecer. O criminoso não tem direito a ser feliz. E, como na criação tudo é lógico, assusta-me o porvir dos verdadeiros criminosos.

Há muitos infelizes que a justiça humana castiga que são, no fundo, mais ignorantes que culpados, e estes, perante Deus, não são responsáveis. Porque o pecado principal consiste em conhecer o mal que se faz, e Rodolfo, infelizmente, conhece; sabe bem que abusa de seu poder, e ai dos abusadores! Senhor, tem misericórdia dele e de mim! Eu compreendo que o sol de minha vida chega ao ocaso. Eu sei que minhas forças físicas estão se acabando. Eu sinto que minhas ideias se atormentam. E, quando estou entre os mortos, custa-me sair do cemitério. A terra já reclama meu corpo abatido. Minha cabeça se inclina, meus passos hesitantes atestam que estou chegando ao fim de minha penosa jornada. E não gostaria de morrer sem ter assegurado que Rodolfo chorará seus crimes e consagrará o resto dos seus dias à prática de obras de misericórdia. Eu sei que é muito culpado, Senhor, mas para ti nunca é tarde. Eu te imploro por ele, por esse filho de minha alma, pois uma voz secreta me afirma que esse deserdado da Terra um dia levou meu nome.

Dá-me inspiração, Senhor, ilumina-me em meus derradeiros dias com a eloquência dos profetas, com a abnegação dos mártires, com a fé suprema dos redentores, pois todos os dons do céu me são necessários para salvar uma alma do abismo!

É o que te peço, Senhor; esse é meu único desejo: que Rodolfo venha ao meu lado. Que escute ao longe a gargalhada da pobre louca para que se horrorize, para que comece a sentir, para que aprenda a chorar. Quero ganhar horas, momentos seguidos; quero dar-lhe luz, porque ele está cego! Em ti confio, Senhor. Comecei a viver amando-te e quero morrer praticando o bem em teu nome. Não me abandones, Senhor! Deixa que eu termine minha vida cumprindo o dever que me impus ao consagrar-me a ti.

O primeiro passo

Tudo chega em teu eterno dia, Senhor!

Tudo tem seu prazo fixo para se realizar!

Todas as horas trazem seus diferentes acontecimentos; mas o homem impaciente não está satisfeito com a marcha lenta dos acontecimentos, pois para existências de minutos nos parecem que os prazos devem ser de segundos.

Disse-me Rodolfo: "Em quinze dias voltarei", e os quinze dias se passaram, e Rodolfo não vinha, e meu coração apressava suas batidas, querendo com isso apressar as horas no relógio da eternidade.

Por fim, uma tarde, ao sair do cemitério, vi Rodolfo sentado junto à Fonte da Saúde, olhando fixamente para uma jovem que enchia o cântaro de água. Ao vê-lo, senti frio e calor ao mesmo tempo, porque um simples olhar me bastou para compreender que uma nova era de dor começava para mim. Aproximei-me de Rodolfo e toquei seu ombro. Ele se voltou e, ao me ver, sua face corou e ele disse, levantando-se:

– Já estou aqui.

– Já era tempo que viesses; muito demoraste a começar o trabalho mais importante de tua vida.

Seguimos andando e nos sentamos em um lugar mais afastado, e durante o caminho notei que Rodolfo olhava de vez em quando para trás para ver, sem dúvida, se a menina da fonte vinha atrás de nós.

– E que propósitos trazes – perguntei-lhe – ao estabelecer-te nesta aldeia?

– Não sei – respondeu ele. – O senhor me assustou com suas profecias. Sinto-me mal em todos os lugares, e ao seu lado é onde estou menos mal.

– Continuas ouvindo aquela gargalhada?

– Sim, de vez em quando. Há pouco, ao chegar à fonte, ouvi-a tão próxima quanto no dia em que a pobre louca rolou pelos abismos fugindo de mim.

– E não sabes por que naquele momento a ouvias mais claramente?

– Não, não adivinho.

– Pois o som ecoou em teus ouvidos porque ias iniciar um novo desacerto pensando em acrescentar mais um ao longo catálogo de teus atropelos.

– O senhor está delirando, padre, sem dúvida – respondeu Rodolfo, tentando sorrir, mas seu sorriso era forçado.

– Não estou delirando, Rodolfo, não. Há mais de quarenta anos que só estudo no livro dos olhos dos homens. Li nos teus o torpe desejo da concupiscência. Eras um espírito dominado pela vertigem das paixões; não amaste, apenas desejaste. E como o desejo é insaciável, sempre olhaste a mulher com o apetite sensual da carne. Em tua mente não há uma lembrança, não há um sentimento ao qual prestar culto. Por isso atrás de um afã renasce um desejo. Ai do homem que só quer a mulher, a Venus impessoal, e feliz daquele que só com a ternura de uma mulher é feliz!

"O amor por uma mulher pode ser nossa redenção. O constante desejo da posse da mulher confunde o homem com o bruto. Vede, sem me tornar santo – porque não há santo neste mundo –, consegui que meu espírito adquirisse grande força moral, que me serviu para refrear os vícios dos homens, começando pelos meus.

– Não se iluda, padre. Entre nós não existe ponto de comparação. O senhor se regozija na abnegação e no sacrifício; e eu, se vim aqui não foi por virtude nem arrependimento, apenas por egoísmo, porque me sinto mal em todos os lugares; porque os dias me angustiam e as noites me aterram; porque parece que o inferno se desencadeou contra mim. E quando ouço sua voz, meu ser se tranquiliza, meu corpo para de sofrer essa dolorosa sensação que me faz padecer uma dor desconhecida. Mas isso é tudo, não me peça mais. Eu não posso amar o bem como o senhor o ama e, ao seu lado, se deixo de pecar, é por medo, nunca por virtude.

– Concordo com o que dizes, e não creias que nesta vida te pedirei mais, certo de que só isso me podes conceder. A quem viveu como tu, a quem não respeitou nem Deus nem os homens, que não se exija mais que a tortura do remorso. O medo! Esse sentimento indefinível que não tem explicação na linguagem humana! Esse terror sem nome! Esse espanto indescritível que detém o culpado no momento de cometer um novo crime! Mas isso já é um avanço, porque viveste muitos anos sem sentir. As sombras de tuas vítimas passavam diante de ti sem te causar a menor impressão. Seus gemidos ecoavam no espaço, mas o eco não os repetia em teu coração; e hoje essas sombras te aterram, hoje escutas a gargalhada da pobre louca. E, no momento de fixar teus olhos na jovem que estava na fonte, tu mesmo confessas que sentias mais próxima aquela horrível risada da dor.

– É verdade tudo que diz. Eu a sentia, sim; ao chegar à aldeia, a primeira coisa que vi foi essa mulher. O que senti ao vê-la? Não sei, mas chumbo derretido circulou por minhas veias. Eu lhe perguntei pelo senhor, e ela me disse que estava no cemitério e que depois repousaria na Fonte da Saúde. Eu lhe pedi que me servisse de guia e, durante o caminho, admirei sua beleza e disse a mim mesmo: "Já tenho com que passar o tempo". Mas quando fui lhe dizer algo, pensei no senhor e vi a montanha com a grama seca, e, subindo pela trilha maldita, vi Elísea e seu marido, e uma voz distante repetia: "Infeliz! Mais uma vítima!" Quando o senhor chegou, uma labareda queimou minha fronte; compreendo que faço mal, mas a tentação me vence; e, se o senhor não me detiver, terei mudado de lugar, mas não de costumes.

– Tarefa penosa me impões, mas confio no Senhor que terei inspiração bastante para inclinar-te para o bem. Já demos o primeiro passo: sentes o remorso, te confessas culpado e te entregas a minha direção. Dias de angústia me esperam, mas obterei a vitória e tua primeira boa ação será proteger a jovem que te serviu de guia. É uma humilde violeta dos prados, e um lírio desses vales lhe ofereceu o perfume de seu amor; os dois são pobres, e tu os podes fazer ricos com o importe de um de teus menores caprichos. Podes garantir a felicidade deles. E quando amanhã o jovem casal te apresentar, grato, o fruto de seu amor, ama a doce criança para que, ao deixar a Terra, tenhas quem feche teus olhos. Tu não amaste e por ninguém és querido; tua esposa te odeia e te despreza; teus pares e teus cortesãos te adulam porque te temem; os pobres te abominam porque nunca enxugaste suas lágrimas, e o único ser que te amou no mundo fui eu. Mas eu deixarei a Terra antes que tu, e quero que em teu leito de morte não estejas sozinho, quero que seres amigos te cerquem e que crianças inocentes te abençoem.

– Obrigado, padre, mas creio que pede o impossível.

– Não, Rodolfo, Deus tudo dá. Ama e serás amado; espiritualiza teu sentimento, começa a semear o bem, e colherás, um dia, as douradas espigas do amor.

* * *

Minha profecia se cumpriu! Três anos se passaram, e os fatos mostraram que o relógio da eternidade nunca marca a última hora. Hoje Rodolfo é outro homem; mas, para dizer a verdade, muito me custou, porque os seres brutalmente sensuais não conhecem afeição nenhuma, só encontram prazer na saciedade de seu desejo, e Rodolfo é um pobre louco que reconhece sua loucura, que às vezes se envergonha de seu passado, aterrado constantemente por seu porvir, mas que é impotente por si só para sua regeneração, e o que foi pior ainda, para meu tormento, a jovem camponesa, a inocente Luisa, inspirou-lhe uma cega paixão, chegou a amá-la. Única mulher que ele havia amado no mundo. Com quanto prazer teria lhe dado seu nome! Com quanta inveja via a jovem passar com seu noivo! E quantas razões e quantas reflexões tive que empregar para convencê-lo e fazê-lo desistir de seus funestos planos! E quantas angústias, e quantos temores, e quantas agonias sofri, temendo a realização de um novo crime, porque nada é mais difícil que dar luz aos cegos de entendimento! É um trabalho superior ao homem; é lutar com todas as contrariedades querer espiritualizar uma alma afundada no caos do mais grosseiro sensualismo.

Não me resta dúvida, Rodolfo foi meu filho em outras vidas, e não uma vez só, porque o amor que sinto por ele, a energia que minha vontade aplica, o trabalho titânico que minha inteligência realiza, o esforço de todas as minhas faculdades intelectuais fazendo meu pensamento funcionar sem descansar um segundo nem no sono nem na vigília, tudo isso é o resultado de um amor imenso, de um amor acumulado no decorrer de incontáveis existências, porque o espírito do homem terreno ama muito pouco, e em uma só vida a alma não sente o que a minha sente por Rodolfo.

Eu o amo tanto! Reconheço seus incontáveis defeitos, lamento seus fatais desvios, mas todo meu afã, todo meu desejo, toda minha ambição é despertar seu sentimento, fazê-lo amar, porque até as feras, subjugadas pelo amor, são boas.

Eu o amo tanto, que tenho a completa certeza de que, depois de morto, serei sua sombra, serei seu guia, serei seu anjo da guarda; mas eu só concebo anjos como espíritos amorosos velando pelos seres amados que deixaram na Terra e nos outros mundos do espaço. E eu velarei por ele, e eu o seguirei sempre, e mesmo que os mundos da luz me abram suas portas, eu não entrarei, não, eu não entrarei em tão lindas paragens se Rodolfo não vier comigo, mesmo que neles me espere a menina pálida com sua coroa de jasmins e seus cachos negros.

Ela é meu amor, é minha vida, é minha felicidade! Mas ele é meu dever!

Ela é minha redenção, mas eu tenho que ser o redentor de Rodolfo.

E serei, sim. Faz três anos que estou perto dele, e ele é outro homem. O casamento de Luisa é a prova mais convincente disso.

Ele a desejava, chegou a amá-la, a se julgar feliz só de vê-la passar em frente a seu castelo. Ele chegou a ter todas as puerilidades do adolescente. Eu despertei nele a juventude da alma, porque o amor é a juventude da criação. Todos os seres, quando amam, adquirem a inocência das crianças. Nada tão puro, nada tão confiante, nada tão nobre e tão simples ao mesmo tempo que as aspirações do amor; ele é a igualdade; ele é a fraternidade; ele é o progresso; ele é a união das raças inimigas; ele é a lei do universo, porque ele é a atração. E Rodolfo sentiu o império dessa lei. E o galanteador irresistível, o senhor acostumado a fáceis e vergonhosas vitórias, tremeu diante do simples olhar de uma mulher do povo, e de um sedutor se transformou em protetor do fraco.

Ainda me parece vê-lo na última tarde em que fomos visitar a casinha de Luisa, casinha que no dia seguinte a jovem habitaria com seu marido. Quando Rodolfo entrou naquela humilde morada, sentou-se e me disse:

– Quantos séculos de glória e honras eu daria por viver um ano neste pobre recanto!

– Viverás. Tornar-te-ás digno de gozar na Terra algumas horas de paz e de amor; voltarás arrependido e encontrarás, quem sabe, essa mesma Luisa, e a seu lado passarás os dias ganhando o pão para ela e para seus filhos. Todos os desejos se cumprem, todas as esperanças se realizam, Deus cria o homem para que seja feliz, e tu, meu filho, serás também.

– Mas eu queria ser agora – exclamou Rodolfo com dolorosa impaciência.

– Alguma vez já viste o fruto adornar a árvore antes de ela se vestir de folhas e se cobrir de flores? Não peças nada extemporâneo. Tu serás feliz quando fores digno da felicidade; quando amares muito encontrarás uma alma na Terra cujo amor será todo para ti. Hoje, resigna-te com a solidão que tu mesmo te impuseste. Mas não temas, pois até nos desertos da dor encontra flores aquele que sabe amar.

Saímos da casinha e, no dia seguinte, eu abençoei a união de Luisa com o amado de seu coração. O povoado em massa presenciou a cerimônia, e Rodolfo recebeu a primeira ovação de carinho naquele dia. Todos sabiam que ele havia legado ao jovem casal uma pequena fortuna que garantia seu modesto porvir, que aquela feliz união era obra sua, e todos o olhavam e diziam uns aos outros: "Ele é um senhor muito bom!"

Ao sair da igreja, Rodolfo apertou minha mão, dizendo em tom comovido:

– O senhor bem me disse: quem amor semeia, amor colhe.

Um ano depois, Luisa deu à luz uma menina, que Rodolfo segurou em seus braços enquanto eu derramava sobre sua cabeça a água do batismo. Esse anjo de inocência despertou em sua alma um novo sentimento. A Providência, sábia em tudo, negou a Luisa o néctar da vida. Fraca e doente, teve que entregar sua filha a uma ama e, deste modo, eu pude realizar meu sonho, que era pôr em contato contínuo a pequena Delfina e o filho de minha alma, Rodolfo, que não conhecia o sentimento da paternidade, posto que foi infanticida. E, hoje, ele passa horas e horas com Delfina nos braços, e sente-se feliz quando a menina, ao vê-lo, pede para ir com ele.

Que prazer sinto vendo-o, quando, muitas tardes, ao sair do cemitério, eu o encontro me esperando, e diz: "Vamos ver a menina?" Dirigimo-nos à casa da ama, e Delfina, ao vê-lo, estende os braços, e eu digo a mim mesmo ao vê-lo extasiado contemplando a menina: "Aprende, alma rebelde! Aprende a amar as criancinhas! Treina no sacerdócio da família! Que teu espírito sinta o suave calor da ternura para que amanhã, ao voltar à Terra, depois de muitas encarnações de sofrimento, sejas feliz em uma humilde cabana, onde uma mulher amorosa te sorria e lindas crianças te peçam um beijo".

Ele já deu o primeiro passo. Louvado seja Deus!

Para Deus nunca é tarde

Para ti, Senhor, nunca é tarde. Glória a ti, fundador dos séculos! Glória a ti! O tempo é tua apoteose! Glória a ti, Suprema Sabedoria, que medes o fundo da consciência com a sonda de tua tolerância!

Quanto te amo, Senhor! Quanto te admiro! Tu prevines tudo! Tu pressentes tudo! Tudo vês! Porque tu és a luz! Tu nunca deixas o vazio entre os homens. Quando uma árvore seca tomba sob a foice cortante da morte, novos brotos florescem em volta do ancião dos bosques!

Estou vendo ao meu redor. Eu, que durante muitos anos fui a sombra protetora de alguns seres atribulados no afastado recanto desta aldeia, sei que em breve começará a atribulação para mim. Porque dentro em breve, ou terei deixado a Terra, ou serei um pobre velho sem vigor nem energia, com a imaginação conturbada em meio às lembranças do passado e os pressentimentos do porvir. Serei criança outra vez e, como em meus primeiros anos, buscarei os raios do sol, porque sempre acreditei que, estando coberto de luz, estava mais perto de Deus. Oh, a luz! A luz é tão linda!

Eu desejava a morte e a temia, porque olhava a minha volta, e, ao ver tantos homens dominados pela vertigem da tentação, via que meus conselhos lhes eram necessários, e pedia a Deus que pusesse em meu lugar alguém que desse continuidade ao meu trabalho em minha querida aldeia. E, como Deus concede tudo que se pede para o progresso da humanidade, trouxe Maria, essa sacerdotisa do povo, essa mulher singular que por suas condições especiais foi chamada para regenerar um planeta!

Obrigado, meu Deus! Já não estou sozinho, já posso dormir o sono dos túmulos! Ela fica em meu lugar! Ela, cheia de vida, de juventude e de amor! Já não pecarei por egoísmo se um dia desejar apressar o momento de minha partida. Faz tanto tempo que não vejo a menina dos cachos negros!

Perdoa-me, Senhor, se penso em mim quando ainda não me pertenço! Ainda tenho o que fazer na Terra. Rodolfo precisa de mim; tem tuberculose na alma. A consumição se apodera de seu espírito e a inação consome seu corpo. Pobre, pobre filho meu! Filho meu, sim. Bem certo estou de que levou meu nome e balancei seu berço. Como é ruim ser ruim! Quanto me compadeço dele! Já despertou, já sabe que não viveu! E tem sede de vida. Pobre infeliz!

Ontem à noite mesmo, como se lamentava falando com Maria sobre a solidão de sua vida! E quão bem ela o consolou! Ele a ama, sente por Maria um amor desconhecido, vê nela não a mulher, mas a mãe. Ele a admira como a admiramos todos, e parece que se tranquiliza quando fala com ela! Outras vezes se aterra porque parece que escuta uma terrível profecia. Como Maria esteve inspirada ontem à noite! Sem dúvida alguma, ela serve de intermediária para espíritos superiores, porque o fervor de seus olhos, sua entonação profética, algo que resplandece em volta dela, tudo me inclina a acreditar que os espíritos do Senhor se comunicam com ela. Que eloquência! Que sentimento! Que convicção!

É um prazer ouvi-la falar. Ontem à noite, em particular, esteve inspiradíssima. Rodolfo chegou antes que ela e se sentou sombrio e meditativo; eu me aproximei dele e disse:

– Que tens? Pareces mais triste que de costume.

– Não diga que estou triste; estou é desesperado.

– O que acontece de novo?

– De novo, nada. Tudo em mim é velho. Já não posso resistir ao enorme peso da vida. Se não fosse por essa maldita influência que o senhor exerce sobre mim, eu lhe asseguro que voltaria à corte e, de intriga em intriga, de crime em crime, pelo menos viveria, porque aqui não vivo.

– Não vives porque não queres.

– Porque não quero... o senhor me faz feliz. E que diabos quer que eu faça se em todos os lugares me sinto mal? A única coisa que dissipa um pouco as nuvens que escurecem meu pensamento é a filha de Luisa; quando essa menina sorri e me conta muitas coisas, parece que não estou neste maldito mundo. Mas, de repente, assalta-me uma recordação e penso na mãe dela, que é de outro homem, que aquela mesma menina que me encanta é fruto de seu amor, e a inveja corrói minha alma, e creio que o miserável é mais feliz que eu se em meio a sua miséria se vê amado.

– Sem dúvida alguma que é mais feliz que tu.

– E depois dessa certeza, depois de compreender que sou maldito por Deus, como, diabos, quer que eu viva? Ignorante, ignorante eu, que o escutei! Mas ainda não é tarde, e creio que ainda voltarei à corte; porque a vida contemplativa é boa para os santos, padre Germano, para o senhor, por exemplo, que vê sua vida passada e não tem de que se envergonhar. Mas as meditações não foram feitas para os réprobos.

– Pois estes são os que precisam meditar – exclamou Maria, que havia escutado as últimas palavras de Rodolfo.

Ele, ao ouvir sua voz, estremeceu, e o rubor da vergonha coloriu seu rosto. Tentando sorrir, estendeu-lhe a mão, que Maria estreitou nas suas com efusão, e, fixando nele seu olhar magnético, disse com um tom dulcíssimo:

– Ingrato!

Rodolfo a olhou fixamente com esse olhar que conta uma história e que pede um mundo, e ela, apoiando sua mão na testa dele, disse com ternura maternal:

– Tranquilize-se, pobre louco!

Rodolfo, dócil como uma criança, exalou um profundo suspiro, dilatando o peito, e, levantando-se, aproximou-se de mim e disse, sorrindo:

– Não tema, padre Germano, não me afastarei do senhor; mas há momentos...

– Em que fica completamente louco – disse Maria, sentando-se junto a mim. – Porque só um louco diz que é maldito por Deus.

– Então, se não sou maldito, no mínimo estou esquecido – replicou Rodolfo com impaciência –, porque jamais fiz nada além de desacertos. Por isso viver me assusta e morrer me aterra, porque, se há algo depois, hei de passar muitos maus bocados.

– Se há algo depois, diz? – exclamou Maria. – Não há algo, não; o que nos espera é o todo. Essa vida que você leva não é mais que uma milionésima parte de um segundo no relógio da eternidade.

– Diz o mesmo que padre Germano. E quero, quero acreditar nos dois. Mas, às vezes, eu confesso, creio que deliram.

– Escute-me – disse Maria. – Reconhece no padre Germano uma grande superioridade moral sobre você?

– Sim, reconheço. Como não hei de reconhecer?

– E por que, se ele e você nasceram do mesmo modo, se passaram pela infância, pela juventude, e chegaram à idade madura, ele pôde refrear suas paixões, e você foi dominado pelas suas, e que o venceram, afundando-o na degradação? Por que para ele, desde criança, a luz, e para você, desde o nascimento, a sombra? Essa notabilíssima diferença não diz algo a seus sentidos? Não lhe denuncia um progresso anterior? Uma vida começada antes, continuada agora, e que continuará depois? Pensa que a existência do homem se reduzirá a alguns anos de loucura e, após um breve prazo, o nada e o esquecimento, ou o juízo final e a última sentença sem apelação? Não vê que isso é impossível?

– Impossível? – replicou Rodolfo. – Como posso saber? Mas é certo que os que vão não voltam.

Ao dizer isso, um violento espasmo sacudiu todo seu ser e seu rosto se contraiu. Apoiou o dedo indicador em seus lábios como se nos recomendasse silêncio, e escutou aterrado algo que ecoou para ele. Levantou-se, correu pelo aposento em todas as direções, como quem foge de uma sombra. Maria e eu conseguimos detê-lo. Fiz que se sentasse, apoiei sua cabeça em meu peito e Maria se pôs diante dele, dizendo:

– Rodolfo! Rodolfo! O que você tem? Volte a si.

– Os mortos voltam, que horror! – enfatizou Rodolfo com espanto, e abraçou-se a mim como se fugisse de um fantasma.

Maria pôs as mãos em sua cabeça e parecia que saíam de seus dedos raios luminosos, soltando partículas de luz. Meu pobre filho foi se acalmando pouco a pouco e por fim disse com voz apagada:

– Não me abandone! Sou muito desventurado!

– Como hei de te abandonar? – disse eu – Sabes bem que te amo com toda minha alma. Eu te disse muitas vezes que, se pudesse ir à glória, não entraria nela enquanto tu não pudesses vir comigo! Mesmo que ali me esperasse a menina pálida, a dos cachos negros! Porque, se ela é meu amor, tu és meu dever. Escuta, Rodolfo, escuta; ouve bem o que vou te dizer, olha para mim fixamente e grava em tua memória minha imagem. Tu me vês?

Nesses momentos, tenho certeza de que um fogo estranho brilha em meus olhos, porque sinto meu sangue ferver em minhas veias, minhas ideias adquirem lucidez. Olho para o espaço e vejo a Terra. Prossegui:

– Olha, uma voz me diz que se passaram alguns séculos e vejo um novo quadro; vejo a ti, jovem e vigoroso, vestindo o humilde traje do trabalhador. Sorris com tristeza, e vagamente pensas em mim, e não é estranho, porque estou muito perto de ti. Não uso o andrajoso hábito que visto agora, não. Cobre-me uma túnica branca, não te abandono nem um instante, vou sempre atrás de ti. Eu falo contigo, eu te inspiro, eu te envio o alimento de minha vontade, eu trabalho em teu progresso, eu infiltro em teu pensamento o meu pensamento, em teu ser vive minha alma, tu vives entregue inconscientemente a minha recordação, e isso acontece depois de passados muitos séculos. Como vês, meu filho, por longo tempo estarei junto a ti. Como queres, pois, que te abandone agora? Mas, dize-me: que viste, que corrias como um desesperado?

– Ele viu o filho – respondeu Maria. – Eu também o vi. Não é verdade, Rodolfo?

– Sim, é verdade, sim. Oh! E se houvesse sido só ele! Vi meu pai, o de Berta, Elísea, seu marido, e escutei aquela gargalhada tão perto de mim que ainda ecoa em meus ouvidos.

– Acalme-se – disse Maria –, acalme-se, seja razoável. Você mesmo se atormenta sem necessidade alguma. Certo que é desventurado, mas não aumente sua desgraça com a ingratidão. Diga que não é amado, que os réprobos são malditos de Deus. Ingrato! Ingrato! E o amor imenso do padre Germano, em nada considera? E meu leal carinho também não o satisfaz? Diga.

– Se não me satisfaz? Certo, não me satisfaz, não. Porque eu os amo, você é a primeira mulher a quem olhei com religioso respeito. Sinto por você o que creio que teria sentido por minha mãe. E, ao mesmo tempo, gostaria que me amasse. Por outro lado, não sei como explicar a mim mesmo o que quero de você, não sei o que quero, eu me envergonho de mim mesmo, e...

– Compreendo o que sente – disse Maria em tom melancólico. – Tem necessariamente que confundir os puríssimos afetos da alma com os torpes desejos da matéria. Você não sabe mais, não bebeu nas puras águas do espiritualismo. Foi amamentado pela amargura do materialismo, e não conhece da vida suas múltiplas sensações. Encerra tudo na sensualidade; e o apetite da carne é um agente da natureza que faz um trabalho limitadíssimo. O grande trabalho é o do espírito, e essa tarefa é a que eu quero que comece. Quero que ame, sim, e que se contente com esse amor da alma que purifica tudo que toca. Deus, que é tão grande; Deus, que é tão bom; Deus, que é tão justo, vendo que você, como pedra desprendida de altíssima montanha, vai rodando, rodando sem nunca encontrar o fundo do precipício; Deus, querendo que não se eternize no mal, porque há muitos séculos cai de abismo em abismo, fazendo uso de sua malfadada vontade; Deus o detém hoje, pondo ao seu lado dois espíritos de luta, o padre Germano e eu. Dois espíritos que já sabem como se cai, como se morre e como se ressuscita. Também caímos como você, o remorso também nos fez morrer. Também como você vivemos sozinhos. Reflete, olha como vivemos ainda sozinhos... intimamente sozinhos... vivemos para os outros, sem guardar para nós nem um átomo de vida. Sabe por quê? Porque, sem dúvida, ainda não somos dignos de ser felizes.

– Pois se vocês não merecem a felicidade, que merecerei eu? – perguntou Rodolfo com abatimento.

– Hoje merece compaixão; amanhã sofrerá o castigo de que se fez credor. Chorará porque fez chorarem outros; terá fome porque muitas vezes negou o pão que seus cães de caça não queriam a seus servos famintos. Abrasará de sede porque recusou a água que bebiam seus cavalos aos peregrinos sedentos; viverá sem lar porque se satisfez em arrancar de seus ninhos os pobres passarinhos e negou hospitalidade aos caminhantes doentes; será humilhado porque tiranizou os povos; será enganado, porque a muitos vendeu; durante alguns séculos parecerá o deserdado da criação, porque a expiação de seus crimes pesará sobre você. Mas, como a vida dos espíritos tem seu princípio, como você não viveu desde toda a eternidade, como acontece a Deus, o pagamento de suas dívidas será cumprido e, como durante esse tempo seu guia não o abandonará, assim como os gênios protetores lhe darão alento, como provavelmente já não fará o mal, e apenas sofrerá as consequências de seu passado com mais ou menos paciência, com mais ou menos resignação; como você não aumentará em muito sua culpa porque o velho soldado coberto de feridas, embora quisesse, não pode ser tão guerrilheiro, chegará um dia (distante ainda) em que, rendido de tanto sofrer, de tanto lutar, você se sentirá prostrado, repousará um momento, coordenará suas lembranças, verá que viveu ontem, compreenderá que viverá amanhã e exclamará com nobre ardor: Deus! Providência! Destino! Fatalidade! Força bruta! Poder misterioso! O que quer que sejas! Se vivi ontem, se vivo hoje, se hei de viver amanhã, quero ser grande! Quero ser bom! Quero ser luz de verdade e tocha de razão! Eu saciei minha sede com negro lodo, e quero a água pura da vida! Eu sinto frio, muito frio na alma! E quero me cobrir com o manto divino do amor. E então, como Deus tudo dá e responde a quem O chama, e dá a quem pede, então... ah, Rodolfo! Então a criação se mostrará para você, e então será um homem honrado, uma mulher amante o esperará sorrindo em seu lar; os filhos o chamarão, alvoroçados, dizendo: Pai! Pai, vem conosco, pois sem você não sabemos ficar. Os amigos se honrarão com seu carinho e, quando deixar a Terra, uma família desolada rezará sobre seu túmulo; e sentirá um prazer tão imenso ao contemplar sua primeira vida de regeneração que voltará à Terra com duplo alento, com triplo ardor. Então irá querer não só ser bom, mas ser grande. Sonhará em ser uma das luzes da ciência nas civilizações futuras. E o será, porque o homem, para se transformar em redentor de um povo, não precisa de mais privilégio que sua potente vontade. Então, Rodolfo, anime-se. Não fixe o olhar na Terra, porque seu porvir está escrito no céu.

E, ao falar assim, Maria estava completamente transfigurada. Seus grandes olhos brilhavam com o fogo sagrado da inspiração, parecia a profetisa dos tempos que arrancava seus segredos da eternidade.

Rodolfo sentia sua benéfica influência, olhava-a extasiado e por fim disse com nobre exaltação:

– Bendita seja, Maria! Bendita seja! Sua voz ecoa em meu coração e reanima meu ser. Não me importa o sofrimento se me resta tempo para minha regeneração. Eu julgava tudo perdido; pensava que já era tarde para mim, e essa convicção me assassinava.

– Não, Rodolfo, não. São os homens que medem o tempo; Deus mede a eternidade. Para Ele não há nem ontem nem amanhã; Seu hoje é eterno, Seu presente não teve princípio nem terá fim. Ele não viu a aurora de seu dia e nunca verá seu ocaso. O sol do progresso sempre brilhou no zênite da eternidade.

Rodolfo, ao ouvir tão consoladoras afirmações, sorriu gozoso e exclamou:

– E que devo fazer para começar meu trabalho?

– Veja – disse Maria –, hoje mesmo me assaltou uma ideia. Veio uma pobre mulher rendida de cansaço, extenuada de fadigas; três crianças a acompanham, e ela sabe que em breve terminará sua penosa missão na Terra. E o que será dessas pobres crianças se a caridade não as acolher nem lhes brindar generosa hospitalidade? Ergamos, pois, uma casa para abrigar os pobres órfãos. A menor de suas joias, o fecho mais simples de sua capa valerá muito mais do que o terreno de que necessitamos. Ajude-me em minha obra, vamos comprar um terreno e edificar uma casa risonha e alegre para que sorriam nela as crianças.

– Sim, sim, conte comigo. Meus tesouros são seus – exclamou Rodolfo com entusiasmo. – Farei tudo que quiser, porque tenho, como diz, frio na alma, e quero me cobrir com o manto do divino amor.

* * *

Linda noite! Nunca a esquecerei! Quando me deixaram sozinho, ainda escutava a profecia de Maria, ainda ecoava em meus ouvidos a voz de Rodolfo, e um prazer inefável se apossou de meu ser.

É verdade: para Deus, nunca é tarde. Glória a ti, fundador dos séculos! Glória a ti, princípio incriado! Glória a ti, Sabedoria Suprema! Tudo é pequeno diante de ti! Só tu és grande!

O tempo é tua apoteose, porque, com tempo e trabalho, o homem consegue sua reabilitação!

Para ti nunca é tarde! Bendito seja o tempo, Senhor, porque o tempo é tua essência!

A oração das crianças

Vinde a mim as crianças, vinde a mim com suas inocentes travessuras, com suas alegres gargalhadas, com sua ruidosa animação, com a exuberância de sua vida.

Quero viver entre elas, quero fazer parte de sua alegria, aturdir-me com seu aturdimento e esquecer tudo, menos minha infantil família.

Sempre amei as crianças, sempre preferi sua risonha companhia à dos sábios e à dos outros homens, porque nas crianças sempre encontrei a verdade.

Dizia um filósofo que nada há mais esquecidiço nem ingrato que as crianças, e eu digo em absoluto que, para mim, sua opinião é errônea. O que acontece é que a criança não é hipócrita: diz e faz o que sente sem reservas nem dissimulação de espécie alguma. Ao passo que o homem finge sorrisos e faz elogios enquanto em seu coração fermenta o ódio por aquele que acaricia e acolhe.

Eu daria alguns séculos de felicidade para viver toda uma vida cercado de crianças, porque desse modo não saberia dos crimes dos homens nem viveria enganado. Oh, sim, vinde a mim as crianças, com a espontaneidade de seu sentimento, com sua encantadora e inimitável franqueza e com sua inata lealdade.

Os homens me assustam; as crianças me atraem; espantam-me as confissões dos primeiros, encantam-me as confidências das segundas, porque nelas encontro a simplicidade e a verdade. E a verdade é tão linda!

Quantas vezes, cercado de meus pequenos amigos, eu me vi pequeno, muito pequeno ao lado daquelas almas tão grandes!

O que falta à grande parte das criaturas é uma esmerada e sólida educação, um mentor que guie seus passos nas escabrosidades da Terra. Uma criança bem instruída e bem ensinada é um herói quando chega a ocasião oportuna. Eu sei, eu vi, e por mim mesmo me convenci de que não há nada mais fácil que despertar o generoso entusiasmo das crianças, cultivando seu sentimento até chegar à sublimidade.

Certa tarde, saí do cemitério mais triste que de costume. Havia pensado muito nela, havia visto ao lado do túmulo a menina dos cachos negros e, vendo que ela me sorria com tristeza, meu coração chorou amargamente sua malograda felicidade.

É tão triste ter nas mãos a linda taça da vida cheia do néctar do prazer e afastá-la dos lábios, sedentos de amor e de ventura para nos entregarmos a um suicídio lento, a um sacrifício estéril, a um desespero mudo! Oh, o sacerdócio católico é o sacerdócio da morte!

Meus filhos adotivos, ao ver-me, compreenderam que eu estava preocupado e, como todos me amam, rodearam-me solícitos. E um dos menores se agarrou a meu hábito e disse com voz trêmula:

– Padre, é verdade que os judeus comem as crianças?

– Devem comer as más, mas as boas, não – replicou outro menino. – Não é, padre?

– Nem umas, nem outras – respondi sorrindo –, porque os judeus não são antropófagos.

– Mas minha mãe diz que sim – objetou o primeiro –, e hoje chegou muito assustada, porque dizem que lhe disseram que há um homem que entra na aldeia à noite e leva as crianças.

– Sim – acrescentou outro –, disseram a meu pai também que esse homem entrou em uma casa e pegou um pão, e o cão ouviu e começou a latir, e o ladrão fugiu, e dizem que soltava fogo pelos olhos, e minha avó afirmou que era um judeu.

A conversa das crianças me distraiu de meus tristes pensamentos e comecei a me inquietar pela sorte daquele desventurado de quem me falavam. Não era a primeira vez que eu ouvia falar daquele homem a quem chamavam de judeu e de quem contavam mil invenções e absurdas mentiras, e eu calculava que talvez fosse um infeliz cuja conturbada vida teria uma história de lágrimas. Tentando me certificar, perguntei com interesse a uma das crianças:

– E quando viram, nessa casa, o judeu que pegou um pão?

– Ontem à noite; meu pai disse que foi ontem à noite – respondeu o menino, olhando com receio em todas as direções.

Continuamos andando. Ao chegarmos à Fonte da Saúde as crianças soltaram um grito de espanto e todos me cercaram gritando angustiados:

– Padre! Padre! Dize a ele que somos bons. Deve ser ele! Esse! – E as inocentes criaturas se escondiam debaixo de minha capa; outras se entrincheiravam atrás de mim, e todas tremiam convulsivamente.

Com aquela balbúrdia, não me deram tempo de contemplar a causa daquele transtorno. Por fim olhei e vi junto à fonte um idoso que devia ter setenta invernos. Era alto e magro e estava coberto de farrapos. Uma longa barba de um branco amarelado descansava sobre seu peito nu. Seu olhar era triste, muito triste! Gemia com os olhos e parecia o símbolo da atribulação e miséria. Estava com a cabeça enfaixada e a bandagem ensopada de sangue. Ao vê-lo naquele estado tão deplorável, corri para ele rompendo o círculo que me rodeava, e o ancião, ao me ver, ficou indeciso. Queria fugir e ao mesmo tempo me olhava como se quisesse me reconhecer, e eu me apressei a detê-lo, dizendo:

- Não temas.

O pobre velho parou e contemplou com profunda tristeza o grupo de crianças, que a curta distância dizia em todos os tons:

- Deve ser esse! Esse!

Compreendi seu pensamento e disse:

- Não temas, não te farão nenhum mal - e, rodeando sua cintura com minha mão, voltei-me para as crianças e disse com autoridade:

- Silêncio e escutem-me. Quem disse a vocês que este ancião lhes quer fazer mal mentiu miseravelmente. E, em vez de gritar, o que devem fazer é dar-lhe, cada um, metade de sua merenda, pois a lei de Deus nos manda dar de comer ao faminto.

As crianças emudeceram, aproximaram-se umas das outras e aquela massa compacta avançou temerosa e se colocou junto a mim. Alguns deles me estenderam timidamente um pedaço de pão, e eu disse:

- Não é a mim que o devem dar, e sim a este desventurado. Não tenham medo. Deem o pão em sua mão e peçam que os abençoe, pois os anciãos são os primeiros sacerdotes do mundo.

Um dos menores, fixando em mim seu lindo olhar, para tomar coragem, estendeu seu pedaço de pão ao pobre velho, e este o pegou com mão trêmula. Estendendo sua mão direita sobre a cabeça da criancinha, exclamou com voz comovida:

- Bendito sejas tu, que me dás o pão da hospitalidade!

E dobrando seu corpo, inclinou-se e beijou a testa do pequeno. Ao beijá-lo, o mendigo chorava, e suas lágrimas caíram sobre a cabeça do menino, que ficou batizado com a água benta da gratidão. As outras crianças seguiram o exemplo da primeira, e nunca esquecerei aquela cena realmente comovente.

O céu ostentava todo o esplendor de suas galas, porque estava coberto com um véu de purpúreas nuvens. As montanhas, revestidas com seu manto de esmeralda, arrematavam seu penteado envolvendo seu cume com flutuantes e leves brumas. E, no fundo de um vale florido, um ancião andrajoso, cercado de mais de trinta crianças, abençoava-os com seus olhos e com suas lágrimas, porque a emoção não lhe permitia falar. Eu olhava aquele quadro e dizia para mim mesmo: "Como é risonho o começo da vida, e que triste é o fim! Pobre ancião! Em tua fronte está escrita uma história. Que papel te haverá cabido representar nela? Terá sido o de vítima ou o de verdugo? Vamos ver". E, aproximando-me mais dele, disse-lhe com doçura:

- Senta-te, repousa; não tenhas medo algum.

- De ti não tenho, nem destas criaturas, mas meus numerosos inimigos me seguem muito de perto. Há muitos dias estou vagando por este entorno. Queria te ver e não encontrava ocasião propícia de falar contigo. Hoje a sede me devorava, tenho febre porque estou ferido, pois uns garotos, incitados por suas mães, apedrejaram-me, e vim a esta fonte acalmar minha ardente sede. Quando ia partir, tu chegaste. Tenho de te falar, mas não me atrevo a entrar na aldeia, porque não sei a que distância estão meus perseguidores.

- Então, espera-me atrás do cemitério. Irei embora com as crianças e, quando anoitecer totalmente, irei buscar-te. Até logo.

Meus pequenos amigos se afastaram do ancião, muitos deles dizendo: "Amanhã te traremos mais pão". E, durante nosso caminho, cada um fez o projeto de trazer dupla merenda. O que é o exemplo e o bom conselho! Uns pobres garotos, aconselhados por mulheres selvagens, perseguiram o mendigo como se persegue uma fera, ao passo que outras crianças lhe deram metade de seu alimento e desejavam que chegasse o dia seguinte para lhe dar maior quantidade! As crianças são a esperança do mundo, a encarnação do progresso, quando encontram quem os guie no espinhoso caminho da vida!

Quando entramos na aldeia, eu me despedi das crianças até o dia seguinte, subi até meu oratório e esperei que a noite estendesse sua sombra por uma parte da Terra, e então fui para trás do cemitério. O ancião me esperava e saiu ao meu encontro, e nós dois nos sentamos nas ruínas da capela. Meu companheiro olhou para mim fixamente e disse em voz baixa:

- Graças a Deus que os dias se sucedem e não se parecem. Como foi diferente o dia de hoje do de ontem! Ontem me apedrejaram como se eu fosse um miserável foragido, e hoje me ouvem, e me atendem, e me oferecem pão abençoado para que sustente meu corpo abatido. Obrigado, padre; não em vão disseram que és um santo!

- Cala, cala! Não confundas o dever com a santidade. Não há santos na Terra, apenas homens que em algumas ocasiões cumprem sua obrigação. Ao te prestar meu frágil auxílio, cumpri dois deveres muito sagrados: o primeiro, consolando o aflito, e o segundo, ensinando as crianças a pôr em prática os mandamentos da lei de Deus.

- Ah, padre! Esses mandamentos quão esquecidos estão pelos homens! Sei por experiência: devo toda a desgraça de minha vida ao esquecimento da lei de Deus.

- Explica-vos. Em que esquecestes a lei promulgada no monte Sinai?

- Não fui eu quem a esqueceu, padre. Eu segui fielmente a religião de meus ancestrais e, sentado na sinagoga, jurei a Deus obediência lendo as tábuas da santa fé; foram outros que esqueceram os preceitos divinos.

- Compadece-te dos que souberam esquecer, porque, ai dos pecadores!

- Ah, senhor! O castigo dos culpados não me devolve o que perdi para sempre. Eu tinha em meu lar numerosa família, e meus filhos e meus netos me sorriam com amor. Mas ecoou uma voz maldita e os ministros da intolerância religiosa gritaram certa noite: "Morram os judeus! Vamos queimar suas casas! Violentar suas filhas! Saquear suas arcas! Destruir a raça de Judá!" E nossas pacíficas moradas foram teatro de horrendos crimes. Alguns conseguiram escapar do massacre geral, e fugimos de nossas casas sem nossas filhas, sem as economias de nosso trabalho. Tudo perdido, tudo! E por quê? Por seguir estritamente a primitiva lei de Deus. E sem ânimo para mendigar, com medo de ser reconhecidos, fugimos em debandada, sem saber onde parar. Alguns companheiros mais jovens que eu conseguiram chegar a porto de salvação. Eu caí doente e não os pude seguir, e uns pobres camponeses me abrigaram em sua cabana sete meses, e eles me falaram de ti, dizendo que és a providência dos desventurados, que viesse te ver. Um dos filhos da família queria me acompanhar, mas soube-se que a perseguição aos judeus dispersos estava reanimada e não consenti de maneira alguma expor aquele nobre jovem a uma morte quase certa; e sozinho empreendi a marcha fugindo dos caminhos transitados, passando dias e dias sem mais alimento que as folhas das árvores, que me ofereciam seus verdes galhos, sendo menos ingratas que os homens. Já sabes quem sou. No condado de Ars alguns irmãos me esperam e todo meu afã é chegar até lá a juntar-me a eles para rezarmos juntos à memória de nossas filhas desonradas em nome de uma falsa religião.

O ancião reclinou a cabeça em suas mãos, soluçando como uma criança. Eu o deixei chorar livremente, pois os grandes infortúnios pedem muitas lágrimas, e quando o vi mais calmo, atraí-o para mim e lhe disse com a maior doçura:

- Perdoa teus verdugos, não te peço mais que perdão para eles; compadece-te deles. Seu presente é o crime, seu porvir é a expiação. Tranquiliza-te, eu te levarei comigo, eu abrigarei teu corpo desfalecido, eu farei que dois homens honrados te acompanhem; eles guiarão teus passos hesitantes e chegarás ao ponto que desejas, e te juntarás a teus irmãos, e elevarás tua prece pedindo a Deus misericórdia para aqueles obcecados que profanaram teu tranquilo lar. Vem comigo, apoia-te em mim, não tenhas receio algum, porque sou sacerdote da religião universal.

O ancião se apoiou em mim e chegamos à reitoria. Subimos ao meu oratório, que é o lugar de descanso dos infelizes que encontro em meu caminho, e durante oito dias o viajante da dor repousou em meu lar.

As crianças, enquanto isso, diziam-me pesarosas: "Padre, aquele pobre não voltou, agora que trazemos tanto pão para lhe dar?" Eu, valendo-me de minha influência, consegui de meus fiéis que dois deles, dos mais abastados, consentissem em acompanhar o ancião judeu em sua longa viagem. Ele foi vestido decorosamente e lhe entreguei uma quantia regular de dinheiro, exigindo que, ao chegar ao final de sua jornada, me enviasse, com seus guias, uma carta dando-me conta de sua feliz chegada.

No mesmo dia em que ele partiu, convoquei uma reunião de crianças na igreja, com a presença de quase todos os fiéis que moravam na aldeia. Mas meu objetivo principal foi reunir as crianças, que coloquei diante do altar. E dirigindo-me a elas, disse:

– Meus filhos, único laço que me une a este mundo. Vocês são o sorriso de minha vida. Em vocês derramo toda a seiva de minha profunda experiência e tento fazê-los bons, para que sejam gratos aos olhos do Senhor. Há alguns dias lhes pedi seus pães para um pobre ancião que chegou às portas de seus lares ferido e faminto, e hoje vou pedir outra coisa. Concedam-ma, filhos meus, filhos muito amados do meu coração! Aquele ancião deixou nossas montanhas e vai buscar em distantes vales um asilo para pedir a Deus que tenha misericórdia para com os opressores da humanidade! E eu lhes peço, minhas queridas criancinhas, que roguem pelo pobre caminhante, porque, sem lar nem pátria, não crescerão as flores em seu túmulo regadas pelo pranto de seus filhos, pois, como árvore mutilada, será dobrado pelo furacão, e em suas mortas raízes se extinguirá a seiva da vida. Roguem por ele, peçam ao céu que o errante proscrito chegue ao porto de salvação, pois as orações das crianças atraem a bênção de Deus!

"Rezem, filhos meus, rezem! Digam comigo assim: 'Pai misericordioso, guia os passos do venerável ancião que viveu respeitando tua lei. Salva-o de todo perigo, para que possa viver o resto de seus dias amando-te em espírito e em verdade!'"

E as crianças rezaram, e suas vozes puríssimas sem dúvida ecoaram nas abóbadas do céu, e atraíram ao humilde templo da Terra espíritos de luz, porque, como os raios do sol, rajadas luminosas e resplandecentes se cruzaram diante dos altares, e as crianças repetiam com voz vibrante: "Pai misericordioso, guia os passos do ancião, que viveu respeitando tua lei. Salva-o de todo perigo para que possa viver o resto de seus dias amando-te em espírito e em verdade!"

Naquele momento, não sei o que aconteceu comigo: parecia que incensários invisíveis perfumavam as abóbadas do templo e astros de mil cores lançavam seus eflúvios luminosos de prismáticos resplendores sobre as criancinhas de minha aldeia.

As crianças rezaram, sim. Rezaram com essa fé divina que inflama e eleva as almas puras, e sua oração fervorosa deve ter sido repetida pelos ecos de mundo a mundo. Foi a oração mais comovente que já ouvi na prisão da Terra!

Há sensações indescritíveis, e a que eu experimentei naquele instante é uma delas. Eu estava certo quando disse que as orações das crianças atraem as bênçãos de Deus.

Linda manhã de minha vida! Raios de puríssima luz! Essa recordação bendita me fará sorrir em meu leito de morte. Muito chorei! Muito sofri! Porém, foi-me concedido ouvir o canto dos anjos no humilde templo de minha aldeia.

Bendita seja a oração das crianças! Bendita seja em todas as idades! Bendita seja!

As mulheres choravam ao ouvir a prece de seus filhos, e eles sorriam, elevando seu cântico a Deus.

Tudo passa na vida! E aquelas breves horas também passaram, deixando em minha alma uma paz que nunca havia sentido.

Todas as tardes, quando as crianças se juntavam a mim na porta do cemitério, diziam-me: "Padre, quer que rezemos pelo pobrezinho que partiu?" "Sim, meus filhos - dizia eu -, vamos consagrar uma lembrança a um mártir da Terra", e durante alguns momentos todos orávamos pelo pobre judeu.

Três meses depois, voltaram os dois guias que o acompanharam trazendo-me uma carta concebida nestes termos:

"Meu padre! Terminei bem minha longa viagem, e hoje me encontro nos braços de meus irmãos bendizendo tua memória. Nas últimas horas da tarde nos reunimos todos ao pé de um carvalho centenário e, cumprindo tua instrução, rogo pelos homicidas que sacrificaram minha esposa e meus filhos. E, quando deixar este mundo, meu último pensamento será para ti".

Obrigado, meu Deus! Menos uma vítima das perseguições religiosas! Descansa, pobre judeu, e bendize teu Criador em tua hora derradeira! Ah, religiões, religiões! Quanto sangue haveis derramado! Que longa conta tendes que prestar a Deus por vossos iníquos atos! Só me resta um consolo em meio a tantas amarguras; só uma esperança me sorri: o advento da religião universal. Ela destruirá os ódios coletivos e as manipulações pessoais. Ela constituirá um único rebanho e um único pastor. Ela unirá todos os mortais com o laço sagrado da fraternidade. Os homens foram criados para amar, e deve-se cumprir o grande pensamento de Deus.

O amor na Terra!

O que é o amor na Terra? É um mistério indecifrável, Senhor! É ou nuvem de fumaça que em espirais se desfaz, ou charco lodoso cujos miasmas infeccionam a atmosfera, ou terrível tormenta que tudo arrasa, deixando atrás de si a desolação e a morte. Oh, sim, o amor na Terra ou tem a vida das rosas, que sorriem apenas dois crepúsculos, o matutino e o vespertino, ou é causa de paixão nefanda que faz ruborizar quem o sente, ou uma horrível tragédia cujo desenlace é a morte.

E os ímpios ainda duvidam, Senhor! E negam com tenaz empenho que tu guardas para teus filhos outros mundos, onde as almas podem saciar a sede ardente de teu imenso amor!

Eu te amo, Senhor, eu, que espero e creio em tua infinita misericórdia, que sei que tu ouvirás meu rogo e que amanhã sorrirei feliz amando com delírio uma mulher!

Ela era tão bela! Ainda a vejo, com sua fronte pálida coroada de brancos jasmins, com seus negros cachos e com seus olhos irradiando amor! E só a vi três vezes, Senhor! E em nenhuma delas pude lhe dizer que minha alma era sua! Meus lábios emudeceram, mas não sei se meus olhos falaram!

Triste planeta Terra! E este episódio de amor é o mais santo, é o mais puro; eram afeições sacrificadas pela religião e pela verdade. Nunca poderei esquecer a menina dos cachos negros, pois era uma criatura dessas que deixam atrás de si um perfume, uma fragrância que nunca evapora. O prazer da dor deixa impresso em nosso ser um sorriso imortal. Estou contente com meu sacrifício, estou gozoso por não ter gozado, porque o prazer da Terra não deixa mais herança que luto e lágrimas. Agora o vi, agora o toquei, agora me convenci de que o prazer neste mundo é a fonte abundante da dor.

Há algum tempo, sentia uma espécie de doce inveja contemplando dois seres felizes. Ao vê-los sorrir, eu dizia: "Senhor, por que eu não pude sorrir assim? Por que tive que viver tão sozinho?" Mas, ah, quão breves dias tive que invejar!

Pobre Lina! Infeliz Gustavo! Ainda me parece que sou vítima de um horrível pesadelo! Mas não, é verdade, é uma horrível verdade! Eu os vi crescer! Quem diria que os havia de ver morrer! E hoje dormem junto a ela, ao lado da menina dos cachos negros! Minha família da alma está no cemitério! Perdoa-me, Senhor! Em minha dor sou egoísta e esqueço que a família do homem é toda a humanidade. Todos os desventurados são meus filhos, todos os desvalidos meus irmãos, todos os homens meus amigos; mas estou muito longe da perfeição e ainda tenho a fraqueza de ter meus preferidos.

Filhos meus! Gustavo! Lina! Ainda os vejo quando eram criancinhas!

Há vinte anos, em uma manhã de abril, um menino que devia ter sete primaveras veio me buscar. Era lindo e risonho como a primeira ilusão do homem. "A irmã de minha mãe ganhou uma menina, é tão bonita! Vá vê-la, padre. Queremos que se chame Lina. Venha, que já a estão trazendo". E o menino me fez correr para sair ao encontro do anjo que vinha me pedir, com seu pranto, a água do batismo.

Durante a cerimônia, Gustavo olhava para a menina e me dizia com seus lindos olhos: "Como é bonita!" E o menino não estava mentindo, porque a recém-nascida era uma criatura preciosa, que crescia entre flores e santas alegrias. Todos os habitantes da aldeia gostavam de Lina, todos disputávamos suas carícias e éramos felizes quando a menina sorria, porque havia naquele sorriso um brilho celeste.

Nada mais doce e comovente que ver aquele infantil casal. Como Gustavo era mais velho, cuidou dela enquanto era pequenina. Ele a fazia dormir em seus braços; ele a ensinou a andar e a pronunciar meu nome, pois Gustavo, como todas as crianças da aldeia, gostava muito de mim, e seu maior prazer era trazer Lina para mim e sentá-la em meus joelhos, e ele se recostava em meu ombro e me dizia com terna admiração: "Como Lina é bonita! Quero que se torne mulher!" "Para quê?", perguntava eu. "Para casar-me com ela", respondia Gustavo gravemente, "e quando estivermos casados, viveremos com o senhor, padre. O senhor vai ver como seremos contentes!" E eu gostava de fazer o menino falar, porque seus planos de felicidade me extasiavam. Lina escutava silenciosa, porque foi um ser que falou muito pouco e sentiu muito. No final de nossas conversações eu saía vitorioso, porque as duas crianças me abraçavam com a mais terna efusão. Horas de sol! Momentos de júbilo! Quão breves foram!

Com que prazer eduquei Lina! Era tão boa, tão humilde, tão carinhosa! Não sei que laço misterioso a unia a mim, pois sempre passava suas horas de festa em meu jardim. E sua família, como a adorava, vinha atrás dela. Como cuidava dos pássaros que faziam ninho no velho cipreste e cultivava minhas flores prediletas, Gustavo às vezes lhe dizia, para fazê-la falar: "Olha que tenho ciúmes; creio que gostas do padre Germano mais que de mim". Lina, ao ouvi-lo, sorria docemente e murmurava: "Tu me ensinaste a amá-lo". E nesses ternos diálogos passávamos as tardes de domingo. Outras vezes eu me sentava a ler e dizia a Lina e Gustavo: "Vão passear, meus filhos, mas por perto, para que eu os veja. A felicidade de vocês me faz feliz; não me privem dela". E os dois jovens passeavam. Ele falava sempre, ela sorria com um sorriso celestial. E eu, naqueles momentos, via a menina dos cachos negros e dizia a mim mesmo: "Eu também teria lhe falado assim, eu também teria sabido expressar meu imenso amor. Gustavo vive! Eu não vivi! Todos têm seu assento no festim eterno da vida, mas o meu ficou vazio". Mas esse rompante de egoísmo passava logo, e eu exclamava: "Perdoa-me, Senhor! Eu confio em ti; eu também viverei, porque ao deixar a Terra encontrarei a menina dos cachos negros".

Os dias se passaram. Lina ia completar 17 anos e, no dia de seu aniversário, eu devia abençoar sua união com Gustavo e constituir uma família, pois os jovens esposos deviam habitar uma casinha que haviam construído ao lado de meu jardim. Meu velho Miguel estava contentíssimo. Eu já me via cercado de ternos cuidados e todos fazíamos planos para as longas noites de inverno, quando estaríamos reunidos em torno da lareira. E nosso coração pulsava de satisfação, quando, uma manhã, os habitantes da aldeia acordaram sobressaltados, porque em todas as casas ecoaram fortes golpes dados com as alabardas nas portas. Mais longe ouvia-se o relinchar dos cavalos que repetiam os ecos das montanhas, e mil vozes gritavam ao mesmo tempo: "Às armas! Às armas! Guerra ao estrangeiro! Guerra!"

Lina foi a primeira a entrar na igreja gritando: "Meu padre! Que querem esses homens? Entraram em todas as casas! As mulheres choram, os soldados blasfemam, os jovens correm, os idosos falam sozinhos. Venha, venha comigo! Parece que chegou o dia do juízo para esta aldeia".

Saí com ela e logo soube o que estava acontecendo. A guerra! Esse dragão de voracidade insaciável pedia carne humana, e os capitães vinham a nossa aldeia atrás dela.

Em menos de duas horas aquela risonha aldeia ficou como se a peste houvesse passado por ela. Os bois mugiam nos estábulos estranhando seu forçoso repouso, as ovelhas soltavam lastimosos balidos dentro do aprisco, as mulheres choravam sem consolo, os idosos falavam sozinhos e deitavam tristes olhares ao caminho no qual densa nuvem de pó denunciava que alguns pelotões haviam passado por ali.

Todos os jovens, todos os homens fortes para segurar uma arma fratricida foram arrebatados da aldeia para que regassem com seu sangue generoso os infecundos campos de batalha. Gustavo também se foi, só teve tempo de deixar Lina em meus braços e dizer: "Padre, ao senhor entrego a vida de minha vida! Velai por ela e velareis por mim!" Com doloroso frenesi, aproximei a cabeça do nobre jovem a meu coração e cobri de lágrimas seus cabelos, enquanto Lina, sem voz, sem lágrimas, com o olhar perdido, desmaiava com a violência da dor. Quando voltou a si, seus pais e os de Gustavo choraram com ela sua imensa desventura.

Que dias tristes se sucederam! A aldeia parecia um cemitério. Os trabalhos do campo, única indústria daquele lugar puramente agrícola, ficaram praticamente paralisados. A miséria estendeu suas negras asas, o desalento foi se apoderando de todos os corações, e mais de uma jovem vinha confessar seus pecados, dizendo com angústia: "Padre, Deus me castigará porque quero morrer?"

Lina, em quem a imensa dor havia despertado a energia da alma, dizia-me com veemência: "Padre! Não é verdade que, se ele não vier, nós iremos buscá-lo? Não quero que ele morra sozinho. Ele pensaria que eu o esqueci e não conseguiria dormir tranquilo em sua sepultura. Iremos, não é?" E, ao dizer isso, olhava-me de uma maneira que me fazia chorar como uma criança.

Passaram-se três anos, e nesse tempo Lina perdeu seus pais, e os de Gustavo cuidaram dela. Mas a jovem sempre estava em meu jardim falando dele. Parecia uma alma penada. Naquela preciosa criatura só restava vida nos olhos, que estavam sempre fixos em mim. Quanto me dizia com aqueles olhares! Havia momentos em que eu não podia resistir, porque suas negras pupilas se transformavam em agudas flechas que atravessavam meu coração. Quem não se angustiava vendo a muda dor de Lina? Porque ela não falava desesperada, não. Sua palavra era tranquila, mas seu olhar era lancinante.

Certa tarde, foi me buscar no cemitério, e com o delicado instinto e fina perspicácia que distingue a mulher, embora eu não lhe houvesse contado a história de minha vida, ela compreendeu que naquele túmulo estava minha felicidade. Por isso foi me buscar lá, certa de que naquele lugar sagrado eu não lhe negaria nada que me pedisse. Olhou para mim de um modo que me fez tremer e me disse: "Padre! Gustavo me chama, eu ouvi, e, em nome da morta que aqui dorme, eu vos peço que venha comigo. Ela vos abençoará, e Gustavo também". Não sei o que houve comigo, não sei que visão luminosa me pareceu ver erguendo-se do fundo do túmulo. Olhei para Lina fascinado e disse: "Iremos!" Uma lágrima de gratidão brilhou nos olhos da jovem e, na manhã seguinte, saímos da aldeia acompanhados até longa distância pelos velhos pais de Gustavo.

Depois de mil vicissitudes, chegamos ao lugar onde havia sido travada a última batalha e, entre montes de cadáveres e de feridos, procuramos Gustavo, mas inutilmente. Por fim, entramos no acampamento onde haviam improvisado um hospital e com um olhar Lina abarcou aquele horrível conjunto. E vi-a com a rapidez do desejo dirigir-se a um canto daquele largo recinto e cair de joelhos diante de um ferido. Quando pude chegar junto a ela, foi difícil reconhecer Gustavo, que, ao me ver, estendeu sua mão direita buscando a minha. Nós três nos unimos em estreito abraço e nenhum de nós pronunciou uma palavra. Só Lina falava com os olhos. Gustavo queria falar, mas a emoção o sufocava, e nós três permanecemos um longo tempo em uma situação muito difícil de explicar.

As tropas inimigas, que haviam ganhado a batalha, vieram apoderar-se dos vencidos e recolher os feridos em carros. Lina, ao ver aquele movimento, apoderou-se de uma mão de Gustavo e olhou para mim, dizendo com seu gesto: "Não o deixarei". Compreendendo sua heroica resolução, eu me inclinei para ela e disse: "Fica calma, não o deixaremos". Por fim foi a vez de Gustavo, e quando já o iam levantar, o oficial que dirigia aquela tristíssima manobra olhou fixamente para Lina e para mim, que tentávamos levantar nosso ferido. Aproximou-se mais, olhou para mim e exclamou com espanto:

– O senhor aqui, padre Germano! Como deixou vossa aldeia?

Em breves palavras, expliquei-lhe a causa que motivava minha presença naquele lugar, e ele, então, disse:

– Há alguns anos, devi minha vida ao senhor, que, sem dúvida, não me conhece ou recorda, mas eu nunca o esqueci e quero de algum modo pagar a dívida que lhe tenho. Que quer de mim?

– Que me entregues este ferido, que em breves dias será um corpo, para que ao menos ela possa fechar seus olhos.

Sem demora, ele atendeu a meus desejos e, convenientemente acompanhados, voltamos, depois de mil sofrimentos, a nossa aldeia. O pobre Miguel, que diariamente ia ao caminho para ver se chegávamos, ao nos divisar correu ao meu encontro e disse que o pai de Gustavo havia morrido impressionado por uma notícia falsa que correra sobre a morte de seu filho e ignorava-se o paradeiro de sua mãe. Diante daquele novo transtorno, conduzi o ferido a minha pobre casa e o colocaram em meu oratório. E desde que ficou acomodado ali, dias verdadeiramente horríveis começaram para mim.

Que quadro, Senhor, que quadro! Eu o comparava aos primeiros anos de Lina, quando Gustavo a deixava em meus joelhos e me dizia: "Padre, olha, como é bonita!" Que diferença com o quadro que tinha diante de meus olhos! Que metamorfose!

Lina não parecia ela. Até seus cabelos estavam grisalhos. De Gustavo, não há o que falar; magro, enegrecido, com os olhos quase sempre fechados, a boca contraída para sufocar gemidos. Mas, se conseguia conter gritos, não podia ocultar o sangue que brotava de sua boca. A cabeça envolta em sangrentas bandagens, que, por ordem expressa do médico, não podíamos tocar. Não podíamos lhe dar alimento porque a febre o devorava. E Lina, junto a ele, muda, sombria, com o olhar sempre fixo no rosto do ferido, dizendo-me de vez em quando com voz apagada:

– Que incômodo estamos te causando, padre! Mas pouco tempo te resta para sofrer, porque Gustavo partirá, e eu irei com ele, porque no túmulo ele teria medo sem mim. Sim, sim, eu devo ir com ele, sem ele não quero ficar aqui.

Eu não sabia o que responder. Olhava para ela, via em seus olhos uma calma impressionante, um não sei quê que me horrorizava. Olhava para ele e murmurava baixinho: "Senhor! Senhor, tem misericórdia de nós. Afasta de meus lábios este cálice e, se hei de beber até a última gota, dá-me forças. Senhor, dá-me alento para suportar o enorme peso de minha cruz".

Gustavo, de vez em quando, tinha momentos de lucidez. Abria os olhos, olhava para sua amada com santa adoração, depois me notava e dizia com amargura: "Pobre! Pobre Lina! Padre, padre! É verdade que Deus não existe?" E o infeliz doente começava de novo a delirar, e Lina me dizia: "Padre! Padre, vamos rogar por ele!"

Que dias, Senhor, que dias! Fico horrorizado de lembrar. Nem um momento de repouso, nem um segundo de esperança, ouvindo apenas queixas e imprecações e vendo Lina morrer pouco a pouco. Assim se passaram três meses, até que, certa manhã em que eu estava na igreja cumprindo minha obrigação, e Lina no jardim colhendo ervas medicinais para fazer uma infusão, Gustavo se levantou em um momento de febre e procurou em seu uniforme uma pequena adaga, cravando-a certeira no coração, sem proferir nem um grito, pois Lina nada ouviu.

Pouco depois, Lina e eu entramos no quarto. Ao nos aproximarmos da cama, que triste espetáculo, meu Deus! Nunca poderei esquecer: Gustavo estava com os olhos desmesuradamente abertos, a boca contraída por um amargo sorriso. Em sua mão esquerda as bandagens que havia arrancado da cabeça, e a adaga cravada no coração. Lina, sem proferir uma queixa, fechou piedosamente seus olhos e, ao tentar arrancar-lhe a adaga, experimentou uma violenta sacudida e soltou uma estridente gargalhada, que sempre ecoará em meus ouvidos. Depois, levantou-se, abraçou-me, e durante quarenta e oito horas só fez rir, vítima de terríveis convulsões. Naquelas quarenta e oito horas esgotou quarenta e oito séculos de sofrimento. Que agonia! Que angústia! Que suplício! Não há frases que possam descrever meu horrível tormento! Por fim ecoou a derradeira gargalhada. Por um momento seus olhos se iluminaram com um raio de inteligência; apertou minhas mãos docemente e reclinou sua cabeça em meu ombro, do mesmo modo que fazia quando menina. E eu, aterrorizado, permaneci não sei quanto tempo imóvel, petrificado diante de tão imensa desventura.

Na tarde daquele dia, os habitantes da aldeia acompanharam ao cemitério os corpos de Lina e Gustavo, regando a Terra de sua vala com lágrimas de amor. Eu os enterrei junto a ela, ao lado do ídolo de minha alma, e todos os dias visito os dois túmulos, experimentando sensações contraditórias.

Quando me prostro no túmulo da menina dos cachos negros minha alma sorri. Parece que meu ser adquire vida e uma dulcíssima tranquilidade se apodera de minha mente. Minhas ideias, em ebulição contínua, em vertigem constante, perdem sua dolorosa atividade e algo puro, suave e risonho vem acariciar meus sentidos. Meus olhos se fecham, mas se meu corpo se sente dominado pelo sono, meu espírito vela e se lança ao espaço, e eu a vejo, sempre linda, linda e sorridente, que me diz com ternura: "Termina tua jornada sem impaciência, sem fadiga; acalma teu íntimo afã, pois eu te espero, e a eternidade espera por nós!" E acordo ágil e leve, forte, cheio de vida. Levanto-me, beijo as flores que crescem vigorosas sobre os restos de seu envoltório e exclamo alvoroçado: "Senhor, tu és grande! Tu és bom! Tu és onipotente porque é eterna a vida das almas, como eterna é tua divina vontade!"

Depois paro no túmulo de Lina e Gustavo, e sinto-me possuído por um mal-estar inexplicável. Vejo-o frenético, delirante, rebelando-se contra seu destino, rompendo violentamente os laços da vida, negando a Deus em sua fatal loucura, e ela possuída pelo mesmo frenesi, rindo com terrível sarcasmo da morte de sua felicidade, e nesse drama assustador, nessa horrível tragédia, há a febre da paixão chegada ao grau máximo da loucura; há o fatal egoísmo do homem, porque Gustavo se matou para não sofrer mais, convencido, pelo excesso de dor, de que sua ferida era incurável. Duvidou da misericórdia de Deus, para quem nada é impossível. Porque, quem sabe se no fim se teria curado? Ou levou em conta a dor imensa de Lina, apostou tudo, quis, em sua insensatez, pôr fim ao que fim não tem. E a desventurada Lina, ferida na fibra mais sensível, também se esqueceu de Deus e de mim. Não levou em conta sua fé cristã nem meus cuidados, nem meus ensinamentos, nem meu amor. Só em seu último olhar parecia que me pedia perdão pela funda ferida que deixava em minha alma, ferida tão profunda que não poderá cicatrizar na Terra.

Ela e ele se entregaram aos braços do desespero. Por isso em seu túmulo não posso sorrir. Porque suas sombras atribuladas devem buscar uma à outra. E durante algum tempo não se verão, porque é delito grave quebrar o cumprimento da lei. Todas as dores são merecidas, todas as agonias justificadas, e quem violentamente rompe os laços da vida despertará nas sombras. Feliz o espírito que sofre resignado todas as dores, porque ao deixar a Terra, quão lindo será seu despertar!

Seres queridos! Jovens que sonharam com um porvir de amor! Almas apaixonadas que eu tanto amei! Onde vocês estão? Por que deixaram sua casinha branca? Por que abandonaram os pobres passarinhos que recebiam o pão de suas mãos? Por que esqueceram o solitário ancião que a seu lado sentia o doce calor da vida? Por que foram embora?

Ah! Partiram porque a guerra, essa hidra de cem cabeças, essa hiena furiosa, tinha sede de sangue e fome de juventude. E homens fortes que sustentavam o passo hesitante de seus velhos pais correram para afundar no túmulo o progresso do porvir, a esperança de muitas almas apaixonadas. Oh, a guerra, a guerra! Tirania detestável da ignorância, tu conquistas um palmo de terra com a morte de milhões de homens.

Direitos de raça! Feudos de linhagem! Poder da força! Vós desaparecereis porque o progresso vos fará desaparecer! A Terra não terá fronteiras porque será uma só nação! Esse direito brutal, esse ódio ao estrangeiro terá que se extinguir. Que quer dizer estrangeiro? Não é homem? Não é filho de Deus? Não é nosso irmão? Oh, leis e antagonismos terrenos! Oh, bíblico Caim! Quantos Cains deixaste na humanidade! Senhor, perdoa-me se algumas vezes me faz feliz a ideia de abandonar este fatal exílio. Perdoa-me se, quando meu corpo cansado cai desfalecido, eu te pergunto com melancólica alegria: "Senhor, chegou minha hora?" Os homens deste mundo, com suas ambições, com suas leis tirânicas, aterram-me. A flor da felicidade não se abre na Terra e eu desejo aspirar seu perfume inebriante. Eu desejo uma família doce, amorosa, e neste planeta tenho meu lar em um cemitério.

Lina! Gustavo! E tu, alma de minha alma, a menina pálida dos cachos negros! Espíritos queridos, não me abandonem! Deem-me alento, acompanhem-me no último terço de minha jornada. Nós, idosos, somos como as crianças, temos medo da solidão!

O bem é a semente de Deus

Como estava linda a tarde! Nem uma nuvem embaçava o firmamento, adornado com seu manto azul. Nem a mais leve névoa velava os cumes das montanhas. E elas se destacavam no límpido horizonte coroadas de abetos seculares. No fundo do vale pastavam tranquilamente mansas ovelhas. Pelas moitas das colinas saltavam e corriam ágeis e saltitantes cabritinhos, disputando a vitória nas subidas com um enxame de alegres crianças que brincavam com eles. Reinava na natureza a calma mais mansa, e o espírito se entregava a essa doce quietude; a essa grata sonolência na qual a alma sonha acordada. A minha sonhou também. Cheguei à Fonte da Saúde e me sentei junto ao manancial. Sultão se deitou, pondo a cabeça em meus pés. E eu me entreguei a pensar na solidão de minha vida, no isolamento íntimo de meu ser. Mas a agradável paisagem absorvia minha atenção e apagava de minha mente o tom de amargura que minhas reflexões sempre deixam. Olhava o céu, aspirava o ambiente embalsamado, escutava o rumor das folhas agitadas por um vento suave e dizia a mim mesmo: "Quem diria que sob este céu abrigam-se dores? Se tudo sorri! Se tudo parece murmurar uma bênção! Paixões humanas! Fugi com vossos ódios, com vossas mesquinhas ambições, com vossos prazeres fugazes, com vosso remorso e com vossa intensa dor! Que minha alma repouse na contemplação! Que meu espírito se alegre na quietude da natureza! E bendito Deus que me concedeu desfrutar deste bem inestimável!" E fiquei embevecido em místico recolhimento.

Não sei quanto tempo permaneci entregue ao repouso; só sei que de repente Sultão se levantou, deu alguns passos, retrocedeu e ficou parado diante de mim em atitude ameaçadora, com a boca entreaberta.

– Sultão, estás louco? Que é que te deu? – disse eu apoiando minha mão direita em sua cabeça. Sultão não me deu ouvidos, continuou escutando e de repente saiu correndo. Segui sua direção com a vista e vi surgir um homem, que ao ver meu companheiro em atitude tão hostil, ameaçou-o com seu bastão.

– Sultão! – gritei – Vem aqui!

O nobre animal desandou o caminho andado, mas de muito má vontade, voltando a cabeça e dando grunhidos surdos. O desconhecido se aproximou e então reconheci nele um alto dignitário da igreja que me havia feito todo o mal que pudera. Ele me confinou na aldeia, e mesmo ali eu lhe fazia sombra, e mais de uma vez havia intrigado para que me prendessem acusando-me de conspirador e de bruxo. Ao ver-me, disse com acritude:

– Vosso cão é muito mal ensinado, e creio que chego bem a tempo de educá-lo melhor.

– Sultão tem o olfato muito fino e sem dúvida vos reconheceu. Então, pois, deixai meu cão em paz; ele não vos fará dano algum, porque eu o impedirei. Mas não o ameaceis, porque então não respondo por ele, pois se a meu comando fica manso como um cordeiro, só com que vós o olheis com desagrado ficará mais feroz que um leão ferido. Sendo mais leal que os homens, não tem costume de tolerar injustiças.

– Sabeis que isso é engraçado? Para falar convosco, antes é preciso capitular com vosso cão!

– E crede que vale mais tê-lo como amigo que como inimigo. Mas, vamos deixar Sultão, e dizei-me em que vos posso servir.

– Em nada, apenas que, cansado da corte, angustiado por negócios e assuntos desagradáveis, ocorreu-me vir a esta aldeia repousar por alguns dias. Eis o objetivo principal de minha vinda.

E, ao dizer isso, o recém-chegado sentou-se sobre uma pedra, olhando em todas as direções com visível inquietude. Surpreendi esse olhar e disse a Sultão, dando-lhe um tapinha afetuoso na cabeça:

– Vigia para ver quem chega e avisa-nos de qualquer rumor que ouvires, por mais distante que seja.

Sultão olhou para mim fixamente, depois olhou para o forasteiro, voltou para mim e se lançou em vertiginosa corrida, perdendo-se nas curvas do caminho.

– Temeis a chegada de alguém? – perguntou-me o recém-chegado, a quem chamarei de Lulio.

– Temo por vós, não por mim. Li em vossos olhos que vindes fugindo, não de assuntos desagradáveis, mas de uma prisão certa. Mas não temais, pois, muito antes que cheguem os guardas do rei, Sultão nos anunciará sua chegada e podereis fugir, ou esconder-vos na caverna da ermida.

– Que estais dizendo? Delirais, sem dúvida. Eu não tenho que fugir de ninguém. Venho incógnito porque quero estar tranquilo e quero ser, por alguns dias, o padre desta aldeia.

– A igreja e a pobre casa estão a vossa disposição, mas não o confessionário, não a intimidade com meus fiéis, porque bem sabeis, padre Lulio, que vós e eu nos conhecemos muito bem. Juntas passaram vossa infância e minha juventude. Sei os vícios que tendes, conheço vossa história tanto quanto a minha. E não permitirei que nesta pobre aldeia deixeis o germe da intranquilidade. Se não vindes mais que por capricho, quase me atreveria a vos suplicar que desistísseis de vosso empenho e tomásseis outro rumo. Mas se, como creio, vindes por necessidade, contai comigo, com meu velho Miguel e com meu fiel Sultão. Sei que começais a cair em desgraça. Sei que um nobre ancião vos amaldiçoou e uma pobre mulher adúltera geme em um convento recordando, aterrada, seu fatal extravio. Sei que o rei quer aplicar a vós um castigo exemplar e começa confiscando parte de vossos bens. E por mais que queirais negar, sei que sois perseguido.

– Pois vos informaram mal.

– Roguei a Deus que assim fosse.

– O que é verdade é que estou muito cansado da corte e quero ver se este tipo de vida que levais me agrada, para, caso goste, retirar-me do grande mundo.

– E quão bem poderíeis fazer! Vós sois rico, de nobre linhagem. Tendes parentes poderosos dispostos a fazer o bem. Quantas lágrimas poderíeis enxugar! Quantas misérias poderíeis socorrer! Nunca é tarde para se arrepender. Deus sempre acolhe todos os Seus filhos; e crede, Lulio, na carreira do sacerdócio não vais pelo bom caminho. O sacerdote deve ser humilde sem baixeza, caritativo sem alardes humanitários. Deve desprender-se de todo interesse mundano, deve consagrar-se a Deus praticando Sua santa lei, deve ser um modelo de virtudes, deve desconhecer todos os vícios, pois para chamar-se ungido do Senhor é preciso ser verdadeiramente um espírito amante do progresso, ávido de luz, de espiritualidade e de amor. Ainda estais a tempo: sois jovem ainda, estais no melhor da vida; não haveis sofrido, e por lei natural podereis trabalhar vinte anos ainda. Podeis deixar plantada a semente do bem, que é a semente de Deus.

Lulio, que me olhava fixamente, levantou-se assustado, dizendo:

– Algo está acontecendo, ou vosso Sultão enlouqueceu.

Olhei e, efetivamente, Sultão vinha correndo por um atalho, mas em uma corrida tão veloz que parecia impulsionado por um furacão. Instintivamente, Lulio e eu saímos a seu encontro e o nobre animal, ao me ver, levantou-se, apoiando suas patas em meus ombros. A seguir, cavou o chão, latindo fortemente, correndo em todas direções e tornando a cavar.

– Não há tempo a perder – disse eu a Lulio –, Sultão está dizendo que muitos cavalos se aproximam e, sem dúvida, vêm atrás de vós.

– Não pensei que chegariam tão cedo – disse Lulio empalidecendo. – Pensei que me dariam tempo de juntar-me aos meus. Que faremos? Se me pegarem, estou perdido, porque minha cabeça está a prêmio.

– Não temais, segui-me.

E a bom passo nos dirigimos à ermida, descemos pelo barranco e desaparecemos entre os meandros de um longo caminho que levava à caverna do Diabo. Fomos até o fundo, que era o lugar mais apropriado para estar, pois com o desprendimento de uma pedra havia ficado uma abertura pela qual entrava o ar.

– Ficai aqui – disse eu. – Esta noite Miguel ou Sultão vos trarão alimento, e não temais. Pedi a Deus que vos ampare e crede que não vos desamparará. Farei por vós tudo que faria por um filho.

Lulio estreitou minhas mãos com efusão. E eu disse:

– Vou para não despertar suspeitas dos que chegam.

Seguido de Sultão, saí da caverna muito abalado, porque sentia o peso de uma nova calamidade, mais terrível, porque Lulio havia se tornado odiado na corte por sua astúcia, por sua dissimulada sagacidade, por sua desenfreada ambição, que o fazia se meter em conspirações atrevidíssimas. Como era muito rico, tinha grande poder, era uma sombra temível, líder de um grande partido. Mas eu, que o conhecia desde criança, sabia que ainda havia algo de bom naquele coração endurecido. Eu me dizia: "Se o prenderem, seu furor não terá limites e se transformará em tigre sanguinário. Se o matarem, seus pares praticarão uma vingança horrorosa. Ao passo que, se eu conseguir convencê-lo, quem sabe se se arrependerá de seus desacertos e ainda será útil à humanidade?" E, absorto nessas reflexões, cheguei à reitoria. Chamei Miguel e em breves palavras lhe informei o que estava acontecendo, para que, se eu não pudesse me mover, para não inspirar suspeitas, ele pudesse atender ao fugitivo.

Quão certo é que na culpa está o castigo! Um homem de nobre berço, um príncipe da Igreja, um magnata dono de muitos bens via-se reduzido a viver encarcerado por seu mau proceder, sob minha proteção ou em poder de seus perseguidores! Infeliz! Como é pesada a cruz de nossos vícios!

Fazia essas reflexões estando a minha janela. As sombras da noite haviam se estendido por uma parte da Terra. Tudo descansava em calma. Só no coração de alguns homens a tempestade recrudescia.

Logo chegou aos meus ouvidos o rumor do galope de muitos cavalos, e rapidamente a praça da igreja não podia conter toda a cavalaria que invadiu a aldeia. O capitão da força subiu até meu quarto e disse que vinha atrás do bispo Lulio. Eu ergui os ombros, dizendo que ignorava seu paradeiro, e súplicas e ameaças, e oferecimentos, a ponto de me oferecer o capelo[4] em nome do rei, tudo foi inútil.

– Há cinco anos – disse o capitão –, vim atrás de um criminoso que ocultastes. Mas agora tenho ordem de que, se o bispo não aparecer, vós,

---

[4] Nota da editora: Capelo – chapéu utilizado pelo cardeal. Em sentido figurado, estava sendo oferecido ao padre Germano pela delação de Lulio o cargo de cardeal que este ocupava.

que sois o bruxo desta aldeia, ocupeis seu lugar. Eu ficarei aqui oito dias, moverei pedra por pedra, e repito, se o bispo não aparecer, vos levarei como refém. Escolhei.

Ao ouvir essas palavras senti frio. Involuntariamente, olhei pela janela, de onde via os ciprestes do cemitério. Meu coração se oprimiu e eu teria chorado como uma criança, porque afastar-me daquele túmulo era arrebatar-me a vida. Mas refleti e disse comigo: "Quem pode ser mais útil neste mundo, Lulio ou eu? Ele, porque é mais jovem, rico e poderoso, pode fazer muito bem. Seu arrependimento pode ser um manancial de prosperidade e um grande progresso para seu espírito. Na vida não se deve ser exclusivista. O homem deve ser apenas o instrumento do bem universal. Nada importa o sofrimento de uma alma se redundar no avanço coletivo da humanidade. Devemos ser um por todos e todos por um".

O capitão me olhava e disse:

– Vós me dais pena. Lamento tirar-vos de vossa aldeia, mas trago ordens expressas.

– Que deveis cumprir, capitão.

E durante oito dias procuraram Lulio, inutilmente. Porque só Miguel, Sultão e eu conhecíamos a entrada da caverna do Diabo. De modo que, não aparecendo o perseguido, eu fui em seu lugar. E quando todos os habitantes da aldeia estavam entregues ao sono, eu me despedi de Miguel e Sultão, daquele animal admirável, cuja inteligência maravilhosa nunca poderei esquecer. Ele, que nunca se afastava de mim; ele, que sempre velava enquanto eu dormia, compreendeu que me prestava um grande serviço ficando com Miguel, e, uivando dolorosamente, regando minhas mãos com suas lágrimas, não deu nem um passo para me seguir; ficou imóvel no meio de meu quarto, enquanto meu velho Miguel chorava como um menino. Pobre ancião!

Quando me vi longe de minha aldeia, senti um frio tão intenso, senti uma dor tão forte e tão aguda no coração que julguei morrer. Pensei nela, pedi-lhe alento, pedi-lhe fé, esperança e coragem para não sucumbir à prova. E como se ela fosse meu anjo da guarda, instantaneamente me senti mais animado e me pareceu ouvir uma voz distante que me dizia: "Devolve bem por mal; cumpre teu dever".

E eu cumpri. Cheguei à corte, conferenciei com o rei repetidas vezes e em todas as nossas entrevistas parecia que os papéis se trocavam: ele parecia o súdito e eu o soberano. Com tanta energia lhe falava e com tanto império lhe dizia! "Se quereis ser grande, sede bom. As coroas são quebradas pelos povos. As virtudes são mais fortes que os séculos. O mau rei de hoje será o escravo de manhã. O espírito vive para sempre, não esqueçais".

Dois meses permaneci prisioneiro como réu de Estado, mas muito bem atendido e muito visitado pelo rei, alma doente, espírito perturbado que vivia muito sozinho. Fiz o que pude para regenerar aquela alma, e em parte consegui.

Uma manhã, recebi a ordem de abandonar minha clausura para me juntar ao rei, que ia caçar nos montes que servem de muralha com minha aldeia. Meu coração palpitou de prazer. Puseram-me em uma liteira e, cercado por numerosa escolta, segui a comitiva que ia com o rei que, ao chegar a minha amada aldeia, viu-se cercado por todos os seus habitantes, que o aclamaram com verdadeiro entusiasmo. E eu, do fundo de minha carruagem, via aqueles seres queridos, aquelas crianças, meus inseparáveis companheiros, que, prostrando-se aos pés do monarca, diziam: "Trazeis nosso padre?" E ouvia-se um clamor indescritível. Uns suplicavam, outros davam vivas. Eu, a curta distância, sem ser visto, via aquela cena realmente comovente. O rei havia posto pé em Terra e as crianças e mulheres o cercavam, quando por entre a apinhada multidão abriu caminho uma jovem aldeã, espírito que está em missão na Terra, tão linda quanto discreta. Conforme o rei me contou depois, ela se aproximou do soberano e disse:

– Senhor! Os reis são a imagem da Providência quando proporcionam a seus povos os germes do bem. O padre desta aldeia é nosso pai, nosso pai amantíssimo, e um povo órfão vos pede um ato de clemência. Nosso pai já é idoso, deixai-o viver entre nós para que possamos fechar seus os olhos quando morrer.

O rei me disse que se comoveu de tal maneira ao ouvir a voz da jovem que, para receber seu olhar de gratidão, voltou-se e disse ao monteiro-mor: "Trazei o padre Germano". Ao ouvir essas palavras, a jovem exclamou: "Bendito sejais vós!", e antes do monteiro chegou ela ao pé de minha liteira. Não posso expressar o que eu senti ao vê-la, porque minha salvadora não estava sozinha. Com ela estava a menina pálida dos cachos negros. Eu a vi como no dia em que me perguntou: "Amar é ruim?"

Vi-a com sua coroa de jasmins, com seu branco véu, com seu triste sorriso e com seus olhos irradiando amor!

Tão embevecido estava em minha contemplação que me deixei levar como uma criança, sem perceber o que estava acontecendo, e só saí de meu estado de êxtase quando meu fiel Sultão, derrubando tudo que encontrava no caminho, chegou até mim.

Que júbilo tão imenso! Que alegria tão imponderável! Muito havia sofrido, mas naquele momento fui maravilhosamente recompensado. Há sensações indescritíveis, há emoções inexplicáveis, há segundos na vida que valem cem séculos cada um. Tanto e tanto se vive neles!

O rei ficou na aldeia mais de três semanas. Foi ferido durante a caçada, e até passar a convalescença não pôde voltar a seu palácio. E ao se afastar de mim compreendi que aquela alma havia começado a sentir, e amava pela primeira vez na vida. Então, abençoei meu sofrimento. Benditas, sim, benditas minhas horas de agonia se nelas pude despertar o sentimento em um grande da Terra!

Quando me vi sozinho, quando me vi livre dos cortesãos, longe de suas tenebrosas intrigas, então respirei melhor e, chamando Miguel, perguntei-lhe quando Lulio havia partido, e soube com espanto que ainda permanecia na caverna, porque não quisera partir sem tomar meus conselhos. Miguel, à noite, havia lhe levado o alimento, e outras vezes Sultão havia levado com seus dentes o cesto em seu lugar.

Esperei a noite para que ninguém me observasse, e então fui com Sultão ver Lulio, que ao me ver se jogou em meus braços, e permanecemos abraçados um longo tempo, enquanto Sultão acariciava a nós dois.

– Vamos sair daqui – disse eu, e enlaçando sua cintura com meu braço caminhamos até sair da caverna e nos sentamos nas minas da ermida.

– Quanto vos devo, padre Germano! – disse Lulio comovido. – Quanto aprendi nesses três meses que permaneci escondido dos olhares dos homens! Quase todas as noites vim a este lugar esperar Miguel. Sultão já gosta de mim, durante o dia passava longos períodos ao meu lado. E como uma pessoa me olhava, e suas lágrimas escorriam, dizendo com elas: "A culpa é tua". Durante minha doença, pois fiquei doente mais de um mês, só lhe faltava falar. Deixou de lado sua raiva e foi meu fiel guardião. Eu soube por Miguel quanto haveis sofrido, e embora ele me dissesse "Ide!", e me oferecesse um hábito para me disfarçar, eu não quis partir até vos ver, porque quero seguir estritamente vosso conselho.

– Lulio, antes de mais nada, segui os impulsos de vosso coração.

– Pois bem; o impulso de meu coração é seguir pela senda que me traçardes.

– Então, escutai-me. Com vossa conduta passada só haveis conseguido que pusessem vossa cabeça a prêmio a diferentes preços. A mim, ofereceram o capelo se vos entregasse, e se por esse preço eu houvesse aceitado vestir o chapéu vermelho, toda a terra candente que encerra o universo teria abrasado minha cabeça. Preferi morrer, se houvesse sido necessário, porque minha morte teria sido chorada pelos pobres de minha aldeia. Mas a vossa teria sido vingada de uma maneira cruel. E para obrar no mundo sempre devemos refletir e fazer aquilo que for mais vantajoso para a humanidade. Se partirdes e vos puserdes à frente dos vossos, só conseguireis ser alvo de uma perseguição sem trégua, e morrereis maldizendo ou maldito. Se, ao contrário, deixardes o país, fordes a outra nação e exercerdes o sagrado ministério em uma afastada aldeiazinha, se criardes uma família entre os idosos e as crianças; se conseguirdes que todos que vos cercam desejem vossa presença, depois de algum tempo vivereis feliz, pois também encontramos a felicidade quando a sabemos procurar.

– Vós sois feliz aqui?

– Como sacerdote, sim.

– E como homem?

– Não. Porque o sacerdote católico, apostólico e romano, se for cumprir seu dever, há de viver sacrificado, há de truncar as leis da natureza, há de quebrar esses laços divinos que unem o homem a uma esposa querida, a filhos amados. Eu não quis o amancebamento de uma concubina, eu não quis deixar filhos espúrios, e me sacrifiquei em nome de uma religião que mortifica e escraviza o homem sem engrandecer seu espírito. Invejei os reformadores, mas não tive coragem para seguir sua reforma, e vivi para os outros, mas não vivi para mim. De modo que como homem não desfrutei das afeições da vida, mas como padre de almas enxuguei muitas lágrimas, e tenho a íntima satisfação de ter evitado algumas catástrofes. Dois caminhos tendes diante de vós: a igreja reformista e nossa igreja. Em ambas podeis professar se souberdes amar e sofrer.

– Estou cansado de lutas, padre Germano. Tentarei viver como viveis vós. Meu espírito precisa de repouso e esquecimento. Nestes três meses aprendi muito. Tive não sei se alucinações ou revelações, mas ouvi diversas vozes de almas errantes que me diziam: "Desperta! Aprende! Tua vítima te serve de mestre! Tu lhe fizeste todo o dano que pudeste, e ele te salva expondo sua cabeça". E esses avisos, padre Germano, me fizeram pensar e meditar com maturidade.

– Já vos disse, Lulio: ao sacrificar-me por vós, pensei apenas em evitar derramamento de sangue e ira de partidos. Procuro apenas espalhar a semente do bem, porque o bem é a semente de Deus.

– Eu a espalharei também, tentarei apagar com minhas boas obras as iniquidades de meu passado.

Alguns dias depois, Lulio partiu disfarçado de frade, e um ano depois me enviou um emissário com uma carta que dizia assim:

"Quanto tenho que vos agradecer! Quão feliz sou neste recanto da Terra! As crianças me buscam como buscam a vós, os idosos me pedem conselhos, os pobres me abençoam! Porque empreguei os bens que pude salvar do confisco na melhoria da triste sorte desses infelizes que só se alimentavam de pão preto. E hoje, graças a minha solicitude, desfrutam de uma alimentação abundante e saudável. Penso tanto nos outros que não me lembro de mim. Quanto vos devo, padre Germano! Bendito sejais! Bendito seja o homem que me fez compreender que o bem é a semente de Deus!"

Essa carta me encheu de satisfação, dessa satisfação profunda que a alma experimenta quando vê florescer a árvore da virtude. E mais gozo senti quando recebi uma longa epístola de meu soberano, na qual me pedia conselho para alguns assuntos de Estado, e terminava dizendo:

"Em breve irei te fazer uma visita, mas incógnito. Tenho que falar contigo. Tenho que te confessar o que sente hoje meu coração. Tu me falaste do amor da alma, e hoje minha alma se agita entre lembranças e esperanças, entre reminiscências e pressentimentos de um imenso amor. E, ou muito me engano, ou já sou mestre em amar".

Essas duas cartas me fizeram refletir muito. Fui ao túmulo dela e ali tornei a lê-las, e ali bendisse a Providência por eu ter tido abnegação bastante para esquecer grandes agravos e me entregar ao sacrifício. Pois quando deixei minha aldeia pensei que não a tornaria a ver; pensava que minha cabeça cairia no lugar da de Lulio, e com minha resolução dei luz a duas almas, dois espíritos rebeldes foram dominados por meu amor, por minha vontade e minha fé. Grande foi minha angústia, cruel minha incerteza. Mas benditas, sim, benditas minhas horas de agonia se com elas resgatei dois homens da escravidão do pecado.

A mulher é sempre mãe!

Como passam os anos! Parece que foi ontem! Eu dormia tranquilamente em um canto da reitoria quando fui acordado pelos latidos de Sultão e as alegres gargalhadas de um homem de bem que brincava com ele como uma criança. As almas boas são sempre risonhas e expansivas. O mais rico fazendeiro de minha aldeia me abraçou dizendo: "Padre, padre, estou tão contente! Já tenho uma filha! É linda, tem uns olhos tão grandes que parecem dois faróis! Venho buscar-vos para que a vejais, pois batizá-la só poderá ser amanhã, quando chegará meu irmão, que é o padrinho".

Saí com o bom Antônio. Chegamos a sua casa e ele me apresentou uma menina lindíssima, com uns olhos admiráveis. Peguei a recém-nascida em meus braços e senti em todo meu ser uma sensação dulcíssima, ou melhor, inexplicável. Olhei fixamente para a menina e disse: "Podeis estar contentes com vossa sorte, porque, ou muito me engano, ou vossa filha será um anjo na Terra". Maria, sem sombra de dúvida, foi e é um ser celestial. É tão boa!

No dia seguinte, minha velha igreja se vestiu de gala. Seus vetustos altares se cobriram de flores, seus enegrecidos muros de verde folhagem. Todas as crianças invadiram o templo levando na mão direita galhos de oliveira. E a filha de Antônio entrou na casa do Senhor sob os mais lindos auspícios. Tudo respirava alegria, inocência e amor, Todos os pobres que chegaram aquele dia à aldeia foram generosamente socorridos. E o batismo de Maria foi um dos acontecimentos mais célebres da simples história de minha aldeia.

Bem fizeram seus pais em celebrar sua vinda, porque Maria trouxe uma grande missão a este mundo; trouxe a missão de amar incondicionalmente. Maria é um dos poucos seres a quem vi cumprir as leis do *Evangelho*.

A mulher, dotada geralmente de grande inteligência, que demonstra em um grande sentimento, pode-se dizer que é sempre mãe, porque sempre ampara os desvalidos e intercede pelos culpados, e Maria é e sempre foi a caridade em ação.

Que alma mais linda! Ela adoçou com seu carinho filial as grandes amarguras de minha vida. Ela cuidou com o maior esmero das flores de meu túmulo adorado. E ela, compreendendo perfeitamente o imenso bem que me fazia, há poucos dias me deu a notícia mais grata que eu poderia receber neste mundo.

Estando ela e eu no cemitério uma tarde, disse com triste e significativo sorriso:

– Padre Germano, o senhor está se tornando egoísta. Seu corpo se inclina para frente, olha muito para a terra. Quer ir embora deste mundo?

– Sendo bem franco, minha filha, aguardo essa hora com íntima alegria e às vezes até com febril impaciência.

– E não sabe que, quando se for, eu terei muito mais trabalho? Que em vez de um túmulo terei que cuidar de dois? Mas eu ajeitarei isso de modo que mate dois coelhos com uma só cajadada, porque vos enterrarei aqui juntos – e apontou para o túmulo dela –, e desse modo cuidarei de todas as flores sem me cansar.

Ao ouvir essa promessa, ao ver que cumpriria meu desejo secreto, desejo muito veemente que eu não teria me atrevido a manifestar, senti um prazer tão profundo e uma admiração tão intensa por Maria, que com tanta delicadeza me informava onde me enterraria para que eu descansasse em paz, que só pude estender minha mão direita sobre sua cabeça dizendo, comovido:

– A mulher é sempre mãe, e tu és mãe para mim. Tu compreendeste toda minha história. Tu me dás a certeza da única felicidade possível para mim, que é dormir meu último sono junto aos restos de um ser amado. Como sou feliz, Maria! Quanto te devo!

– Muito mais lhe devo eu.

– Não, Maria, nunca. Nunca te falei do que vales porque conheço teu caráter. E como nunca na Terra estamos no meio justo, tanta modéstia beira o exagero, quase uma espécie de fanatismo. Mas hoje, hoje que estou preparado para empreender uma longa viagem, hoje que me despeço de ti, sabe Deus até quando, é justo, Maria, que conversemos longamente, pois talvez nos dias que me restam para estar entre vós não tenhamos tão boa oportunidade como agora.

– O senhor se sente doente? – perguntou-me ela com visível angústia.

– Doente exatamente, não, mas muito fraco, sim, e sei que ao passo que vou não tardarei muito a me prostrar. E, ao cair doente, raras vezes estaremos sozinhos, ou melhor, nunca. Já que os que se vão se confessam, eu me confessarei contigo. E tu me dirás tuas aflições, talvez pela última vez. Vamos à Fonte da Saúde e ali nos sentaremos, pois a tarde convida.

E juntos saímos do cemitério.

Como estava linda a tarde! Maria e eu nos sentamos e permanecemos em silêncio olhando os cumes das distantes montanhas coroadas de abetos seculares. Depois, olhei para minha companheira e lhe disse:

– Minha filha, estou satisfeito com teu proceder. Quando menina, foste humilde, simples e carinhosa. Quando jovem, foste amável, pudica e discreta. E hoje, que vais entrar na idade madura, és digna, reflexiva e entusiasta do progresso. Na profunda solidão de minha vida, tu foste verdadeiramente meu anjo tutelar. Quando eu chorava, quando havia momentos que meu espírito desfalecia e meu templo me parecia um túmulo, eu te via entrar nele, e então pedia a Deus que perdoasse meu espírito rebelde. E em teu luminoso olhar eu lia uma frase que dizia: espera!

"Dois amores senti em minha vida. A ti amei como teria amado minha mãe e minha filha. E a ela, a menina dos cachos negros, a como se ama na ilusão primeira. Prestei culto a sua memória e me agrada a ideia de morrer, só para encontrá-la. Mas, ao mesmo tempo, sinto deixar-te e me afastar dos pobrezinhos de minha aldeia, embora confio que lhes restas tu. Mas teu estilo de vida não me satisfaz, minha filha, pois vives muito sozinha. Teus pais, pela lei natural, deixarão a Terra antes que tu, e eu gostaria de te deixar ligada a um homem que a mais de um ano conheço e que te ama e respeita. E esse mesmo respeito o impede de dirigir-se a ti. E já que de mim recebeste a água do batismo, gostaria de deixar-te unida a um homem de bem; gostaria, em nome de Deus, de abençoar teu casamento.

Maria olhou para mim fixamente, sorriu com tristeza e disse em um tom dulcíssimo:

– Padre Germano, o senhor me disse muitas vezes que a mulher é sempre mãe quando sabe sentir e perdoar, quando sabe rogar pelo culpado, quando embala o berço das crianças órfãs. Eu amo muito a humanidade, muitíssimo; interessam-me todas as dores, comovem-me todos os infortúnios, atraem-me todos os gemidos, e, encontrando-me tão disposta ao amor universal, creio que seria egoísta de minha parte se me consagrasse apenas a fazer a felicidade de um homem.

– Mas vives feliz? Não sei. Acredita, Maria, eu também amo a humanidade. Bem sabes tu que mais de uma vez arrisquei minha cabeça para salvar a vida de um desventurado. Mas, depois de amar todos os homens em geral, a alma precisa (pelo menos neste planeta) de algo singular. Sem um amor íntimo não se pode viver. E tu não tens esse amor, Maria.

– Tenho sim, padre, tenho.

– Ah! Também tens segredos para mim?

– Assim como o senhor. Nunca me disse até agora que amáva a menina dos cachos negros. Eu já sabia e me compadecia do senhor com toda minha alma e, para não aumentar suas penas, não quis lhe contar as minhas. Mas, confissão por confissão, eu lhe direi que sonhei como sonham todas as mulheres, e encontrei a realidade de meu sonho. Mas me é tão impossível unir-me ao amado de minha alma como foi para o senhor unir-se com a menina pálida, a da coroa dos brancos jasmins.

– Ele tem outros laços?

– Sim, tem outros laços que aprisionam o corpo, mas que deixam livre a alma. De modo que ele me ama, embora não mo tenha dito, e seu pensamento está sempre fixo em mim. E eu o amo com esse amor do espírito, desprendido do egoísmo e exclusivamente terreno. Esse amor que aceita o sacrifício e se encontra disposto a fazer o ser amado progredir. E saberei cumprir meu dever como o senhor cumpriu o seu. Com o senhor aprendi. Por isso, quando me diz no cemitério que me devia muito, eu disse que lhe devia mais, porque lhe devo a tranquilidade de minha consciência, e lhe deverei o progresso de um espírito muito doente. Creia, o padre de uma aldeia é o pai espiritual de uma grande família e com seu bom exemplo aprendem seus filhos. De minha parte, aprendi com o senhor.

– Não, Maria, não. Tu já trouxeste boníssimos instintos. Recordo, quando não tinhas mais que cinco anos, estando eu uma noite na reitoria, bateram atribuladamente à porta e entrou um pobre homem com uma criança coberta de farrapos. Tu, ao vê-la, a acariciaste, levaste-a contigo, e quando ninguém reparava em ti, tu a despiste e puseste tua roupa na criança e te abrigaste com seus farrapos. Um ano depois, vieram uns pobres marionetistas, e deste toda tua roupa às crianças que traziam consigo.

– Concordo que trouxe bom instinto, mas meu sentimento se despertou observando suas ações. E como eu o via dar sua roupa, pensava: quando ele o faz, todos o devemos imitar. A criança, em geral, não tem grande iniciativa, executa o que vê o outro fazer. Por isso é tão necessário procurar ser bom, não só por nós, mas acima de tudo pelos outros. O homem é um espelho no qual as crianças se olham.

– Pois pelo mesmo motivo que tão bem compreendes a missão do homem na Terra, eu gostaria que formasses uma família, porque teus filhos seriam um modelo de virtude.

– Desista de vosso empenho, padre Germano; não pode ser. Além do mais, nos planos que tenho, se os conseguir realizar, não terei filhos de meu corpo, mas terei filhos de minha alma. Porque fundarei hospitais para idosos, casas de saúde para as crianças, colégios de correção para as pobres jovens abandonadas no lodo do vício, asilos para os cegos. E, quando deixar a Terra, irei buscá-lo para lhe perguntar se está satisfeito comigo.

– Minha filha, tua missão é muito grande e, na verdade, aqueles que vêm como tu não vêm para ser intimamente felizes, porque a felicidade terrena tem muito de egoísta.

– Eu não sei a que vim, padre Germano, mas lhe direi que sempre sonhei em fazer bem. Que o amei porque sempre o vi disposto a se sacrificar pelos outros. E me propus a seguir sua grande obra. Uma vez, como se sonhasse, vi uns olhos grandes fixos em mim. Um dia, esta aldeia chorava sua ausência; chegou um homem e corri a seu encontro para lhe pedir sua liberdade. Eu o olhei e ele olhou para mim, e vi que os olhos daquele homem eram os que eu via em meu sonho, e desde aquele instante jurei ser mãe sem filhos do corpo, e que todas as crianças órfãs que eu conhecesse seriam os filhos de minha alma.

"O senhor me disse muitas vezes que o homem não tem mais gozos que aqueles que conquistou em vidas anteriores. Nós, sem dúvida, ontem olhamos com criminosa indiferença para o santuário do lar doméstico. E por isso, hoje, o senhor consumiu sua vida e eu consumirei a minha sonhando com essa existência divina, com esse olhar inebriante de uns olhos amantes que prometem uma eterna felicidade."

– Tens razão, Maria; resta-nos o amanhã.

E sentindo-me cansado, voltei à reitoria. A confissão de Maria me deu muito em que pensar, pois, embora eu houvesse compreendido que o rei a amava, ignorava que ele fosse a realidade de seus sonhos. E vejo nesse amor mútuo algo de providencial. Esse amor não é de hoje. A alma de Maria é grande, muito grande, e a do rei pequena, muito pequena. E esses dois espíritos não podem se fundir em um puramente pela atração atual. Como, se são duas forças que se repelem na atualidade? O amor dela não pode ser ao homem impossível. Será melhor sua compaixão pelo espírito. É que neste mundo, como se vê apenas a parte infinitesimal das coisas, a tudo se dá o nome de amor. E quantas vezes as paixões daqui não são mais que expiações dolorosas, saldos de contas e obsessões terríveis nas quais o espírito quase sempre é vencido na prova, sendo a mulher a que mais sofre, porque é um ser sensível, apaixonado, compadece-se logo e esquece muito tarde. Por isso não hesito em afirmar que a mulher é sempre mãe, porque a mulher sempre ama. Quando pequeninha é mãe de suas bonecas. Quando mocinha, é mãe das flores e das aves de que cuida amorosamente. E quando ama é mãe do homem, porque, por mais ingrato que ele esse seja, ela sempre o desculpa e, quando reconhece sua falta, se compadece e o perdoa.

Conheço tanto a mulher! No confessionário se sabem tantas e tantas histórias! E, a meu pesar, fui o confidente de tão íntimas dores e vi mulheres tão boas, que não é estranho que às vezes o sacerdote seja o fraco.

Que contrassenso! Que anomalia! Que absurdo! Dizem-nos: foge da mulher e, ao mesmo tempo, apodera-te de sua alma; dirige seus passos, desperta seus sentimentos; lê em seu coração como em um livro aberto, e abstém-te de amá-la, porque é pecado. E como o impossível não pode formar lei, existiu e existirá o abuso. E enquanto as mulheres se confessarem com os homens, enquanto existir essa intimidade, o progresso de umas e o avanço dos outros será dificílimo.

Não peçamos aos homens que deixem de sentir, desenvolvendo o sentimento, pois nada é o hábito nem os votos diante da doce confidência de uma mulher.

Leis absurdas! Vós haveis criado o escândalo porque quisestes truncar as leis inamovíveis da natureza!

Quanto se escandalizou com a teoria das tentações! E quantas vidas se esgotaram em nome de um sacrifício estéril! Desunir o homem e a mulher, sendo que são dois seres que devem se amar e se regenerar com seu amor!

Oh, a mulher! A mulher sempre é mãe, porque a mulher... a mulher sempre é boa!

O melhor templo

Senhor, Senhor, quanto se abusa de teu santo nome! O nome de Deus é uma mina que todos os sacerdotes do mundo exploram a seu bel-prazer!

Desde a noite dos tempos mais remotos o nome de Deus serve para atemorizar os crédulos, para atrair os incautos ao jugo sacerdotal, para dominar os ignorantes, e quase nunca para demonstrar a verdade.

O que é a história religiosa? Uma coleção de fábulas. Que são as religiões? De início, tudo são lagos de águas cristalinas, que depois se transformam em charco lodoso, porque entra a exploração das misérias humanas e a ideia maior fica reduzida a uma lenda milagrosa, a uma história de fantasmas, e uma imagem que pede um templo quase sempre perto de um manancial. Isso é o resumo de todas as religiões, e essa soma representa um algarismo sem valor algum; são todos zeros sem uma unidade que forme quantidade, nada de nada!

Oh, Senhor, se eu não te adorasse em tua imensa obra, se eu, ao contemplar o espaço, não sentisse meu coração palpitar, e em minha mente não germinassem os pressentimentos da imortalidade de meu espírito; se eu, ao admirar a maravilhosa natureza, não te servisse irradiando na criação como irradiam os sóis nos espaços infinitos; se eu não sentisse teu hálito divino na tempestade que cai e no suave perfume da florzinha silvestre; se eu não compreendesse que se existo é porque tu me criaste, eu perderia a fé que me alenta quando recebo instruções de meus superiores.

A última carta que recebi gelou meu sangue nas veias. Dentre outras coisas, dizia o seguinte:

"Estamos muito desgostosos convosco, porque a igreja militante nada vos deve; sois um soldado inútil para a manutenção da grande causa. A única coisa que fizestes foi fazer entrar no curral algumas ovelhas desgarradas, mas também é verdade que essa aldeia nada vos deve. Quando entrastes nela, sua velha igreja estava ruindo, e vós haveis colaborado com sua total derrubada.

De modo que sois um mau sacerdote, porque a primeira coisa que um vigário de Cristo deve procurar é embelezar a casa de Deus. Se a igreja é de tijolos, procurar que se faça de pedra e, se possível, que se utilizem na construção mármores dos mais finos, colunas de jaspe, e que estátuas de alabastro embelezem suas capelas. E se procura uma renda para essas casas de oração, pois em nada melhor os fiéis podem empregar suas economias que no culto e serviço de Deus. E repetimos, estamos muito descontentes convosco, porque não escutais nem as vozes dos homens nem os avisos do Altíssimo.

"Tendes um manancial milagroso perto da igreja, e essas águas salutares são um chamado que Deus vos faz para que reedifiqueis sua casa, que a indiferença dos homens (inclusive a vossa) deixa cair e transforma em ruínas o lugar sacrossanto da oração, o asilo sagrado dos pecadores, o refúgio bendito dos atribulados, o único porto dos aflitos.

"Vossa igreja está caindo, suas velhas paredes ameaçam ruir, e vós a deixais porque não amais a Deus. Mas, levando em consideração que pecais talvez sem saber, se quiserdes voltar a nossa graça fazei um chamado a vossos fiéis, dizei-lhe (e não estareis mentindo) que os inspiradores de Deus vos ordenam reedificar a casa do Altíssimo, e dizei-lhes também (que é conveniente) que tivestes uma revelação, e que nela vos fizeram uma promessa: que o manancial da Saúde dará alívio a todos os doentes dessa aldeia e a todos que cheguem em peregrinação ao santuário que reedificareis, porque Deus dá tudo a seus filhos que dele se lembram.

"Desse modo servireis a Deus e ao mundo, porque dareis vida a essa aldeia. Que em local de peregrinação se transforme em lugar de recreio e à sombra protetora da religião os desertos se transformem em vergéis, em oásis as terras secas, porque a graça de Deus amolece as pedras, e a rocha dura se transforma em terra esponjosa.

"Agi tal como mandamos, pois do contrário seremos obrigados a vos declarar mau servo de Deus, nome que na realidade mereceis, porque nada fazeis em proveito da Santa Causa."

Dizem meus superiores que nada faço em proveito de tua Santa Causa, Senhor, mas por acaso tu necessitas auxílio dos homens, ou os homens é que não podem viver sem o teu?

O Autor de tudo que foi criado precisa que o homem O glorifique, ou glorifique sua própria obra?

Toda carta exige resposta, e eu respondi aos meus superiores o que transcrevo a seguir:

"Senhores: vós me acusais de ser mau servo de Deus, e assentais um princípio falso, pois só os tiranos têm servo, e como Deus ama todos os seus filhos sem exceção alguma, não pode ter servos aquele que nunca foi tirano. Deus não quer os homens de joelhos em inação beatífica, Ele os quer em pé, olhando para o infinito!

"Dizeis que deixo que a velha igreja de minha aldeia comece a sentir a doença da decrepitude e que seus negros muros tremam com o frio de centenas de invernos.

"Dizeis que não cuido da casa do Senhor! E por acaso o Senhor precisa dessas escuras cabanas sendo que Ele tem o Universo como casa?

"Que melhor templo quereis que a criação?

"Por luminárias tem sóis.

"Por altares tem mundos.

"As aves entoam o hino de glória.

"As flores são os lindos incensários que Lhe oferecem seu perfume arrebatador.

"O verde musgo o mais belo tapete.

"As beiras dos mares os melhores lugares de oração.

"O oceano o melhor mosteiro. Porque os navegantes são os monges que mais se aproximam de Deus.

"De que servem as casas de tijolo àquele que tem sua casa nos incontáveis mundos que rodam eternamente nos espaços infinitos?

"Templos da Terra, desprezíveis como todo terreno! Não darei um passo para reedificá-los, porque sob vossas abóbadas o homem sente frio.

"Cristo escolheu os cumes das montanhas e os frágeis barquinhos para suas pregações, e com isso quis nos provar que a cátedra do espírito santo não precisa ser erigida em nenhum lugar privilegiado. Pois para anunciar aos homens o reinado da verdade na época da justiça, bastava que houvesse apóstolos do *Evangelho*. Não são necessárias casas de pedra nem lugares de oração, o que se necessita são homens de fé, que tenham fogo no coração e centelhas de amor na mente. Mas esses espíritos são úteis a si mesmos, não a Deus.

"Deus nada precisa dos homens.

"Quando a luz solicitou o apoio da sombra?

"Quando o oceano pediu às nuvens uma gota de orvalho?

"Quando os mundos precisaram do apoio de um grão de areia?

"Como, pois, Deus, que é maior que todo o criado, há de necessitar que o homem da Terra lhe dê sua adoração forçada?

"Aquele que é tudo não necessita nada de ninguém. Não peçais casas para Deus, pois vos pareceis com o louco que queria guardar em um grande cesto os raios vivificadores do sol.

"Não espereis que eu dê um passo para reedificar minha velha igreja. Eu cuido de levantar outros templos mais duradouros. Sabeis quais são? São os espíritos de meus fiéis, as almas desses simples aldeãos que hão de voltar à Terra tantas vezes quantas forem necessárias para o progresso de seu espírito.

"Eu os ensino a amar a Deus sobre todas as coisas e ao próximo como a eles mesmos. Preparo-os para a vida espiritual, falo desse além, não esse que supõem que diz a Igreja, mas esse que nos dita a razão.

"Eu os inicio nos mistérios da imortalidade, falo da vida do espírito, dessa linda realidade.

"Eu os ensino a rezar nos vales, nas colinas, no fundo dos abismos. Quando se reúnem em volta do fogo, quando alimentam seu corpo, quando se entregam ao repouso, quando acordam para o trabalho, eu os faço pensar constantemente em Deus, e meu pequeno rebanho não reza com os lábios, ora com o pensamento sempre fixo no bem. Por isso meus fiéis não precisam ir à igreja para rezar, porque cada um tem um templo dentro do coração.

"Acreditai, senhores: a missão do sacerdote é educar o homem para o porvir, não para o presente. Nós sabemos, somos os iniciados, porque nossa vida contemplativa e estudiosa nos permitiu ouvir as vozes dos que se foram, e sabemos que as almas vivem e que os templos de pedra não são os lugares prediletos do Senhor.

"Deus não tem preferência, cria a humanidade para o progresso e a deixa livre para progredir.

"Os tempos estão chegando! Os espíritos da luz encarnarão na Terra, e nós, os vigários de Cristo, somos os encarregados de preparar os homens para a Nova Era. Nós temos a luz, não a vamos esconder, pois amanhã nos pedirão contas do mau uso que fizemos de nossos conhecimentos.

"Quereis que faça o humilde manancial que provê minha aldeia passar por milagroso. Propondes-me uma torpe impostura, e eu não sirvo a tão nobre causa com meios tão vis!

"Eu deixarei minha aldeia pobre, muito pobre, mas seus moradores me abençoarão quando deixarem este lugar de trevas para se encontrar serenos e tranquilos diante da eternidade.

"Eu, se puder, antes de partir deste vale de lágrimas, edificarei uma casa, não para Deus, porque Ele não precisa. Quero-a para os pobres, para os mendigos atribulados, para as crianças órfãs, para os anciãos doentes, para todos aqueles que tenham frio na alma e decaimento no corpo.

"Crede em mim, senhores, não vais por um bom caminho. O verdadeiro sacerdote deve instruir o povo, deve iniciá-lo nos mistérios da vida, deve lhe apresentar a eternidade tal como é. Eu estou decidido a cumprir minha missão, e nem o rogo nem a ameaça me farão desistir de meu nobre empenho.

"Fazei o que quiserdes, destruí meu corpo, que é tudo que podeis fazer. Mas restará meu espírito, e não me faltará com quem me comunicar na Terra para continuar dizendo o que vos digo hoje: que o melhor templo de Deus é a Criação."

Foi o que lhes disse. Que farão de mim? Não sei. Se me tirarem a vida, quase me farão um bem. Assim, eu a verei mais cedo... a menina pálida, a dos cachos negros! Perdoa-me, Senhor, sou egoísta. Esqueço dos pobres de minha aldeia! Que ingrato é o homem! Só quer viver para si, sendo que deve viver para os outros.

Uma vítima a menos!

Obrigado, Senhor, muito obrigado por haver me permitido salvar uma menina de uma vida de suplício! Inocente criatura! Que culpa tem ela dos devaneios e desacertos de sua mãe? As faltas dos pais não caem sobre a quarta e a quinta geração, não. Deus é mais justo. Deus é maior.

Manuscrito querido, amigo inseparável de toda minha vida, única herança que deixarei ao mundo! Se o conteúdo de tuas folhas amareladas servir de algum ensinamento, eu me darei por satisfeito por ter depositado nele todas as impressões de minha alma.

Velho livro, meu companheiro! Tu és meu confessor, a ti conto tudo que faço, tudo que penso. Tu és o espelho de minha vida, de modo que devo te confiar a nova história à qual dei desenlace.

Hoje faz oito meses que, estando eu no cemitério, o velho Miguel foi me dizer que uma senhora e uma jovem me esperavam na igreja. Dirigi-me ao templo e a dama que aguardava saiu a meu encontro. Olhei para ela e reconheci uma antiga pecadora que vinha de vez em quando confessar seus pecados, que sempre fazia propósito de emendar-se e sempre reincidia, pois o que na infância se aprende nem na velhice se esquece.

Olhei para ela, que disse:

– Padre, hoje sim venho decidida a emendar minhas faltas. Tenho que conversar com o senhor longamente.

– Disseram-me que não vieste sozinha.

– Não, Angelina me acompanha e, enquanto conversamos, não gostaria que ela estivesse na igreja. Poderia ouvir o que não é conveniente que saiba.

– Se concordares, iremos todos ao jardim. Tua companheira pode ficar passeando, e nós subiremos até meu quarto, onde ficaremos tranquilos, sem medo de que ninguém nos escute.

– Muito bem pensado – disse a condessa (minha interlocutora pertence à mais antiga nobreza). – Venha, Angelina.

Angelina, que estava prostrada diante do altar-mor, levantou-se apressadamente e foi se juntar a nós. Parecia-se tanto, tanto com a condessa que até o mais desavisado teria percebido o íntimo parentesco que as unia. A única diferença era que Angelina era um anjo que ainda conservava suas asas, e sua mãe era uma Madalena não arrependida, mergulhada no lodaçal do vício.

Saímos os três da igreja e entramos no jardim. Chamei Miguel, encarreguei-o de não se afastar de Angelina e subi com a condessa a meu aposento. Fiz que se sentasse e eu me sentei em frente a ela. Disse-lhe:

– Conversemos, então.

– Começarei pedind-lhe perdão por ter demorado tanto tempo a vir.

– Já te disse outras vezes que não existe nenhum homem no mundo que tenha direito de perdoar ou de condenar. Deus não tem nenhum delegado visível na Terra. O último que houve partiu há alguns séculos.

– Vejo, padre, que continua sendo tão original como de costume, negando aos sacerdotes as atribuições que Deus lhes concedeu.

– Os sacerdotes têm as mesmas atribuições que os outros homens, têm obrigação de cumprir seu dever, isso é tudo. Podem aconselhar, e isso farei contigo. Sempre que vires te aconselharei e te darei minha opinião e, depois, tu, em uso de tua livre vontade, seguirás a senda que melhor te acomode, pois não é outra coisa que vens fazendo desde que te conheço, e, aliás, já faz muitos anos.

– É verdade, padre, é verdade, e quem dera eu houvesse seguido seu conselho da primeira vez que vim vê-lo!

– Tens razão. Se me houvesses obedecido, Angelina não teria vindo ao mundo, pelo menos não tendo a ti como mãe. Pobre menina!

– Como? Que diz? Quem lhe disse?

– Quem me haveria de dizer? Embora eu já soubesse, ela mesma, em seu precioso semblante, leva sua fé de batismo.

– Oh, tem razão, e creia que isso é uma fatalidade, porque me obriga a me afastar dela e fazê-la usar o hábito, por mais que o atrevimento de suas ideias e até sua saúde rejeitem absolutamente esse estado. Mas que remédio? As faltas dos pais recaem sobre os filhos, e ela, enfim, como filha do pecado, é até justo que se ofereça como vítima propiciatória.

– Não, nesse caso, tu deves oferecer-te, pois és a que pecou. Pois, na justiça de Deus, justos não pagam por pecadores. Mas vamos deixar esse assunto de lado agora e dize-me que pretendes fazer.

– Como o senhor sabe, em minha juventude caí, porque amei, e posso dizer que o pai de Angelina foi meu único amor.

– Não profanes o amor, senhora. O amor é maior que um desejo satisfeito. Em ti nunca existiu mais que desejo. O marquês sim te amou.

– Com loucura, é verdade.

– E ele continua na corte, como sempre?

– Sim, na corte está.

– Casou-se?

– Não, continua solteiro.

– Vós vos falais às vezes?

– Quando não há outro remédio, mas ele me odeia.

– Não é estranho, foste tão infiel! E ele não tentou ver Angelina?

– Acredita que ela morreu.

– Como?

– Era conveniente, para mim, afastá-lo completamente de mim. E essa menina seria uma arma muito poderosa se estivesse em seu poder, pois isso era o que ele queria. Mas eu cortei todo e qualquer fio de relacionamento e a fiz passar por morta, trancando Angelina em um convento. Há um ano saiu da clausura, porque, segundo pude observar, ali teria morrido de consumição. Não quer voltar ao convento de jeito nenhum; parte-me o coração ouvi-la. Mas não há outro remédio, tem que ser freira. E pensei: o melhor é que eu a leve ao padre Germano, ele a convencerá e conseguirá com doçura o que eu não quero conseguir pela violência, porque ela disse que se mataria se eu tornasse a trancafiá-la, e como já outras sombras me perseguem, não quero que a alma de Angelina me persiga. Então, padre Germano, aqui lhe trago uma carta de doação de meu castelo e aldeia de San Laurencio, a seu favor, pois é justo que eu pague tão importante serviço. Faça que Angelina professe, pois, se o senhor se empenhar, ela professará. É minha última esperança. Meu marido e meu irmão estão voltando da viagem à Terra Santa. Angelina me estorva e é preciso tirá-la de perto.

– E dizes que ela não quer a vida monástica?

– Não, não quer. Mas o que o senhor quer? A honra de meu nome exige um novo sacrifício. Aqui deixo (e a pôs sobre a mesa) a carta de doação.

– Muito bem. A partir de hoje, Angelina fica comigo.

– Ah, sim! Eu partirei sem lhe dizer nada.

– É o melhor, e não voltes aqui enquanto que não te avisar.

A condessa se levantou, dizendo: "Sois meu salvador!", e saiu precipitadamente de meu aposento. Foi-se bem a tempo, porque minha paciência e dissimulação já estavam acabando.

Quanto sofro quando falo com malvados! E a condessa é uma mulher sem coração. Em sua história há grandes crimes, e o último que quer cometer é enterrar em vida uma pobre menina que deseja viver e amar; que em seus olhos irradia o sentimento e em seu rosto se adivinha uma alma apaixonada.

Quando entrei no jardim e ela me viu sem a condessa, com a rapidez do raio compreendeu o que havia ocorrido e, segurando minhas mãos, disse em tom suplicante:

– Padre, Padre, o senhor tem cara de bom! É verdade que não me obrigará a professar? Tem piedade de mim! Sou tão jovem ainda para morrer! – E Angelina caiu em prantos com tão profundo desconsolo que me inspirou uma vívida compaixão.

Rapidamente a tranquilizei o quanto pude, mas a desventurada me olhava com certo receio. Então senti correr por minhas veias esse algo desconhecido que se infiltra em meu ser quando tenho que convencer ou apequenar algum pecador. Correntes de fogo envolveram minha cabeça. Meu corpo encurvado ergueu-se com majestade. Peguei a mão de Angelina e lhe disse:

– Menina, ouve-me, olha bem para mim. Faz sessenta anos que estou na Terra e a mentira nunca manchou meus lábios. Eu prometo velar por ti, eu te ofereço fazer-te feliz, tão feliz quanto pode ser uma mulher no mundo. Eu te darei família! Eu te darei dias de glória, dias de liberdade! Confia e espera, pobre alma doente, que já muito tempo sofreste no mundo.

– Ah, se soubesse, meu padre, quanto padeci! – exclamou Angelina com voz vibrante. – Parece um sonho ouvir uma voz amiga. Vivi sempre tão sozinha! E não sei como não perdi a razão. À noite sonhava que estava fora do convento e era tão feliz. Andava a cavalo, muitos cavaleiros me seguiam, mas eu sempre corria mais que todos, e depois... ah, que horrível era meu despertar! Quando me levantava e me via prisioneira naquela sombria fortaleza, vendo passar diante de mim aquelas mulheres com seus hábitos negros, de rosto cadavérico, sem que um sorriso se desenhasse naqueles lábios secos, sentia um medo tão horrível que saía fugindo como uma louca, gritando: "Meu Deus, meu Deus, tem piedade de mim!" E Deus se apiedou de meu sofrimento. A condessa me tirou dali e me levou ao castelo de San Laurencio, e ali fui quase feliz por seis meses. Passava o dia no campo, subindo pelos montes; outras vezes, percorrendo com meu cavalo as imensas planícies que cercam o castelo. Eu tinha sede de vida e ali a saciei em parte, mas a felicidade durou pouco. A condessa começou a dizer que a fatalidade pesava sobre meu destino, que os filhos espúrios devem fugir para não contagiar a sociedade, que eu era a vergonha de uma nobre família, e eu lhe respondia com meu pranto. E assim vivi mais seis meses, até que ontem ela me disse: "Vou levar-te para conhecer um santo para que aprendas a amar a Deus". O senhor, sem dúvida, é o santo.

– Não, minha filha, estou muito longe da santidade, mas repito: Deus te trouxe a esta pobre morada para que nela encontres o repouso de que tanto tua alma necessita. Em breve conhecerás uma mulher muito boa que não usa hábito negro e que te amará como a uma terna irmã. Em poucos minutos a conhecerás, pois todas as tardes ela vem regar o jardim.

Assim foi. Maria chegou e em breves palavras a informei do que havia acontecido, e a nobre jovem abraçou Angelina com tanto carinho e lhe falou com tanta ternura que a pobre menina dizia: "Meu Deus! Se estou sonhando, não quero acordar". Mas, por fim, convenceu-se de que não estava sonhando quando Maria a levou a sua casa, que era onde Angelina devia ficar até que eu realizasse meu plano.

Sem perda de tempo, fui imediatamente, acompanhado de Rodolfo, à cidade vizinha e pedi para falar em sigilo com o pai de Angelina, homem nobre e infeliz que havia tido a fraqueza de amar a condessa com esse amor que só se sente uma vez na vida. Mas sua paixão nunca teve correspondência, porque a condessa era uma mulher sem alma e sem coração; meretriz com pergaminhos, que são as piores meretrizes.

O marquês me conhecia, porque é amigo íntimo de Rodolfo, e fora ele, pode-se dizer, quem aconselhou a este último que fosse para a aldeia começar uma nova vida.

Quando me viu, o marquês se surpreendeu um pouco. E muito mais quando lhe disse:

– Preciso de vós durante algum tempo.

– De mim?

– Sim, de vós. Pedi licença ao soberano, se é que estais em serviço ativo.

– Não preciso pedir. Há mais de um ano, por estar doente, viajo a meu bel-prazer. Se vós de mim necessitais, continuarei viajando.

– Sim, continuareis viajando, e se puder ser para fora do reino, melhor. Vou confiar a vós a custódia de uma jovem que tem inimigos poderosos; querem que ela professe, mas ela prefere a morte a enclausurar-se em um convento. De modo que sua vida corre perigo, e é preciso que vos consagreis a guardá-la e preservá-la de qualquer tentativa infame.

– Que mistério encerram vossas palavras? Que jovem é essa que confiais a meus cuidados? Sou tão confiável para vós?

– Tão confiável sois. Crede que não sois capaz de respeitar uma menina pura como um anjo, cujo pai a crê morta e cuja mãe a rejeita?

O marquês olhou para mim e não sei que leu em meus olhos, pois pegou meu braço, dizendo com frenesi:

– Será possível? Onde está? Estais dizendo que ela vive?

– Vinde comigo, está em minha aldeia.

– Minha pobre filha! – murmurou o marquês. – Quantas vezes a recordei e me arrependi de não a haver roubado dessa mulher sem entranhas que nem Satã quis no inferno!

Partimos e o pus detalhadamente a par de tudo. Procuramos entrar à noite na aldeia e em meu aposento o marquês e sua filha se viram pela primeira vez.

Que felicidade senti naquele momento! Em especial quando a nobre menina, fixando em seu pai seus lindos olhos, disse em um tom dulcíssimo:

– O senhor me defenderá, não é verdade? Querem me enterrar em vida, e eu tenho tanto afã de viver!

– E viverás, minha filha – dizia o marquês com voz apaixonada –, sairemos de França, iremos para a Espanha, pois lá sempre há sol, e há flores, e eu te farei tão feliz que esquecerás teus anos de martírio em meio a tua imensa felicidade.

O marquês não perdeu tempo. Em poucos dias fez seus preparativos de viagem. Angelina se disfarçou com um traje de pajem e os dois partiram, acompanhados por dois escudeiros, em direção à Espanha.

Pintar o júbilo de Angelina é impossível. Quando ela se viu vestida de homem, quando se convenceu de que havia rompido suas correntes, quando viu a nobre figura de seu pai, em cujo rosto se desenhava a mais pura satisfação, voltou-se para mim e disse:

– O senhor cumpriu sua palavra, fez-me feliz, deu-me uma felicidade com que eu nunca havia sonhado. Bendito seja! Nem um só dia de minha vida deixarei de o abençoar, e, se eu criar uma família, o primeiro nome que meus filhos pronunciarão será o seu.

Horas de sol, momentos sagrados de felicidade Maria e eu desfrutamos acompanhando até longa distância Angelina e seu pai. Quando estreitei em meus braços a nobre menina pela última vez, quando o marquês me disse profundamente comovido: "Nunca vos esquecerei", então me pareceu ver uma sombra branca coroada de jasmins que me olhava sorrindo com um sorriso celestial.

Maria e eu, os olhos fixos no caminho, ficamos olhando os viajantes até que se perderam ao longe. Depois, olhamo-nos e exclamamos ao mesmo tempo: "Graças a Deus, uma vítima a menos!"

Alguns dias depois, avisei à condessa que viesse, e ela não se fez esperar. Assim que chegou, conduzi-a ao meu quarto e lhe disse:

– Temos que conversar.

– Angelina professará?

– Ela não quer ser freira.

– Ah, mas é preciso que seja.

– Pois não será.

– Como? Que diz? Não havíamos combinado que eu faria a doação do castelo de San Laurencio com a condição de que Angelina vestiria o hábito?

– Então, queres pagar com um casarão a vida e o porvir de uma mulher?

– Ah! Se lhe parece pouco, pedi, que eu lhe darei.

– Que me hás de dar, se nada quero de ti! Aqui está o título de doação, veja? – e lhe mostrei o pergaminho. – Pois bem, veja para que o quero – e o rasguei em mil pedaços.

– Que está fazendo? Enlouqueceu? Não havia feito um acordo comigo?

– Eu nunca faço acordos para cometer um crime. E fazer tua filha professar era mil vezes pior que assassiná-la, porque era matá-la pouco a pouco. Eu fiquei com ela e aceitei, aparentemente, tua infame doação porque era necessário salvar uma vítima. Por isso te fiz acreditar que me havias comprado. Mas quero que saibas que nunca me vendi nem me venderei, porque não existe ouro bastante nas minas da Terra para comprar a consciência de um homem honrado.

- E que fez o senhor com Angelina?

- O que devia fazer: dar-lhe proteção e amparo.

- De que modo?

- Não te importa. Que direito tens sobre ela? Nenhum.

- Como?

- Tu ouviste. Reclama-a em nome da lei, dize que esqueceste o que uma mulher nunca deve esquecer. Não querias afastá-la de ti? Não te estorvava? Pois bem, ela já foi, mas livre, feliz. Tu querias assassiná-la lentamente, querias que perdesse a razão, e eu lhe dei a felicidade, porque a devolvi a um pai que há tantos anos a chorava morta.

- Está com ele? Que fez? É minha perdição!

- Não temas, o marquês nunca te incomodará. Ele é feliz demais para pensar em ti. Nem ele nem Angelina te recordarão, pois a vingança das vítimas é esquecer seus verdugos. Como tua recordação lhes causa horror, para não sofrer te esquecerão. Ele chorou como uma criança ao ver sua filha tão jovem e tão linda. Mulher sem coração! Não sentias pena por tanta juventude, tanta vida, tanto amor ficar sepultado no fundo de um claustro, pelo simples capricho de tua vontade? Pobre menina! Quanto a havias martirizado! Mas agora ela está livre! Graças a Deus, uma vítima a menos!

A condessa olhava para mim e mil paixões contraditórias a faziam sofrer e empalidecer. O ódio animava seus olhos. Eu me levantei, olhei-a fixamente e a fiz tremer, dizendo:

- És um réptil miserável. Estás pensando em jogar tua baba peçonhenta em mim. Faz o que quiseres, pois tua filha está salva. Mas ai de ti se a perseguires! Então o confessor se transformará em juiz, e eu te delatarei ao rei. Bem sabes que conheço toda tua história, que, aliás, é horrível.

- Oh, piedade, piedade! - exclamou a condessa, aterrada.

- Fica calma, pobre mulher! Segue tua vida de agonia, pois és bem digna de compaixão, já que não há na Terra um ser que te possa abençoar. Continua erguendo casas de oração, mas entende que as orações que tu pagas não servem para o descanso de tua alma. Tua alma tem que gemer muito, porque quem com ferro fere, com ferro será ferido.

A condessa olhou para mim espantada e saiu precipitadamente do aposento, enquanto eu recolhia tranquilamente do chão os pedaços do pergaminho rasgado, e, como uma criança, os atirava ao ar pela janela. Os pedacinhos de papel voaram como borboletas e por fim se perderam no pó do caminho. Então, sorri com melancólica satisfação ao ver meu espírito, desprendido das misérias terrenas, entregar as riquezas mal adquiridas ao poder do vento, à mercê da brisa, que, brincalhona, balançava as partículas do pergaminho. Horrorizava-me ao pensar que aquele documento poderia ter caído em outras mãos. Pobre Angelina! Tão jovem, tão bela, tão ávida de viver e de ser feliz, eles a teriam sepultado no fundo de um claustro, e ali a infeliz teria enlouquecido negando a existência de Deus!

E agora, que diferença! O marquês me escreve e me diz que é o mais feliz dos homens, que sua filha é um anjo, e Angelina me diz no final: "Padre Germano, como sou feliz! Quanto lhe devo! Meu pai me adora, cerca-me de um luxo deslumbrante. Um jovem espanhol me ama e, se for possível, queremos receber sua bênção. Como é lindo viver! Eu pressentia a vida, eu sonhava com a felicidade. Às vezes sonho que estou no convento, as mulheres dos hábitos negros me seguram, e eu começo a gritar chamando a meu pai e ao senhor, e minhas amas me acordam, e então choro de alegria porque me encontro nos braços de meu pai. Quanto lhe devo, padre Germano! A gratidão de uma vida inteira não basta para pagar um benefício tão imenso!"

Ah, não! Estou amplamente recompensado. A satisfação que minha alma sente, a tranquilidade do espírito que cumpriu seu dever é o justo preço que Deus concede àquele que pratica Sua lei. Ao pensar que por obra minha há uma vítima a menos, como sou feliz, Senhor! Quanto te devo, porque me deste tempo para progredir, para reconhecer tua grandeza e prestar culto, com minha razão, a tua verdade suprema!

Tu deste luz a minha mente conturbada pelos desacertos de vidas passadas. Bendito tu, luz dos séculos, tu que fazes o espírito imortal!

O verdadeiro sacerdócio

Vinte e cinco anos completo hoje. Como sou jovem! Quer dizer, meu corpo é jovem, mas minha alma, meu eu, meu ser devem contar centenas de séculos. Porque eu vejo muito longe no horizonte da vida, e vivi muito pouco, porque o tempo que levo de residência neste mundo me manteve prisioneiro. Que vi eu? Um grande sepulcro, porque um convento é uma sepultura. Homens de preto me cercaram, mudos como o terror, sombrios como o remorso, e esses homens de neve me iniciaram em uma religião de gelo. E eu sinto em mim todo o fogo do amor sagrado.

Entregaram-me vários livros e me disseram: "Lê, mas lê como leem as crianças: olha só a letra. Ai de ti se fores penetrado pelo espírito!" E eu li, li com afã, e compreendi que aqueles livros eram apenas o ABC da religião. E pedi, implorei, supliquei a meus superiores que me deixassem ler todos os livros eles guardavam. Olharam-me fixamente e me disseram com secura:

- Muito queres avançar, muito queres subir. Cuidado para não cair.

Li, estudei, analisei, e em pouco tempo os monges me disseram:

- Percebemos que nos podes ser útil no mundo e deves deixar esta casa. Talento tens; adquire audácia e dentro em breve faremos que te sentes na cadeira de São Pedro. A tiara pesa muito, mas tu tens cabeça para sustentá-la. Já sabes: tu não te pertences, és um instrumento da Ordem. Ai de ti se te esqueceres quem és!

Nada respondi. O que eu queria naquele momento era sair de minha clausura, e saí acompanhado de meu jovem e fiel companheiro, meu Sultão, cuja inteligência me impressiona.

Valiosas cartas de recomendação me serviram de salvo-conduto para entrar nos velhos arquivos, onde encontrei livros antiquíssimos que meus olhos devoraram com vertiginosa rapidez, e durante um ano não fiz nada além de ler, ler de noite e de dia, e meditar ao pé das montanhas na hora do crepúsculo vespertino.

Onde está Deus, perguntei às estrelas, e elas me responderam: Estás cego? Não vês o reflexo de seu olhar em nosso fulgor? Onde a luz irradia, ali está Deus.

Onde está o Onipotente, perguntei às aves; e elas, piando amorosíssimamente, disseram-me: Aqui, aqui está Deus!

Onde encontrarei o Ser Supremo, perguntei às nuvens. E uma chuva fina me respondeu: em nós, que com nosso orvalho fecundamos a Terra.

Onde poderei sentir o hálito do Criador, perguntei às flores. E elas me disseram: Em nosso perfume, pois nossa fragrância é o hálito de Deus.

Como é linda a natureza! Não é verdade que, quando a primavera sorri, o coração se dilata e a imaginação sonha em amor? Eu também sonho, eu também amo, sou tão jovem!

E depois que pronunciava essas palavras, eu emudecia, abaixava meus olhos e os fixava em meu negro hábito, que, qual fatal barreira, me separava dos prazeres íntimos da vida.

Hoje tenho que me resolver; meus votos já estão pronunciados, sou um sacerdote. E o que é um sacerdote? É o homem dedicado e consagrado para fazer, celebrar e oferecer os sacrifícios a Deus, o ungido, o ordenado, o sábio nos mistérios, o homem exemplar que, qual espelho custódio, deve atrair ao seu centro os raios luminosos de todas as virtudes.

O que as religiões me ensinaram? Dois grandes princípios, duas verdades eternas: Só existe um Deus, assim como só existe um culto: fazer o bem pelo bem. Embora tarde, sei que a religião a que me filiei mortifica o corpo sem elevar a alma, porque pede o absurdo, o impossível, o truncamento das leis naturais. Pede um sacrifício superior às frágeis forças do homem, pede isolamento, completa solidão, ou seja, a anulação do ser. Que horror!

O homem digno, o homem livre, deveria protestar. Eu protestaria, mas a luta me assusta, e compreendo perfeitamente que eu não vim à Terra para defender exclusivamente meus direitos. Creio que vim para reclamar os direitos dos outros. Olho para mim mesmo e não vejo em mim um homem como os outros, não encontro em mim essas condições de vida. Meu espírito, como se estivesse desprendido do corpo, olha-o com uma espécie de compaixão, contempla com tristeza os prazeres da Terra, e diz, olhando para seu organismo: isso não é para mim; eu não vim para usufruir, não nasci para viver. Meu trabalho, meu dever é outro; por algum motivo, sem sombra de dúvida, nasci no mistério, cresci na sombra e, sem consciência de mim mesmo, me consagrei ao serviço de Deus.

Nada acontece por acaso; meu espírito, livre como o pensamento, amante da luz como as borboletas, amoroso como as rolinhas, veio a este mundo sem família. No seio da comunidade, que não tem a menor ideia da liberdade individual, eu devo demonstrar que o homem em todas as esferas da vida pode e deve ser livre, tão livre que nada o domine, começando por suas paixões. Há maus sacerdotes porque são vítimas de seus desejos carnais e de suas ambições, e o homem deve ser superior a todos os seus vícios, pois para isso Deus o dotou de inteligência. A religião a que pertenço, sublime em sua teoria e pequena e absurda em sua prática, precisa de dignos representantes, verdadeiros sacerdotes, mas, infelizmente, são raros, porque não se pode pedir o impossível aos homens. Nem todos os espíritos vêm à Terra dispostos a progredir; a maior parte vem viver, ou seja, passar o tempo. Não têm pressa de avançar porque a indiferença é o estado habitual do espírito enquanto não sofreu muito. Mas quando o homem cai e se fere e torna a cair, e sua ferida fica mais funda, quando todo seu ser é uma chaga cancerosa, então não vem à Terra por passatempo. Vem para trabalhar, para instruir, para lutar, não exatamente com os homens, mas consigo mesmo. E eu compreendo que venho para lutar comigo. Eu sei que o espírito vive para sempre, não nos céus, nem nos infernos das religiões positivas. Deve viver nos incontáveis mundos que eu contemplo na noite silenciosa, cujas centelhas luminosas me dizem que nessas distantes regiões o caudal da vida tem sua fonte. Como é grande a criação! Em uma gota d'água, e em um planeta há seres que se agitam, que vivem e se amam.

Eu agora quero lutar com minhas imperfeições para viver amanhã. Vivi ontem? Sim, e devo ter vivido muito mal. Por isso hoje escolhi uma mãe sem amor, uma família sem sentimento, uma religião absurda que nega tudo ao homem, que só lhe deixa dois caminhos: ou a apostasia ou o sacrifício. Ou cair em todos os vícios, ou viver no isolamento. O sacerdote de minha religião vem a este mundo buscar duas coroas: uma de flores, outra de espinhos. Usa a primeira todo aquele que satisfaz seus desejos, todos aqueles que consideram as religiões como meios úteis para viver, e empregam seu talento e sua audácia impondo-se aos outros, revestindo-se de púrpura e arminho. E vivem, mas só vivem aqui. Na Terra ficam as honras, seus bens, seus afetos impuros. Tudo fica aqui, e para a vida eterna do espírito não conseguiram adquirir nada, não fizeram mais que perder alguns anos na indolência e na hipocrisia. E eu sou mais avaro que tudo isso. Eu quero, ao sair da Terra, levar alguma coisa. Eu usarei a coroa de espinhos, e as gotas de sangue que brotarem de minhas feridas serão o batismo sagrado que regenera meu ser. Eu pedi para ser sacerdote, e é justo que cumpra meu sacerdócio. Mas vejo meu porvir e sinto frio na alma, muito frio. Que sozinho vou viver, Deus eterno! Eu não tenho mãe, não tenho irmãos, não terei esposa, não terei filhos! Filhos! Quanto teria amado meus filhos! Eu teria velado seu sono! Eu teria brincado com eles! Eu teria me visto em seus olhos! Eu teria escalado o céu se eles me houvessem pedido uma estrela!

Uma mulher! Viver ao lado de uma mulher amada seria viver em um paraíso. Algumas vezes sonho com uma mulher que nunca vi. Como é linda! Branca como a neve, tem os olhos negros como meu porvir, e está triste, muito triste. E é tão linda! Como eu viveria bem ao lado dela! Mas é impossível. O sacerdote da religião a que eu pertenço tem que viver sozinho, é um galho seco no vergel da vida. O voto que o homem faz deve ser cumprido, e eu cumprirei o meu; viverei para os outros. O verdadeiro sacerdócio é cumprir cada um seu dever. Senhor, Senhor, dá-me forças para cumprir fielmente os grandes deveres que me impus. Dá-me o ardor da caridade, o delírio da compaixão, a febre do amor universal!

Eu te prometo, Senhor, que não desejarei nada para mim mesmo. Não me reservarei nem um átomo de felicidade, não exigirei a nenhum ser que me ame, para não transformá-lo em ingrato. Para viver, quero dar luz como a dá o sol; quero dar o perfume do sentimento como as flores dão seu aroma; quero fecundar alguns corações com o orvalho de minhas lágrimas. Eu te peço, Senhor, e tu dás a quem te pede, tu respondes ao que te chama, tu és Deus, tu és a fonte da eterna vida e vida eu te peço.

* * *

Como estou sozinho! Meus superiores se encolerizaram contra mim, e tudo por quê? Porque lhes escrevi clara e simplesmente dizendo que estava decidido a progredir, e, para dar início a minha regeneração, cumpriria em tudo e por tudo o verdadeiro sacerdócio. Amaria as criancinhas, serviria de báculo aos idosos, consolaria os aflitos e aconselharia os atribulados; disse que não queria nada para mim, nem faria nenhum esforço para o engrandecimento da Ordem. Que queria ser um sacerdote de Cristo, pobre e humilde, pois a traça come as ricas vestes, e as virtudes são como o aloé, em cujo tronco os insetos roedores não fazem ninho.

Dizem que devo tremer, me preparar para sofrer todo o rigor de sua ira. Insensatos! Eu não tremerei jamais, saberei sofrer porque sei esperar. Que é para mim uma vida se sei que é minha a eternidade?

Já sei que grandes lutas estão sendo preparadas para mim, e dei início a elas, começando por sofrer os horrores da miséria. Meus superiores me sitiam pela fome; que mal me conhecem! Enviaram um emissário para me tentar, um homem opulento. Um dos grandes magnatas da Terra me pediu quase de joelhos que eu fosse o preceptor de seus filhos e o confessor de sua esposa, e me obrigou a aceitar sua maravilhosa hospitalidade, dizendo-me que eu teria uma família. Eu me sentei a sua mesa quinze dias, mas não encontrei sabor algum em seus ricos manjares. Uma mulher jovem, pálida e triste se sentava junto a mim e carinhosamente me perguntava: Padre Germano, que queres, que doce, que fruta te agrada mais? E com esse prestígio que tem a religião, quatro crianças submissas me diziam: Pede, padre, pede. E um homem sem visão, dócil instrumento de seu confessor, repetia: Padre, eu te encarrego da direção de minha família.

E eu lhe disse um dia:

– Fazes muito mal. O homem que está em seu juízo perfeito não deve abdicar de seus direitos a favor de homem algum.

– É que tu és um sacerdote – disse ele –, e aos ungidos do Senhor pertence a direção espiritual da família.

– E para que estás no mundo? – repliquei eu. – Por acaso não é bastante um pai para guiar seus filhos e um marido para aconselhar sua mulher? Que confessor a mulher pode ter melhor que seu esposo? Quem compreenderá as crianças melhor que seu pai? Que pensas que é um sacerdote? É um homem como os outros, e crê: não o associeis a tua família, pois o sacerdote é um galho seco e, se o enxertares em uma árvore saudável, absorverá sua seiva.

A mulher pálida olhou para mim fixamente, depois olhou para seu esposo e sua fronte corou. E continuei dizendo:

– Serei mestre de teus filhos, mas sem viver nesta casa. Minha permanência em tua morada como chefe da família não me convém. Não quero a chefia, porque não quero afetos que não me pertencem. Como simples preceptor de teus filhos, minha estadia aqui se parece muito à servidão. E eu não vim ao mundo para servir aos ricos, e sim para servir aos pobres. Deixa-me livre como as pombas do céu, deixa-me correr pela Terra buscando os infortunados, pois para eles pedi a Deus para ser sacerdote.

– És um desventurado – disse o magnata em tom furioso.

– Sou um homem que não quer prazeres que lhe são vedados. Aqui eu viveria exclusivamente para mim, e o verdadeiro sacerdote deve viver para os outros.

Naquela mesma noite abandonei o palácio e, ao cruzar uma de suas galerias, a mulher pálida saiu em meu encontro chorando silenciosamente e disse:

– Padre Germano, não nos abandones sem ouvir minha confissão.

– Confessa-ti com teu esposo, senhora.

– Ele não me entende.

– Conta, então, tuas aflições a teus filhos.

– Pobres anjos! São tão pequenos!

– Pois conta-as a Deus, senhora. E ama a Deus sobre todas as coisas, e prestai-Lhe culto cumprindo fielmente teus deveres como mãe e como esposa.

A pobre jovem sufocou um gemido, e senti dó, porque é uma alma muito doente: a infeliz vive sozinha, seu esposo não a compreende nem a ama, e fugi dela porque sei que tem sede de amor e de felicidade, e não é conveniente que aqueles que têm fome de carinho se relacionem e tenham contato com aqueles que estão sedentos e famintos de ternura.

Quando me encontrei na rua, seguido de meu fiel Sultão, respirei livremente. Estava em meu centro, no seio da pobreza, ou melhor, da miséria, pois meu protetor, em vingança por minha rebelião (como ele dizia), disse-me:

– Bem, partireis, mas sem levar dinheiro algum. Os rebeldes não são dignos do pão de cada dia.

– Muitos são os seres que não têm mais patrimônio que a Providência, e esta, deveis saber, não desampara nenhum filho seu.

Saí gozoso de um lugar onde me prendiam triplos laços. E, tranquilo e sereno, dirigi-me ao campo para falar com Deus. A lua me acompanhava. Eu me reclinei em uma pequena colina e mergulhei em meus pensamentos.

Longo tempo estive meditando, e como minha consciência me dizia "fizeste bem", um sonho benéfico fechou minhas pálpebras. E, quando acordei, a pálida luz do alvorecer tingia o horizonte de cor-de-rosa; e, antes de coordenar minhas ideias, pareceu-me ouvir gemidos abafados.

Levantei-me e ao notar que um grupo de amigos e aldeãos ouviam atentamente os gritos que uma mulher soltava em uma cabana, precipitei-me e vi o quadro impressionante: uma mulher jovem, andrajosa, com o selo da morte no rosto, estava penosamente dando à luz. Uma idosa estava sentada a seus pés.

Peguei a mão da mendiga nas minhas, e ela, ao me ver, ficou espantada. Eu a olhei com profunda pena, porque recordei minha mãe, a quem nunca havia visto, e pensei: quem sabe se eu também entrei no mundo sob tão tristes auspícios!

Um grito feriu meus ouvidos. Um menino chorou lamentando, sem dúvida, ter nascido. A idosa o enrolou em seus farrapos e a mãe olhou para mim com esse olhar profundo dos moribundos, na qual se lê toda uma história. Depois de alguns momentos, articulou trabalhosamente esta palavra: "Pai!"

– Pai serei para teu filho – disse eu. – Morre tranquila, pois o verdadeiro sacerdote é o pai dos desventurados. Como te chamas?

– Madalena.

– Tens o nome de uma pecadora. Que teu arrependimento seja sincero como o da mulher que adorou Jesus.

Pegando o menino, apoiei-o em meu peito e o semblante da moribunda se iluminou com um sorriso divino.

– Crês em Deus? – perguntei-lhe.

– Ele te enviou – respondeu ela. E envolvendo-me com um amorosíssimo olhar, estendeu sua mão direita para seu filho, como se quisesse abençoá-lo, e expirou.

Nunca esquecerei o último olhar daquela mulher. Saí da cabana e as mulheres me cercaram, pegando a criança, pois todas o queriam criar. Eu notei um homem jovem que nada dizia, mas lágrimas escorriam silenciosamente por suas queimadas faces.

– Tens família? – perguntei-lhe.

– Sim, senhor, tenho minha esposa e dois filhos.

– Queres, por enquanto, ter mais um filho, que eu, passada a lactação, recolherei?

– Bendito sejas, senhor! Esse era meu desejo. Minha mulher fazendo o bem é feliz.

E duas horas depois deixei o recém-nascido nos braços de sua nova família. Quando vi que aquele inocente estava amparado, que seres carinhosos disputavam para acariciá-lo, senti uma emoção agradabilíssima, fiquei tão feliz, apesar de não possuir nem um tostão, que pensei comigo: "Obrigado, Senhor! A vida do sacerdote não é triste enquanto pode praticar a caridade".

* * *

Como o tempo passa! Já tenho trinta anos! Quantas peripécias em cinco invernos! De quantas calamidades fui vítima e quantas dores sofri na expiação! Mas minhas penas se acalmam quando contemplo meu pequeno André. Pobre criança! Quando lhe falo de sua mãe, chora, e Sultão, quando o vê chorar, distrai-o com suas carícias. Como as crianças e os cães se entendem bem!

Hoje estou muito comovido. O magnata que queria me confiar a educação de seus filhos morreu, deixando-me como tutor e curador de seus filhos, encarregando-me principalmente de velar por sua jovem esposa. E como o melhor modo de os homens velarem pelas mulheres é não se relacionando com elas, nunca falei a sós com ela, ainda mais sabendo que devia a ela o fato de ter voltado a minha pátria. Ela falou com o rei, lançou mão de prestigiosos relacionamentos e conseguiu que seu próprio esposo respondesse com sua pessoa a minha lealdade. A tantos favores eu devia corresponder me afastando o máximo possível dela, nunca permitindo que nos víssemos a sós, sempre acompanhados de seus filhos. Pobre alma! Como viveu sozinha! Ontem me chamou, e como o coração nunca engana, não tomei a precaução de que nossa conferência tivesse alguma testemunha, pois ao condenado à morte se concede tudo que deseja no último dia de sua vida. Por isso concedi àquela mártir falar a sós comigo.

Quando me viu, sorriu tristemente e disse com voz fraca:

– Padre Germano, estou partindo.

– Eu sei.

– Vou sem ter vivido.

– Estás enganada. Todo aquele que cumpre seu dever vive, e tu o cumpriste como mãe e como esposa.

– Não, padre, não. Guardo um segredo e é necessário que o conte a ti.

– Fala, eu te escuto.

– Eu amei um homem mais que a minha vida, e o amo ainda. E esse homem não é o pai de meus filhos.

– E esse amor foi correspondido?

– Não, manteve-se encerrado em meu peito como a pérola na concha.

– Melhor para ti. O amor que não ultrapassa os limites do silêncio, como é um sacrifício, purifica ao espírito.

– E acreditas que não fui culpada?

– Culpado é todo aquele que busca fora de seu lar o belo ideal de sua alma.

– Então Deus não me perdoará?

– Deixarias de perdoar teus filhos?

– Obrigada, padre Germano. – E a doente olhou para mim com um desses olhares que encerram um poema de amor.

– Se compreendes que estás partindo – disse eu gravemente –, que encargos tens que me fazer?

– Que sejas um pai para meus filhos. Pobrezinhos! Como ficam sozinhos! E também gostaria que... – e sua fronte pálida corou; fechou os olhos e exalou um gemido.

– Que queres? Fala! Já não pertences a este mundo. Teu espírito se desenlaça de seu envoltório, tua expiação felizmente está cumprida.

– Gostaria – disse a doente – que dissesses a esse homem quanto... quanto o amei, para que por gratidão pelo menos rogue por mim! Aproxima-te, eu te direi o nome em seu ouvido.

Olhei-a fixamente, com um desses olhares que são uma verdadeira revelação, e disse em tom compassivo:

– Não é necessário que o pronuncies, pois há seis anos o vi escrito em teus olhos. Por isso abandonei teu palácio, por isso me afastei de ti, para que, pelo menos, se pecasses em pensamento, não pecasses em obra. Mas como o cumprimento de meu dever não me obriga a ser ingrato, agradeci teu carinho e me alegro que deixes teu envoltório, porque assim deixarás de padecer. Ama-me em espírito, ajuda-me com teu amor a suportar as misérias e as provas da vida. E agora, adeus, até logo. Vou chamar teus filhos, porque teus últimos olhares devem ser exclusivamente para eles.

A moribunda se levantou com uma força fictícia, estendeu-me sua mão gelada, que por um segundo descansou entre as minhas. Chamei seus filhos e, meia hora depois, quatro órfãos me abraçavam chorando. E eu também chorei, pois ficava órfão como eles.

Agora estou voltando do cemitério e tenho vontade de chorar, de chorar muito, pois me impressionou muito a vista de seu corpo. Naquela cabeça inerte ontem fervilhavam as ideias; ontem havia um pensamento, e esse pensamento estava fixo em mim.

Não é ela a mulher de meus sonhos. A mulher de meus sonhos, que não encontrei ainda, é uma menina pálida cuja fronte está coroada de cachos negros. Mas a alma agradece o afeto que inspira outro ser, e sempre agradeci profundamente o amor desse espírito. Porque o agradecia, fugi de seu lado, pois não existem seduções diante do cumprimento sagrado de um dever.

Inspira-me, Senhor! Dá-me força de vontade para seguir pela senda da virtude. Não quero cair nas tentações da vida, não quero ceder ao influxo de nenhuma paixão, não quero ser um escravo; quero, pelo contrário, que as paixões obedeçam a minha vontade. O sacerdote de minha religião não pode viver para si; tem que viver para os outros; tem que ser instrumento da caridade. Há muitos falsos sacerdotes, há muitos ministros de Deus que profanam seu credo religioso, e eu não o quero profanar; quero praticar dignamente meu verdadeiro sacerdócio.

Clotilde!

Parece um sonho, mas um sonho horrível! Minha mão treme convulsivamente, minhas têmporas pulsam com violência, meus olhos se nublam com o pranto. E choro, sim; choro como uma criança, choro como se houvesse perdido todas as ilusões da vida. E, pensando bem, na realidade, que me resta delas? Nada! Eu também tive meus sonhos e, quando me consagrei ao Senhor, julguei firmemente que, cumprindo Sua santa lei, seria grato a meus superiores, que me amariam e me protegeriam e me impulsionariam para o bem. Eu acreditava, então, que a religião e as religiões formavam um único corpo. Para mim, a religião era o tronco da árvore do progresso. E as religiões os galhos frondosos a cuja sombra a humanidade podia descansar tranquila. Mas ainda não fazia um mês que havia pronunciado meus votos e já estava convencido de meu erro. A religião é a vida, mas as religiões produzem a morte. Sim, a morte. E já não tem remédio, tenho que morrer enrolado em meu hábito, que é meu sudário, pois na verdade veste um corpo morto. Não posso viver neste mundo, eu me asfixio com tanta iniquidade. Senhor, Senhor, como é horrível a vida neste planeta! Eu tremo cada vez que um desventurado vem me pedir que o ouça em confissão, e gostaria de não saber de nada, gostaria até de fugir de mim mesmo, porque minha sombra me causa medo.

Perdoa-me, Senhor, estou delirando porque estou louco de dor. Como é grande minha loucura quando repudio meu progresso! Mas sofro tanto, e o homem é tão fraco, que eu creio, grande Deus, que meu abatimento é perdoável!

Tenho um trabalho imenso diante de mim, superior em muito a minhas desgastadas forças. Como poderei vencer? Impossível! Mas não, nada é impossível diante da firme vontade do homem. Neste momento, sinto que corre por minhas veias uma corrente de fogo, minha cabeça arde, mil ideias luminosas vêm a minha mente e me vejo crescer e agigantar-me, e me vejo grande e forte, e ouço alguém dizendo: vencerás. E minha razão responde: vencerei.

Esta manhã, uma mulher de meia-idade se aproximou de mim na igreja e me disse:

– Padre, tenho de falar com o senhor sem perda de tempo.

– Começa – respondi.

– Aqui não – replicou a mulher assustada –, vamos para muito longe.

Saímos da igreja e andamos longo trecho. Quando ela julgou adequado, parou e, deixando-se cair sobre uma pedra, cobriu o rosto com as mãos e chorou amargamente, dizendo com voz entrecortada:

– Minha filha! Minha pobre filha!

– Que aconteceu? – perguntei.

– Estou louca, não sei o há comigo, e se o senhor não me amparar, meu mal não terá remédio.

E a mulher chorava com verdadeiro desespero.

Apoiei minha mão direita em sua testa e disse com voz imperativa:

– Acalma-te, cessa teu pranto, pois com soluços ninguém se salva, mas com explicações e argumentações, sim.

E acrescentei, sentando-me ao seu lado: – Fala; fala firmemente certa de que, se o remédio estiver em minhas mãos, sua agonia acabará.

– Eu sei, padre, eu sei, por isso vim. O senhor não se recorda, por conseguinte não me conhece.

– Não, mas que importa? Todos os desventurados são meus filhos.

– Eu sei, padre, eu sei. Eu o conheço há mais de vinte anos. Sou a ama de Clotilde, a filha dos duques de San Lázaro. O senhor batizou essa menina, a quem amo mais que a minha vida. – E a mulher começou a soluçar de novo.

– Fazes bem em amá-la, ela é um anjo. – E tive medo de continuar perguntando, porque pressentia algo horrível. Ela prosseguiu:

– Clotilde não devia ter nascido filha desses pais. Deve saber que o duque de San Lázaro é capaz de tudo. Ultimamente, era o chefe de uma conspiração que fracassou, porque Clotilde, indignada de ver as perversas intenções de seu pai, sem delatar o autor ou nenhum de seus cúmplices, avisou o rei para que ficasse atento, porque alguns descontentes queriam atentar contra sua vida. Por esse motivo, o rei mandou prender alguns revoltosos, mas não suspeitou do duque de San Lázaro, por ser este mais esperto que os outros. Clotilde me contava tudo isso, pois sempre fui sua única confidente, porque sua mãe é tão infame quanto seu pai. Ele, que havia tido grandes discussões com a filha, suspeitou que ela pudesse ter avisado o rei. E uma noite (não quero nem lembrar) entrou no oratório onde Clotilde e eu rezávamos e, pegando a filha pelo braço, sacudiu-a brutalmente, dizendo: "Eu sei que foste tu que avisaste o rei". E a menina disse: "Fui eu, porque amo muito meu pai e não posso tolerar que seja um assassino". Ao ouvir essas palavras o duque ficou cego de raiva e, não fosse por mim, matava naquela noite mesmo minha amada Clotilde. Mas de nada serviu salvá-la então, pois a perdi depois; passados alguns dias, levaram-na e voltaram sem ela. Eu me joguei aos pés da duquesa perguntando por minha menina querida, e o duque disse: "Podes dar graças a Deus por não ter tido a mesma sorte que ela, pois tu és tão culpada quanto ela. Minha filha vai ver quem é o pai dela, ninguém frustra meus planos impunemente. Os penitentes negros vão lhe ensinar a obediência que deve a minhas prescrições". Não sei por que fiquei muda, nada respondi e maquinalmente fui para meu quarto, peguei todo o dinheiro que tinha, pensei em meu confessor e logo me lembrei do senhor, e disse: "Ele é melhor". Saí do palácio e segui caminho, e aqui me tem para suplicar-lhe em nome do que mais ama neste mundo que descubra onde está minha Clotilde. Uns dizem que o senhor é bruxo, outros que é um santo. Eu creio que é um padre muito bom, e que não deixará uma pobre menina morrer. Lembre-se de que a batizou. Ela é um anjo, se soubesse! É tão boa!

E a infeliz chorava de um modo que me fazia estremecer. Fiquei tão comovido que nada respondi. Apoiei minha fronte nas mãos e fiquei absorto em tão profunda meditação que não sei quantos minutos permaneci naquele estado. Por fim despertei e estava banhado em suor. Olhei em volta e vi a pobre mulher, que me olhava com ansiedade, dizendo:

– Padre, que tem? Ficou pálido como um defunto. Está doente?

– Sim, estou doente, mas da alma. Mas não te preocupes, acalma-te, pois, ou perderei meu nome, ou Clotilde voltará a teus braços.

E, de repente, levantei-me e me senti forte. Experimentei essa estranha sensação que sinto sempre que tenho que entrar em luta. Vi sombras aterradoras diante de mim e exclamei: "Já sei quem sois, eu vos conheço: sois as vítimas dos penitentes negros. Já sei como haveis morrido. Vós me ajudareis, não é verdade? Aquela pobre menina vos causa compaixão. Ela é tão jovem! Ainda não viu o orvalho de vinte invernos e já deve estar gemendo em um escuro calabouço. Ajudai-me, não é verdade que me ajudareis?" E as sombras se inclinaram em sinal de assentimento.

– Padre – disse a pobre mulher –, que está dizendo? Fala não sei com quem e eu não vejo ninguém.

Essas simples palavras me fizeram voltar à vida real, e eu me sentei na pedra e fiquei a refletir. Porque se o impossível existe é, sem dúvida, arrebatar uma vítima dos penitentes negros, associação poderosíssima, apoiada pelos soberanos, terrível em suas sentenças, misteriosa em seus procedimentos, cujos agentes estão em todos os lugares. Coitado daquele que cair em suas garras! Mais de uma vez seus chefes e eu nos vimos frente a frente. Eu disse a eles o que creio que ninguém lhes disse, e, da última vez que falei com eles, me advertiram: "Se tiveres novamente a ousadia de sair de tua aldeia para espionar nossas ações, conta que será a última; não farás mais excursões, e não esqueças que os penitentes negros cumprem o que prometem".

Que fazer? Que fazer? Lutar e na luta morrer ou vencer. E voltando-me para a mulher, que chorava em silêncio, disse:

– Não chores, espera em Deus, espera em Sua justa lei. O que falta neste mundo são homens de vontade. Tu a tens, e eu também. Pois então, vamos trabalhar pelo bem da humanidade. Hoje vou refletir e amanhã começaremos a trabalhar.

E aqui estou, Senhor. A ama de Clotilde já está na casa de Maria, onde deve permanecer esperando os acontecimentos, e eu a sós contigo, manuscrito querido, perco-me em um mar de confusões.

Quanta iniquidade, Senhor, quanta iniquidade! Essa comunidade religiosa, esses penitentes negros que as pessoas creem ser humildes servos do Senhor, que velam o doente, que tanto ajudam ao lavrador em suas rudes tarefas e o grande político em suas combinações de Estado, quanto esses capitães em suas estratégicas operações. Esses homens que parecem enviados pela Providência são os verdugos invisíveis da humanidade. Onde a ambição decreta a morte de um rei, eles dirigem o braço do assassino. Onde se combina uma vingança de família, eles acendem a tocha da discórdia até que conseguem a consumação do fato. Onde há ouro, vão eles para explorar a mina da credulidade e, enquanto uns obrigam os moribundos a assinarem a carta de doação de uma grande fortuna em favor da ordem, outros enterram os mortos pobres, e eles mesmos cavam sua sepultura, dizendo que assim praticam a fraternidade universal.

Quanta hipocrisia! Quanta falsidade! Isso os torna invencíveis. Não há ninguém que possa acreditar que os penitentes negros são uns exploradores, que são os primeiros egoístas das religiões. Como fazer as pessoas compreenderem essa fraude se os veem em todo lugar, recorrem a eles para que enterrem seus mortos ou os ajudem a lavrar suas terras? Impossível! Porém, é verdade. E o pior é que para lutar com eles não se pode combater frente a frente, que é o que mais me angustia. Para fazer um bem terei que trabalhar cautelosamente, terei que urdir minha trama na sombra, sendo eu tão amante da Luz.

Pobre Clotilde! Quem teria imaginado essa situação quando te trouxeram para que te batizasse, quando em anos sucessivos entravas na igreja e pulavas em meu pescoço dizendo: "Padre, minha mãe disse que não gosta de mim porque sou má. Dize a ela que sou boa para que me ame. Pobre menina! Ainda a vejo, branca, loura e delicada, linda como a primeira ilusão, sorridente com a felicidade, e hoje deve estar em um sombrio e fétido calabouço. Conheço muito bem o duque de San Lázaro, dócil instrumento dos penitentes negros. Eles devem ter-lhe dito: "Dá-nos tua filha, que merece um castigo exemplar por sua delação". Ele, ébrio de ira, deve ter entregado Clotilde sem saber ter assinado sua sentença de morte, porque vejo claramente o plano da ordem. Conheço tanto os penitentes! Farão que o rei dê um castigo exemplar a toda a família do nobre rebelde. Apoderar-se-ão da grande fortuna de Clotilde dizendo que são os tutores da órfã, farão que assine uma doação, e depois, pobre menina! Que horror! E ainda hesito? E ainda tremo? E ainda não pedi ao Senhor que me inspire para evitar um novo crime? Perdoa-me, grande Deus; mas tu me vês, meu corpo está decaindo. Revigora-o, pois preciso dele.

Adeus, manuscrito querido. Passar-se-ão alguns dias até que eu possa te comunicar minhas impressões. Adeus, tranquila aldeia, tu guardas o túmulo da menina dos cachos negros! Senhor, concede-me voltar a este lugar, onde quero que meu corpo se desagregue à sombra dos chorões-salgueiros que se inclinam sobre essa sepultura que encerra a felicidade de minha vida.

* * *

Três meses se passaram. Que dias horríveis! Quanto tive que lutar! Parece mentira quando avalio tudo que consegui! Obrigado, Senhor! Quão bom és para mim! Quantos obstáculos eliminas! Não fosse por teu poder eu não poderia vencer! Tu permites que alguns seres não tenham esquecido os benefícios que lhes fiz um dia. E como a gratidão em ação é o primeiro motor do universo, eu pude obter, auxiliado por um homem agradecido, o que cem reis com seus exércitos não teriam podido alcançar!

Um nobre, um magnata poderoso, há muitos anos me deve a vida, e mais que a vida, a honra e a consideração social, coisa que a mim valeu profundos desgostos produzidos por infames calúnias. Tudo calei para que ele ficasse livre. Companheiro de minha infância, eu o amava com toda minha alma, e lhe dei provas de meu carinho quando tive ocasião propícia. Felizmente, ele não foi ingrato, acaba de me demonstrar.

Eu cheguei à corte sem saber a quem me dirigir, porque os penitentes negros têm espiões e famílias em todos os lugares. Parecem o vento: não há lugar onde eles não penetrem. Lembrei-me de Cesar, e fui vê-lo. Ele me recebeu com os braços abertos e, quando soube da causa que me obrigava a lhe pedir auxílio, não ocultou de mim seu triste espanto, dizendo: "Pedes quase o impossível, e, acima de tudo, pedes tua sentença de morte e a minha. Mas tenho uma grande dívida contraída contigo, e é muito justo que te pague. Faz muitos anos que, se vivo, é por ti. Se morrer agora, terei te devido mais de vinte anos de vida".

E durante dois meses César e eu trabalhamos desesperadamente, revolucionamos o globo inteiro até conseguir saber onde Clotilde estava enclausurada. Tudo aconteceu como eu imaginava: os duques de San Lázaro e seu filho morreram no cadafalso, como exemplo aos traidores, e não coube a mesma sorte a Clotilde porque o general da ordem dos penitentes negros pediu misericórdia para ela, e o rei lha concedeu por consideração ao demandante.

Quanta iniquidade! Isso é horrível! O assassino pediu misericórdia para sua vítima! Quanto sofri, Senhor, quanto sofri! Mas César me dizia: "Tem paciência. Se nos impacientarmos, perderemos tudo. Não te iludas, eles são muitos. Essa associação é como a hidra da fábula: de nada serve que lhe cortem uma cabeça, porque outras mil se reproduzem. O que necessitamos, acredita, é de muito ouro. De outra maneira nada conseguiremos". Eu, pobre de mim, não tinha ouro, mas Rodolfo sim. E graças ao céu ele entrou no bom caminho e pôs à disposição de César seus ricos tesouros, e por fim uma noite pudemos entrar em uma sombria fortaleza, César, vinte homens armados e eu. Cada homem daqueles havia exigido uma fortuna para sua família, porque entrar em uma das prisões dos penitentes negros é arriscar a cabeça, com todas as probabilidades de perdê-la.

Depois de percorrer vários caminhos subterrâneos, debaixo do depósito de água, em um lugar lodoso por conta das constantes infiltrações, distinguimos um pequeno vulto encostado na parede. Inclinamo-nos, e foi muito difícil reconhecer Clotilde naquele esqueleto. César foi o primeiro a reconhecê-la. Eu peguei sua mão, dizendo: "Clotilde, minha filha, vem que tua ama te espera". A pobre olhou para mim com espanto, viu meus trajes e, ao ver meu hábito negro, rejeitou-me com as poucas forças que lhe restavam, dizendo: "Mata-me de uma vez, mas não conseguirás que eu vá contigo, monstro execrável! Eu te odeio, te odeio com todo meu coração! Queres me atormentar como outra noite? Queres que morra novamente de vergonha e de dor? Eu te odeio, entende? Odeio! Maldito sejas!" E a infeliz chorava e ria ao mesmo tempo, e não era possível convencê-la.

César falava, ela o escutava por um momento, mas logo me olhava e dizia: "Estás mentindo! Se não mentisses, não virias com esse homem negro", e a viva força, abafando seus gritos, temendo a cada momento que seus gemidos nos delatassem, por fim saímos da prisão e fomos deslizando como sombras ao longo do bosque até chegar ao vale, onde nos esperavam briosos cavalos, que a galope nos conduziram à casa de um guarda do bosque, fiel servidor de César.

Colocamos Clotilde em um leito e a deixamos aos cuidados da mulher do guarda, que se encarregou de trazê-la de volta à vida, porque a infeliz, dominada pelo terror, emudeceu, e embora não tenha perdido os sentidos, ficou sem movimento.

César e eu estávamos em um quarto contíguo escutando atentamente o que acontecia no quarto de Clotilde. Por fim a ouvimos soluçar; a seguir falou, e por último pediu para ver seus libertadores. César e eu entramos em seu aposento, e a pobre menina, ao me ver, juntou as mãos dizendo: "Perdão, eu estava louca, perdoa-me!"

Infeliz criatura! Parece incrível que um corpo tão frágil como o dela tenha podido resistir a tantos tormentos. Suas revelações foram horríveis, a pluma cai de minha mão e não tenho coragem para fazer um relato delas.

Ficamos alguns dias naquele retiro para que Clotilde se reanimasse um pouco. Depois, disfarçou-se de aldeã e seguimos o caminho de minha aldeia. Chegamos à meia-noite. Rodolfo, avisado de antemão, esperava-nos na avenida de seu castelo, acompanhado de Maria e da ama de Clotilde, que ao ver sua amada menina sentiu tamanha alegria que chegou ao delírio, e até pensei que estava enlouquecendo. Clotilde, por sua vez, apoiou-se em seus braços e se deixou conduzir até o interior do palácio. Quando ficamos tranquilos, certos de que nada de ruim podia lhes acontecer, afastamo-nos das três mulheres e, chamando a atenção de César e Rodolfo, disse a este último o seguinte:

- Rodolfo, graças ao céu antes de morrer começo a ver tua regeneração. Se não fosse por teu generoso desprendimento, Clotilde teria morrido na mais horrível agonia. Hoje ela está livre. Mas de que maneira? Como ave sem ninho. Em minha casa não pode ficar, porque os penitentes negros não perdoariam o que fiz. César vive na corte e não a pode ter a seu lado. O único que pode cuidar dela és tu. Eu a entrego a ti, e tua consciência me garante sua segurança em todos os sentidos.

- Eu juro que lhe servirei de pai - disse Rodolfo solenemente -, e ficará satisfeito comigo. Clotilde e sua ama ficam sob minha proteção, e como sua grande fortuna está em poder dos penitentes e seria loucura fazer reclamações, pois creio que é melhor esquecer esse assunto, eu dotarei a órfã. Está satisfeito comigo?

Minha resposta foi estreitá-lo contra meu coração. Via meu sonho realizado, e naquele momento fui feliz.

Com quanto prazer contemplo Clotilde apoiada no ombro de sua ama! Pobre menina! Quando recordo como a encontrei e a vejo agora, amparada, protegida por um homem poderoso que me diz: "Padre, como é bom ser bom, já não ouço aquela maldita gargalhada, já não vejo a montanha com a trilha de grama seca. Clotilde trouxe a paz a meu lar, minha esposa a ama a ponto de velar seu sono, tudo sorri em volta de mim!"

Quando ouço estas palavras, minha alma também sorri, e sinto toda a felicidade que posso sentir na Terra. Mas as negras nuvens que vejo se amontoar ao longe atormentam meu contentamento. Tenho certeza de que o general dos penitentes virá me procurar. Não tardará, não, pois as batidas de meu coração anunciam sua chegada. Ouço um ruído; alguém está chegando, vamos ver quem é.

Volto a ti, manuscrito querido, depois de ter tido uma conversa com quem esperava. O general da ordem dos penitentes, acompanhado de vinte familiares, entrou em minha pobre igreja, e Miguel, tremendo como se já me visse prisioneiro, jogou-se em meus braços, dizendo: "Fugi!"

– Fugir? – repliquei. – Tu estás louco. Os criminosos é que fogem.

E desci para encontrar meu inimigo. Olhamo-nos e nos entendemos, e sem trocar uma palavra o general e eu subimos a meu aposento. Indiquei-lhe um assento e me sentei em minha velha poltrona, dizendo:

– Que queres? Como deixaste teu palácio para vir até aqui?

O general olhou para mim fixamente e disse com voz irritada:

– Já faz tempo que nos conhecemos, é inútil dissimular. Só podia haver uma pessoa no mundo ousada o suficiente para entrar nos santuários dos penitentes. Onde está Clotilde? Não sabes que a infeliz devia ser severamente castigada por seus crimes e depois consagrada a Deus?

– E que crime essa menina cometeu?

– Delatou seu pai.

– Estás mentindo. Não foi ela quem o delatou. Tu recordaste muito oportunamente que já faz tempo que nos conhecemos. Por conseguinte, a dissimulação é inútil entre nós. Ela deu o aviso, o rei mandou que se fizessem algumas prisões, mas sobre o duque de San Lázaro não recaiu a menor suspeita. Como se era seu favorito? Mas a ordem dos penitentes queria a imensa fortuna do duque, e tu, tu o delataste ao rei, aconselhando-o a matar os três indivíduos da família rebelde para servir de exemplo aos traidores, deixando Clotilde como refém para que assinasse a doação de sua herança. E, depois, coroaste a obra desonrando tua vítima, que por último morreria, porque os mortos não falam.

– Tu também não falarás, miserável! – disse o general, tentando me pegar pelo pescoço.

Mas eu, então, com uma força hercúlea, imprópria de mim, peguei-o pelos ombros e o fiz sentar, ficando em pé diante dele e olhando-o tão fixamente que ele teve que fechar os olhos, murmurando: "É sempre a mesma coisa! Sempre hás de exercer um poder misterioso sobre mim!"

– Não há mistério que valha. Eu te domino porque a luz domina a sombra, porque, embora te vistas de púrpura, tu te arrastas pela Terra como os répteis. Eu, porém, sou muito pobre, mas tenho a profunda convicção de que muitos homens me chorarão quando encherem minha vala de Terra. Lembras? Desde crianças nos conhecemos, juntos empreendemos a carreira do sacerdócio. Tu quiseste o poder e o crime, eu a miséria e o cumprimento de meu dever. E como a verdade só tem um caminho, hoje podes ser dono de um mundo, mas não és dono de ti mesmo. Tua consciência te acusa. Tu sabes que os mortos vivem. E é verdade que tens horas terríveis?

É verdade que olhas com espanto para além do túmulo? Tu e eu temos dupla visão, bem sabes; tu, como eu, vês neste momento sombras ameaçadoras que, apontando para ti com a mão direita, dizem: "Assassino!"

O general tremeu convulsivamente e fechou os olhos.

- Inútil precaução - continuei dizendo. - Que importa fechar os olhos do corpo se restam os olhos da alma? Em vez de vir me pedir contas perguntando o que fiz com Clotilde, deverias abençoar a Deus porque não te deixei consumar um novo crime. Vítimas demais têm essa associação maldita, que para demérito da verdadeira religião sustenta a ignorância dos povos. Mas caireis, e não como as folhas secas no outono, que na primavera voltam a renascer. Não caireis como a árvore centenária cortada pelo lenhador. Vossas profundas raízes serão arrancadas do seio da Terra, serão queimadas e as cinzas o vento espalhará, e nada restará de vós nem na superfície nem nas profundezas da Terra.

- Cala-te, cala-te! - disse o general. - Têm razão de dizer que és bruxo e que Satanás tem tratos contigo; assim creio.

- Tu mentes como um velhaco, bem sabes que Satanás não existe. O que existe é a eterna relação entre os vivos e os mortos. Bem sabes que o homem nunca morre.

- Quem sabe? - murmurou o general.

- Ímpio! Serás capaz de negar a Deus?

- E se Deus existe, como permite tantos horrores?

- Ele não os permite no pobre sentido que se dá a essa palavra. Ele cria o homem e o deixa dono de si mesmo. O progresso é a lei eterna e os espíritos progredirão quando a experiência lhes ensinar que o mal é a sombra, e o bem é a luz.

- E tu acreditas firmemente que há um além? - perguntou-me o general com voz quase imperceptível.

- Se acredito? Desventurado! Como podes duvidar um único segundo? Não te lembras de quando juntos víamos aqueles quadros horríveis, e escutávamos aquelas vozes distantes?

- E se tudo isso foi uma alucinação?

- Alucinação pode ser uma vez, mas não a vida toda. Eu estou firmemente convencido de que os mortos se relacionam com os vivos. O começo de todas as religiões, a que se deve? Às revelações das almas. O que são os grandes sacerdotes? O que são os profetas? O que são os messias senão intermediários entre os espíritos e os homens?

- Disseste espíritos, não Deus? Logo, de certo modo, concordas que Deus não existe - e o general sorriu com amarga ironia.

- Eu disse intermediários entre os espíritos e os homens porque não personalizo Deus. Eu não acredito que Deus, a alma dos mundos, possa ter a forma que a ignorância lhe quis dar. Eu vejo Deus na criação, eu O sinto em minha consciência, eu O adivinho em minha aspiração a um além, eu vivo n'Ele, e Ele vive em mim. Mas Ele não fala comigo; é como o sol. Ele me dá sua luz, me dá seu calor, me dá sua vida. É deste modo que eu compreendo Deus.

– Ou seja, tu não tens a menor dúvida de que há algo além do túmulo.

– Está em tudo, acredita. Tu sabes o que é a vida, essa emanação da suprema sabedoria? E querias enclausurá-la nos estreitos moldes de uma existência cheia de crimes! Crês que se pode nascer uma única vez para viver como tu vives, e como vivem milhões de seres entregues ao desenfreio de todos os vícios? Impossível, uma única existência seria a negação de Deus. Renascer é viver, porque renascer é progredir. E renasceremos. Acreditas que a Terra será sempre uma mansão de horrores? Não. As humanidades se sucederão como se sucedem as ondas, e chegará um dia em que a religião Verdade fará desaparecer todas as religiões impostoras.

"Nós assistiremos a essa renovação, nós veremos amontoadas as pedras dos altares, e os ídolos quebrados nos recordarão o que somos hoje, quer dizer, o que sois vós. Eu me antecipei a esse renascimento, eu estou alguns séculos à frente de vós e sou uma das sentinelas da linha de frente. Não creias que por isso me tenho por sábio ou por virtuoso; não. Mas chorei muito, tu sabes, pois desde crianças nos conhecemos, e vi tanto desequilíbrio em minha vida que só pude pensar e dizer: Eu não nasci agora, eu venho de muito longe e quero ir além. Por isso, no que posso, implanto na Terra a religião da verdade, e por isso digo: 'Penitentes negros, vós afundais no caos. Quereis ouro, quereis poder, quereis ser os donos do mundo, mas não podeis deter o passo da morte, e quando vosso corpo cair na vala, que restará de vós? Uma memória maldita, nada mais. Quanto me compadeço de vós, pobres cegos! Podíeis fazer tanto bem! Sois tão poderosos! Manipulais os monarcas a vosso bel-prazer, as minas de ouro vos oferecem seus veios, muito vos foi dado e, apesar de tudo, sereis por muito tempo os mendigos dos séculos.'"

– Não eu – exclamou o general, levantando-se. – Precisamos continuar conversando; preciso me convencer do que dizes. Que horas tens disponíveis?

– As noites são as melhores para mim.

– Combinado. Eu te confesso que vim com muito diferentes intenções das que levo.

– Eu sei. São muitos os que desejam minha morte, mas são muitos mais os que rogam por mim, e estou plenamente convencido de que, se minha vida foi um prolongado lamento, minha morte será um inefável sorriso e meu porvir uma era de paz.

– Feliz de ti se abrigas essa crença.

– Como não a hei de abrigar? Deus dá a cada um segundo suas obras! Eu cumpri meu dever: amparei os órfãos, evitei a consumação de alguns crimes, sempre difundi a voz da verdade. Como queres que eu espere viver em trevas se as sombras não existem? É o homem quem as forma com suas iniquidades.

- De modo que, se eu quiser, poderei dizer um dia o que tu dizes hoje?

- Quem duvida? Deus não faz os redentores, todos os espíritos nascem iguais. Só o trabalho e a perseverança no bem dão a alguns seres certa superioridade moral, mas esse privilégio não é alcançado por graça, e sim obtido por justiça.

- Eu a obterei um dia.

- Assim seja.

O general me estendeu sua mão direita e por um segundo nossas mãos estiveram em contato, e, confesso, estremeci de horror ao pensar que aquela mão havia assinado mais de uma sentença de morte.

Já estou sozinho. Obrigado, Senhor! Os temores que me assaltavam desapareceram de minha mente como desaparece a névoa diante dos raios do sol. Esse homem tremeu, teve medo de seu porvir, sua conversão é certa.

Quanto tenho a te agradecer, Senhor, que me concedeste tempo para progredir e consegui atrair para mim a proteção espiritual. Porque, se eu não estivesse cercado de espíritos fortes, como poderia, pobre de mim, fazer o que faço? Burlei a vigilância dos confrades dos penitentes. Entrei em suas prisões, arrebatei-lhes mais de uma vítima e, quando o general da Ordem vinha disposto a me estrangular, dominei-o com meus olhos, consegui que me ouvisse, e confio que esse Caim não tornará a sacrificar nenhum de seus irmãos.

E Clotilde recuperará seu vigor perdido, pois lhe darei um esposo para que possa formar uma família. Com é maravilhoso difundir o bem! Quanto consola deixar o pensamento voar, como livre passarinho, de recordação em recordação, e ali ver uma família feliz, mais além um pecador arrependido, do outro lado uma casa de órfãos onde as crianças sorriem entre as flores. E de todo esse bem, de toda essa felicidade, haver sido o motor. Oh, vista sob esse prisma, como a vida é maravilhosa! Quero viver, quero progredir e progredirei.

Lembranças!

Que grande mistério é o homem! Parece incrível que na pequena cavidade de um crânio caibam tantas ideias, alberguem-se tantas lembranças que permanecem mudas anos e anos, e às vezes o menor incidente as desperta.

Guardava uma perfeita recordação de minha primeira infância. E, sem saber por que, sempre fiquei satisfeito deixando de lado os primeiros anos de minha vida. E, neste manuscrito, única herança que deixarei à posteridade, registrei que ignorava quem foi minha mãe, porque minha piedade filial não a queria reconhecer na pobre mulher que eu recordava perfeitamente. Mas hoje, impressionado por uma cena que vi, como se me houvessem retirado uma venda, meus olhos contemplaram novos e dilatados horizontes. Vi claro, muito claro, e creio cumprir um dever deixando transcritas todas as lembranças que se agitam em minha mente.

Muitos são os mendigos que vêm a esta aldeia, porque sabem que nunca lhes falta generosa hospitalidade. E ontem, dentre os que vieram, chegaram um homem, uma mulher e uma criança de uns quatro anos. Não sei por que, mas quando os vi me impressionei. O menino, especialmente, inspirou-me profunda compaixão. Ele é bonito, muito lindo, e em seus olhos azuis está escrita toda uma história. Maria, tão boa e tão compassiva como sempre, acariciou o menino e o apresentou a mim, dizendo:

– Padre Germano, que pena que este inocente tenha que ir rodando pelo mundo! Se o senhor visse como é entendido!

A mãe do menino, ao ouvir essas palavras, trocou um olhar de inteligência com seu companheiro e exclamou com voz gelada:

– Se você tanto gosta de meu filho, pode ficar com ele, se quiser. De qualquer maneira, tenho que me desprender dele, porque bem se vê que não nasceu para ser pobre. Se anda muito, se cansa; se não come, fica doente, de modo que, como diz seu pai, ele nos estorva. Deus faz mal em dar filhos aos pobres, porque, sendo como esse, de nada nos servem.

Maria, satisfeita, aceitou a proposta daquela mulher, sabendo que o menino saía do inferno para entrar na glória. E, sem derramar uma lágrima, aqueles dois seres sem coração seguiram hoje seu caminho sem dirigir a seu filho nem um único olhar de despedida. Mas o menino correu atrás deles, e seu pai se voltou, levantando o grosso pau em que se apoiava. E o menino, diante de sua atitude ameaçadora, retrocedeu e se refugiou em meu hábito, chorando amargamente. Eu, contra meu costume, não admoestei aqueles pais desnaturados. Causavam-me o mesmo efeito que os répteis venenosos, dos quais se foge às vezes sem querer examiná-los, pois causam tal horror, produzem tão invencível repugnância que se prefere o próprio desaparecimento a tudo, até à satisfação de matá-los. E aqueles dois seres me fizeram tanto mal, me feriram com flecha tão certeira que a intensidade de minha dor não me deixou forças para exortá-los e aconselhá-los a mudar de rumo. Deixei-os ir sem lhes dirigir uma única censura. Maria olhou-me com espanto e, pela primeira vez, fugi de seu olhar; entreguei-lhe o menino e disse:

– Acreditas que esses infelizes são os pais deste inocente? Será que não o roubaram?

– Não – respondeu Maria –, este pobrezinho tem o mesmo rosto de seu pai, é seu fiel retrato. E ela me disse coisas que não me deixam dúvida de que é mãe dele.

– Há pais que, depois de ter visto o filho andar, de ter recebido seus primeiros sorrisos, de ter escutado suas primeiras palavras, de ter sentido o calor de seus beijos e o contato de seus braços, depois de ter vivido sua mesma vida, os abandonam. Oh, então, existem seres racionais inferiores aos animais. Afastar uma criança de si no momento que sai do claustro materno é cruel, mas é uma crueldade mais refinada depois de tê-lo visto sorrir. Ah, se o homem da Terra fosse a última obra de Deus, eu renegaria meu Eterno Pai! Como o homem é cruel, Maria! – E com medo de delatar meu segredo, afastei-me da nobre jovem e do inocente órfão, pretextando uma ocupação urgente, e me tranquei em meu quarto, porque precisava ficar sozinho, sozinho com meu ontem perdido, sozinho com minhas lembranças, sozinho com minha dor!

Tudo me foi negado na vida, tudo! Fui tão pobre que não possuí nem o carinho de minha mãe, apesar de que ela deve ter ouvido minhas primeiras palavras, e deve ter visto meus primeiros passos. Eu me envergonho de mim mesmo! Até os criminosos costumam ter uma mãe que os chora quando sobem ao patíbulo, e se eu houvesse subido, minha mãe não teria me chorado. Mas para que continuar escrevendo? Mais vale emudecer. Sou tão velho que já ninguém se lembra de minha infância e meu segredo morrerá comigo. Mas não: eu vim à Terra ensinar a pura verdade. Eu vim mostrar o que os homens ainda tardarão alguns séculos para compreender: que cada ser se engrandece por si mesmo. Não somos salvos pela graça, não, Jesus Cristo não veio nos salvar; veio apenas para nos recordar nosso dever. Morreu para imortalizar sua recordação, para deixar gravadas na mente da humanidade as sentenças de seu *Evangelho*. E tal foi a magia de sua doutrina que as gerações que o seguiram o aclamaram como primogênito de Deus, e ainda acreditaram que, junto com seu divino pai, regia os destinos do mundo. Os homens se julgaram redimidos por haver-se derramado o sangue de um inocente. Ah, se pelo derramamento de sangue vertido injustamente se salvasse a humanidade, os terrestres poderiam ter certeza de habitar o Paraíso. Porque a justiça humana é cega. Mas não, ninguém se salva pelo sacrifício do outro. Cada um tem que comprar sua alforria pagando em boa moeda, na moeda das boas obras, dos grandes sacrifícios, esquecendo as ofensas e amparando o fraco. Cada um cria seu patrimônio e, por ínfima que seja a classe do homem, quando ele quer engrandecer, chega a ser grande, muito grande, quando se compara com seu nascimento e usa todas as forças de que pôde dispor. Tenho a prova em mim, Senhor. Em mim vi resplandecer sua misericórdia. Quem menor que eu? Quem mais desprezado? Porém, os monarcas da Terra escutaram meu conselho, e os sumos pontífices disseram que tenho pacto com Satanás porque descobri todas as suas tramas e mais de uma vez desbaratei seus iníquos planos. Eu... eu, tão pobre, pois são mais os dias que passei fome que os que me deitei saciado. Querer é poder. A vida, a grandeza da vida não é um mito! O que se necessita é vontade. Eu tive essa vontade, por isso vivi livre, por isso me tornei superior a todas as contrariedades que me acossaram. E agora, dominando certo rubor, quero dizer quem sou a essa humanidade que amanhã lerá estas páginas, quero fazer os homens verem que uma alma forte não se abate pela ingratidão nem se vende por nenhum preço.

Antes de viver entre os homens dos hábitos negros, recordo perfeitamente que, sendo eu muito pequeno, vivia em um povoado de poucos habitantes, em um casebre velho e miserável, em companhia de uma mulher jovem que brigava comigo com frequência, a quem nunca chamei de mãe, embora ela me fizesse compreender que eu era seu filho. Mas eu não estava contente com seu proceder. Certa noite, entrou um homem em nossa casa gritando e batendo nos poucos móveis que havia. Minha mãe me apresentou a ele dizendo que abraçasse meu pai, mas eu resisti a isso, e ele, por sua vez, afastou-me com um gesto brusco. Ficou conosco até o dia seguinte, quando partiu. Pouco tempo depois, voltou e conversou muito e acaloradamente com minha mãe, e por último me chamou: "Olha, os filhos dos pobres têm que ganhar o pão. Já completaste cinco anos, de modo que vai ganhar a vida". E ele mesmo me empurrou, até que saí à rua. Minha mãe quis impedi-lo, mas ele a afastou com violência, fechando a porta com estrondo. E aquele ruído me impressionou mais que a ação vil de meu pai. Por mais que pareça impossível, à tenra idade de cinco anos eu já pensava e refletia, e olhava com pena para a mulher que me levou em seu seio quando a via embriagada, o que acontecia com frequência. Então, ao me ver fora daquele casebre preto e sombrio, onde nunca havia recebido uma carícia, mas, ao contrário, maus tratos, especialmente em palavras, não senti dor alguma. Afastei-me tranquilo e fui para meu lugar favorito, à beira do mar, onde passava longas horas. Naquele dia olhei o oceano, que estava calmo, sentindo uma sensação desconhecida, mas agradável. Era como se examinasse meus domínios, e minha contemplação deve ter me deixado satisfeito, porque lembro que me sentei na praia e me entreguei a minha ocupação favorita, que era fazer pirâmides de areia. Ao anoitecer, entrei em uma das canoas velhas que havia na praia e dormi tranquilamente. Vivi cerca de dois anos à beira do mar com os pobres pescadores, que, sem que nunca lhe pedisse uma esmola, dividiam comigo seu preto e pouco pão. Os responsáveis por meus dias abandonaram a aldeia e não sei onde descansam seus restos.

Os pescadores me chamavam de pequeno profeta, porque eu augurava quando haveria tempestade, e meu prognóstico nunca falhava, embora se tratasse de coisas que nem eu mesmo entendia.

Um ano depois de estar sozinho no mundo, cem penitentes negros vieram se estabelecer na velha abadia que coroava a montanha, gigantesca atalaia cujas maciças torres sempre estavam envoltas por um manto de bruma. Algumas vezes os pescadores me mandavam ao mosteiro com os peixes que mais agradavam a comunidade, e sempre que eu entrava naquela mansão sombria sentia uma espécie de repulsa. Quando saía, corria como se alguém me perseguisse, e isso que os pais de meu fiel Sultão, que eram dois lindos cães de Terranova, me acariciavam ao entrar e ao sair. Mas, apesar de tão poderoso chamado, minha aversão aos homens negros podia mais e eu fugia deles. Mas um dia (nunca esquecerei) errei o caminho; confundi um corredor e entrei em um grande salão cercado de estantes onde havia muitos livros, muitos feixes de amarelados pergaminhos e rolos de papiro. Dois monges estavam lendo, e eu, ao vê-los ler, como se aquilo fosse para mim uma verdadeira revelação, aproximei-me do mais velho, toquei seu ombro e, sem medo algum, disse:

– Eu quero ler como vós ledes. Quereis me ensinar? Eu logo aprenderei.

O ancião olhou para mim e seu companheiro lhe disse:

– Este é o menino abandonado pelos pais de quem já vos falei mais de uma vez.

– Não há abandonados no mundo, porque a religião é a mãe de todos – replicou o ancião. – Menino – acrescentou, olhando-me fixamente –, Deus te guiou, sem dúvida, fazendo-te chegar a mim. A madre Igreja te acolhe em seu seio. A partir de hoje viverás na abadia.

- Deixai que me despeça de meus benfeitores - disse eu.

- Logo irás - respondeu ele. E, a partir daquele momento, deixei de fazer minha vontade.

Meus mestres ficaram satisfeitos comigo, embora nunca tenham demonstrado. Jamais me acariciaram nem me castigaram. Minha vida era triste, muito triste, de uma monotonia insuportável. Eu sentia um frio na alma que me matava e só recuperava o alento quando León e Zoa apoiavam sua inteligente cabeça em meus joelhos. Nobres animais! Eles eram os únicos que me acariciavam e que demonstravam alegria ao me ver. Os outros moradores do convento jamais me dirigiram uma palavra carinhosa. Mais de uma vez recordei os pobres pescadores que, em sua rudeza, amavam-me e me ouviam como a um oráculo. Mas eu tinha sede de ciência, eu queria ser um grande sábio e em minha juventude o homem só tinha dois caminhos para engrandecer: o campo de batalha ou a religião. As artes estavam mortas. Virão tempos melhores, nos quais o homem poderá escolher à vontade. Mas, na época, o saber estava nos conventos, e eu queria ser sábio a todo custo, de modo que devorei em silêncio minha solitária infância e minha austera juventude. Todo meu afã era ler, ler sempre, e decorei todos os livros que havia na biblioteca do convento. E ainda fiz a avaliação crítica de todos eles. E aos dezesseis anos pronunciei um discurso refutando todos os silogismos teológicos, o que me valeu uma duríssima reprimenda de meus superiores e a ameaça de horríveis castigos se me rebelasse contra a madre Igreja que havia me acolhido em seu seio quando eu não tinha mais que o pão da caridade.

No ano seguinte, por normas do ensino, tive que pronunciar um novo discurso que me valeu um ano de clausura, seis semanas a pão e água e privação temporária de subir à cátedra sagrada.

Poucos dias antes de celebrar pela primeira vez o sacrifício da missa, o ancião a quem eu havia pedido, quando menino, que me ensinasse a ler, chamou-me a sua cela e me disse:

- Germano, eu te quero muito bem, embora nunca tenha demonstrado, porque a estreiteza e a austeridade da Ordem a que pertencemos não permitem expansões ao coração, e temos que sufocar todos os sentimentos. E isso é o que quero que faças. Tu és uma alma nobre e generosa, perdida pelas dores da juventude. Lembra que, se não refreares teu caráter, poucas auroras brilharão sobre ti. Porém, se servires à Igreja que te serviu de mãe, não esqueças que está reservada para ti a cadeira de São Pedro.[5] Não te proclames livre, porque serás uma folha seca no mundo e, submisso às prescrições da Igreja, todos os soberanos da Terra se prostrarão diante de ti.

- Eu serei fiel à Igreja sem trair meus sentimentos.

[5] Nota da editora: O título de papa.

- Tem em conta que, agindo desse modo, tua vida será o caminho do calvário e estéril teu sacrifício.

- Agradeço vossos conselhos. Eu amo a Igreja e, porque a amo, quero tirá-la do pântano em que vive.

- Tu és um pobre visionário e me inspiras profundíssima compaixão. Quem és tu para reformar uma instituição que os séculos têm respeitado?

- Quem sou? Sou um espírito amante da luz, decidido partidário do progresso.

- Procura não provocar um cisma.

- Eu apenas pregarei a verdade, que é a essência do *Evangelho*.

O ancião olhou para mim fixamente e me disse muito baixinho:

- Germano, meu filho, estás muito perto do fogo. Cuidado para não te queimar.

Outros monges entraram na cela e eu me retirei à minha para começar minha preparação. Alguns dias depois, com inusitada pompa, adornaram o templo da abadia. Os primeiros magnatas e as damas mais nobres da corte compareceram para ouvir minha primeira missa e, quando subi ao púlpito, o geral da ordem me disse, ao me dar a bênção: "Sobes por vossos pés; procura descer do mesmo modo".

Quando ocupei a tribuna sagrada, vi que não estava sozinho. Um monge, de joelhos e com as mãos cruzadas, parecia entregue a profunda meditação. Ao vê-lo senti frio, compreendi as instruções que havia recebido e me prostrei para que a multidão pensasse que estava me entregando à oração. Mas o que fiz foi medir o profundo abismo em que havia caído. Havia pronunciado todos os meus votos, estava separado da grande família humana, consagrado a uma igreja cujas bases afundavam sob meus pés, porque das pedras de seus alicerces brotava um água avermelhada. Examinei seu credo e vi que seu voto de pobreza era falso e que sua humildade era uma máscara de hipocrisia. Levantei-me, olhei a minha volta e contemplei o templo, que tinha um aspecto realmente deslumbrante. Torrentes de luz, nuvens de aromado incenso, homens e mulheres vestindo suas melhores roupas, altos dignitários da Igreja, todos estavam ali reunidos para ouvir a palavra do ungido do Senhor. E aquele homem que a multidão julgava sagrado tinha a seus pés um assassino, que tinha ordem de feri-lo no momento que falasse algo que não estivesse em conformidade com as instruções que seus superiores lhe haviam dado.

Aquela horrível farsa arrasou meu coração. O tema que me haviam dado era a descrição da missão do sacerdote e a imperiosa necessidade que havia de que a sociedade se submetesse a suas prescrições, posto que os sacerdotes eram os escolhidos do Senhor.

Ao ver a apinhada multidão, parecia que enguias de fogo caíam sobre minha cabeça. Um suor gelado intumesceu meus membros. A seguir, uma súbita reação revigorou meu ser e, sem perceber o que estava fazendo, estendi minha mão direita sobre a cabeça de meu mudo companheiro, e ele estremeceu; olhou para mim e, a seu pesar, caiu na parede, fechou os olhos e perdeu a consciência; ficou sem vontade. Então, eu fiquei mais tranquilo e comecei minha pregação, que durou mais de três horas. Que dia aquele, jamais o esquecerei! Atentos a minha palavra, as mulheres da corte se levantavam de seus altos bancos; os homens falavam entre si, os monges me enviavam com seus olhares todas as ameaças do inferno. E eu falava, falava sem interrupção, pois me sentia forte e animado. Foi a única vez na vida que tive todas as classes sociais aos meus pés. Eu estava realmente inspirado! Falei da família, do sacerdócio, da mulher e, por último, do que eram os sacerdotes. Oh! Então, todos os monges se levantaram ameaçadores. Mas eu olhei para eles, estendi minhas mãos, que pareciam de fogo, porque das pontas de meus dedos saíam centelhas luminosas, e exclamei com voz tonitruante:

– Humanidade, estais no erro. Credes que os sacerdotes são homens diferentes dos outros, que estão iluminados pela graça do Senhor, e tal graça não existe, nem tal predestinação. Um sacerdote é um homem como outro qualquer, e às vezes com mais vícios que os demais. Sabeis quem sou? Sabeis a quem estais escutando? Conheço a fábula que circula sobre mim, sei que dizem que dormi em régio leito e que a revelação do espírito santo caiu sobre minha cabeça, e abandonei meu lar opulento para vestir o hábito do penitente. Julgais-me um escolhido, e eu quero que saibais toda a verdade, toda a verdade.

"Fui um mendigo! Fui um deserdado que aos cinco anos se viu sozinho no mundo e durante dois anos vivi da caridade! Depois vi livros, vi homens que os liam e quis ser sábio. Por isso entrei na Igreja, sedento de sabedoria, não de santidade, porque a santidade não existe, a santidade é um mito do modo que vós a compreendeis. O homem sempre sentirá as tentações da carne, porque de carne é seu corpo. Por mais que macere e destroce seu organismo, sempre lhe restará uma fibra sensível à qual cederão, em dado momento, todos os seus propósitos de emenda. E não o acuseis, não o recrimineis. A natureza tem suas leis, suas leis imutáveis, e opor-se ao seu cumprimento é opor-se à marcha regular da vida. E a vida é um rio que desaguará sempre nos mares da eternidade.

"O corpo sacerdotal, do modo como se encontra constituído, nem faz feliz a si mesmo, nem lavra a bem-aventurança daqueles que tudo esperam dos santos conselhos do sacerdote, porque ele vive fora da lei natural, mas acima de todas as leis dos homens está a lei da vida. Contemplai todas as espécies: que fazem? Unem-se, completam-se um nos braços do outro, recebem o pólen fecundante que a natureza oferece. E o sacerdote, o que faz enquanto isso? Trunca com os cilícios e suas aberrações a lei inviolável, ou suscita escândalos cedendo aos apelos da mais desenfreada concupiscência. Para que pronunciar votos que não se podem cumprir, senão à custa de duros sacrifícios? Por que o sacerdote não pode formar uma família dentro das leis morais? Ah, Igreja, Igreja! Tu queres ser a Senhora do mundo e te cercas de escravos! Tu não podes ser a esposa de Jesus Cristo, porque Jesus Cristo amava a liberdade e tu queres a escravidão! Porque todos os teus vivem oprimidos, uns pelas escandalosas violações de seus votos, outros por entregar-se à nulidade; aqueles por serem dóceis instrumentos de bastardas ambições. Nenhum de vós vive livre e gozando dessa liberdade, dessa mansa calma propiciada por uma vida simples dentro do estrito cumprimento do dever.

"Em ti tudo é violento. Dominas, mas dominas pela força. És dona de todos os segredos, mas de que maneira? Penetrando cautelosamente o lar doméstico, surpreendendo com vossas perguntas a menina crédula, a jovem confiante, a idosa frágil. Ah, eu sonho com outro sacerdócio. Eu serei sacerdote, sim, mas não perguntarei a ninguém seus segredos. Eu amo a Igreja que me estendeu seus braços e, por haver me educado, serei fiel a seu credo, por mais que seja absurdo em muitos conceitos, pelas adições e emendas que os homens lhe fizeram. Eu mostrarei que a religião é necessária à vida como o ar que respiramos, mas uma religião lógica, sem mistérios nem horríveis sacrifícios. Eu serei um dos enviados da religião nova, porque, não duvideis, nossa igreja cairá; cairá sob o imenso pesar de seus vícios!

"Vedes essas criancinhas que agora dormem nos braços de suas mães? Pois esses espíritos trazem em si o germe divino da liberdade de consciência. Eu serei sacerdote dessa geração que agora começa a sorrir. Sim, nada quero de vossas pompas. Ficai com vossas mitras e vossas tiaras, vossos báculos de ouro, vossos capelos e vossos mantos púrpura. Eu pregarei o *Evangelho* entre os humildes de coração. Prefiro sentar-me em uma pedra a ocupar a cadeira que atribuís a São Pedro. E já que meu destino me negou uma família, já que me filiei a uma escola que nega a seus adeptos o prazer de se unir a outro ser pelo laço do matrimônio, já que, se hei de viver honrado, hei de viver sozinho, como quero ter minha consciência muito tranquila, cercar-me-ei de crianças, porque as crianças são o sorriso do mundo. Eu sempre direi como disse Jesus: 'Vinde a mim as criancinhas, pois são as limpas de coração.'"

Ao pronunciar estas palavras, algumas crianças, que estavam nos braços de suas mães, levantaram-se e se voltaram para mim. Mas o que mais atraiu minha atenção foi uma menina de uns três anos que repousava nos braços de uma dama da nobreza, que se levantou e me estendeu seus pequenos braços. Eu emudeci por alguns momentos, fascinado com os gestos da menina, que fazia esforços para vir a mim. Falava com sua mãe, gesticulava, apontava para o lugar onde eu estava, e naquele instante esqueci tudo, tudo! Em meio àquela compacta multidão eu só via uma mulher e uma menina.

Que mistérios guarda a vida! Aquela mesma menina foi a que dez anos depois me perguntou, antes de se aproximar pela primeira vez da mesa do Senhor: "Padre, amar é ruim?" Aquela terna criatura que em sua inocência queria atender ao meu chamado foi a que dez anos depois se prostrou diante de meu confessionário, e o perfume dos brancos jasmins que coroavam sua fronte transtornou por um momento minha razão. Aquele anjo que me estendia seus braços era a menina pálida, a dos cachos negros, em cujo coração, desde pequenina, minha voz encontrou o mais doce eco. Quão longe estava eu então de pensar que o túmulo daquela menina haveria de ser meu santuário!

Ao ver que as crianças respondiam ao meu chamado, senti um prazer inexplicável, e prossegui dizendo:

– Vedes? Vedes como as criancinhas já ouvem minha voz? É porque pressentem que eu serei para elas um enviado de paz. Sim, as crianças, os puros de coração, serão os amados de minha alma, para eles será o mundo do amor que meu espírito guarda.

Religião, religião do Crucificado, religião de todos os tempos, tu és verdade quando não te enclausuram nos mosteiros nem nas igrejas pequenas! E falei tanto, tanto, e com tão íntimo sentimento, que dominei por completo meu auditório, e até os penitentes negros pararam de me olhar com ira.

Quando parei de falar, a multidão tomou de assalto a escada do púlpito e me aplaudiu frenética, delirante. Aclamaram-me como enviado do Eterno, porque a voz da verdade sempre encontra eco no coração do homem.

E quem era eu? Um pobre ser abandonado por seus próprios pais. Quem mais pobre que eu? Mas em minha extrema pobreza sempre fui rico, muito rico, porque nunca o remorso me torturou, nunca a lembrança de uma má ação cobriu minha face de rubor. Sempre olhei dentro de mim mesmo e vi que não era culpado.

Obrigado, Senhor! Meus pais terrenos me abandonaram, mas não existem órfãos, porque tu nunca abandonas teus filhos. Eles é que esquecem de ti e vivem na orfandade de seus desacertos.

Pobre menino! Tu trouxeste a minha memória as lembranças de meus primeiros anos; tu me fizeste consignar neste manuscrito os acontecimentos que durante muitos anos tentei afastar de minha mente. E hoje, ao contemplar-te, ao ver que outro ser entrava, como eu, na vida pela senda do infortúnio, eu me senti mais forte e disse: "Eu não fui o único amaldiçoado por seus pais. Este menino é lindo, o amor irradia de seus olhos, e de sua fronte a inteligência, e também a ele foi negado o amor maternal. Já não fui sozinho. Então, por que esconder esses primeiros episódios de minha vida se encerram um útil ensinamento? Pois neles fica provado que o homem é grande só por si mesmo. Eu pude me sentar no mais importante assento do mundo e, aos cinco anos, me encontrei sozinho na Terra, e sozinho do modo mais triste: pela ingratidão daqueles que me deram o ser. Mas, em meu abandono, ao pensar, soube que havia em mim uma centelha da divindade. Quando vi como os homens se tornavam sábios, desejei sê-lo, e refleti: se nada possuis, pela mesma razão deves adquirir sabedoria".

Eu quis viver e vivi, quis ser livre e fui, porque minhas paixões não me dominaram. Sempre acreditei que a felicidade não é um sonho, e é certíssimo que não é. Ninguém teve menos elementos que eu para ser feliz, porém, fui. Ao lado de um túmulo encontrei a felicidade. O homem não é feliz porque só vê o tempo presente. Mas para aquele que acredita que o tempo não tem fim nem medidas que se chamam passado ou futuro, que pressente o infinito da vida, para ele não existem sombras. Por isso não existiram para mim, porque sempre esperei um dia sem ocaso, porque sempre ouvi vozes distantes, muito distantes, que me disseram: "A vida nunca se extingue! Tu viverás, porque tudo vive na Criação!" E diante da certeza da eternidade todas as lembranças tristes se apagam de minha mente; vejo a luz do amanhã e as sombras de meu passado desaparecem diante do sol maravilhoso do porvir.

A água do corpo e a água da alma

Vocês, mulheres felizes, que tiveram a felicidade da fecundidade! Vocês, homens afortunados que se viram renascer em seus filhos! Nunca os obriguem a serem sacerdotes, jamais lhes ocorra dizer-lhes: Consagra-te à Igreja, porque a Igreja não é mãe, é apenas madrasta, e o sacerdote que quer cumprir seu dever é profundamente infeliz. Eu sei por mim.

O homem ou a mulher que se consagra à igreja romana comete um suicídio aplaudido pela sociedade, porque a sociedade em massa parece a multidão em dia de revolução, que grita porque ouve gritar, e pede porque ouve pedir. Mas não sabe por que grita, não compreende o que pede. Do mesmo modo, quando uma mulher entra no convento se diz: "Feliz dela! Abandonou as fadigas deste mundo!" Imbecis! A fadiga, o desejo, o afã o espírito leva consigo, é seu patrimônio. O espírito tem que viver, e ele sente tanto no meio das multidões quanto no canto escuro de uma cela. Não há jejum, não há penitência, não há cilício que esgote as forças da alma. Ela é forte enquanto suas faculdades mentais conservam perfeito equilíbrio. Se as paredes dos conventos falassem! Se suas pedras carcomidas pudessem ir ao local onde as multidões fossem para ouvir o que dissessem as pedras dos mosteiros, seria como se soasse a trombeta do juízo final, como se houvessem chegado os dias do Apocalipse! Tudo seria confusão e espanto! Que revelações horríveis! Que relatos interessantes e patéticos! Que episódios dramáticos e que desenlaces verdadeiramente trágicos!

A mulher, linda flor da vida que cresce formosa na estufa do lar doméstico.

A mulher, nascida para amamentar a criança, para cercá-la de ternos cuidados, para aconselhá-la em sua juventude, para consolá-la em sua velhice. Um ser tão útil pela vontade de Deus, tão inútil se torna no seio de algumas religiões, condenando à esterilidade aquela que é a fonte da reprodução!

E o homem, um ser tão forte e valoroso que leva consigo a emanação da vida, que atravessa os mares, que cruza os desertos, que sobe ao topo das montanhas, que domina as feras, que, com suas invenções e descobertas, utiliza tudo que a natureza lhe oferece, esse ser tão grande que diz com legítimo orgulho: "Deus me fez a sua imagem e semelhança", a que vê reduzido todo seu poderio quando se prostra diante de um altar e põe em seus lábios a hóstia consagrada, e bebe o vinho que simboliza o sangue de Deus? Que é aquele homem? É um autômato, é um escravo, não tem vontade própria. O último mendigo da Terra tem mais direitos para ser bem-aventurado. Ele tem que olhar as mulheres, que são a metade de seu ser, como elementos de tentação. Ele tem que se ouvir chamar de pai sem poder estreitar seu filho contra seu coração, sem poder dizer: "Vede como é lindo! Ele já me reconhece! Quando ouve meus passos ergue a cabeça e se volta para me olhar". Esses gozos supremos, essas alegrias divinas, são negadas para o sacerdote. Quando cede à lei natural, tem que esconder seus filhos, como o criminoso esconde o objeto roubado, deixando cair sobre a fronte daqueles inocentes a mancha de um nascimento espúrio, pois a sociedade tem suas leis, e aquele que vive fora das filas cumpre mal. O prazer ilícito não é prazer, é a febre da alma, e o fogo definha o corpo e exaure o espírito. O sacerdote, gozando das expansões da vida, infringe a lei que jurou, e a infração nunca foi a base dessa felicidade, dessa felicidade nobre, santa e pura que engrandece o espírito que lhe cria uma verdadeira família no mundo espiritual.

Oh, o verdadeiro sacerdote é imensamente infeliz! Igreja, Igreja, que mal compreendeste teus interesses! Tu te cercaste de árvores secas, tuas comunidades religiosas se assemelham a bosques arrasados pelo incêndio, cujas calcinadas raízes não têm seiva para alimentar seus brotos.

Tu infringiste a lei natural, tu martirizaste os homens, tu estacionaste os espíritos, tu te chamas de senhora do mundo, mas teu povo não serve para sustentar teu trono. Teus vassalos se dividem em duas partes: os bons são autômatos, são homens convertidos em dóceis instrumentos, são coisas; e os maus são impostores, são hipócritas, são sepulcros caiados. Ah, por que me filiei a ti? Por que fui tão cego? Porque a solidão é muito má conselheira, e eu vivi tão sozinho! Abandonado por minha mãe, busquei na Igreja o carinho maternal. Mas essa segunda mãe também me rejeitou quando lhe disse o que sentia, quando me proclamei apóstolo da verdade. Ela me chamou de filho espúrio, me qualificou de apóstata e afastou de seu seio como a prostituta afasta o filho que a estorva. Sem dúvida, em outras vidas devo ter sido um mau filho, já que agora me vi condenado a viver sem mãe.

E eu amo a Igreja. Sim, eu a amo, e porque a amo gostaria de vê-la despojada de suas ricas e perecíveis vestes. E não gostaria de ver seus sacerdotes em trajes de púrpura e em marmóreos palácios. Preferiria que habitassem choças; que fossem felizes cercados de uma família amorosíssima, e que seus indivíduos pudessem dizer ao mundo: Este é meu pai, e aquela é minha mãe. E porque disse a meus superiores meus desejos, porque no dia de minha primeira missa me apresentei dizendo a verdade, no dia seguinte à cerimônia o general dos penitentes negros me disse: – Vai embora, foge, porque tua palavra está inspirada pelo inimigo de Deus! Tu recebes inspirações de Lúcifer e não podes estar com os servos do Altíssimo. Mas para que não se diga que tua mãe, a Igreja, te abandona, ocuparás um posto de pároco em uma aldeia.

Antes de ir ao meu destino, sofri o exílio, a fome, a calúnia e, sem saber por que, quando chegou o momento de tomar posse de minha pequena igreja, senti frio. Cheguei ao lugarejo, que estava situado em um vale cercado de altíssimas montanhas, e só se via um pedaço de céu sempre coberto de densa bruma. Ali a natureza não falava à alma, não havia lindas paisagens que elevassem o espírito e o conduzissem à contemplação do infinito. Porém, havia lindíssimas mulheres que guardavam em seus olhos toda a cor azul que faltava naquele céu.

Fui recebido com palmas e ramos de oliveira, e todas as jovens daqueles vales vieram rapidamente me confiar seus segredos. E, ao ouvi-las, ao ver como o fanatismo as dominava, dizendo a um homem jovem que não conheciam aquilo que tinham vergonha de confiar a suas mães; ao ver aquela profanação que o costume autorizava; ao me ver jovem, depositário de tantas histórias, sem outro direito para desempenhar tão delicado cargo além de ser um homem como os outros, cheio de paixões e de desejos, que tremia emocionado diante daquelas mulheres jovens e belas, que me abriam o livro de seu coração e me diziam: “Lede!” Quando eu calculava todo o absurdo, todo o comprometimento daquelas confidências, dizia: “Senhor, não é tua lei que manda isso; impossível! Tu não podes pedir que um coração de carne se transforme em pedra!”

Por que me deste juventude? Por que me deste sentimento? Por que me deste vida, se haverias de me condenar à morte? Isto é insuportável! Isso é superior às frágeis forças do homem. Se o demônio existisse, dir-se-ia que inventou a confissão. Falar com uma mulher sem reticência alguma, conhecer um por um seus pensamentos, sem que ela oculte seu menor desejo; dominar sua alma, regulamentar seu método de vida, e depois, depois, ficar sozinho, ou cometer um crime abusando da confiança, da ignorância de uma mulher, ou ver passar os prazeres e as alegrias como visão fantástica de um sonho.

Eu acredito firmemente que a religião, para ser verdadeira, deve proceder em todos os seus atos em harmonia com a razão, e a confissão não procede, especialmente em indivíduos de sexos opostos em cuja fronte os anos não tenham deixado flocos de neve.

Naquele reduzido lugar estava sufocando. Os costumes deixavam muito a desejar, adoravam a um Deus de barro, cegos pelo fanatismo, e compreendi que eu não era feito para viver com eles. Temia cair, duvidava de minhas forças, e, na dúvida, eu me abstive de lutar. Queria engrandecer meu espírito, queria purificar minha alma, e para isso precisava de mais solidão, menos incentivos. Porque, embora nosso ser sempre se agite, era mais fácil dominar e vencer um desejo que resistir a uma tentação contínua. Não quero a solidão dos anacoretas, porque o isolamento absoluto estaciona o homem, mas também não quero lutar com inimigos cujo número possa me vencer. Para fugir do risco é necessário dominar a situação, conservando com extremo cuidado o perfeito equilíbrio dos nossos sentidos.

Pedi a meus superiores que me transferissem, mas, pelo mesmo motivo que pedi, me foi negado. E eu, então, como se algo me dissesse "Vai embora!", decidi abandonar aquela paragem onde as paixões, a ignorância e a juventude lutavam em toda sua efervescência.

Quando meu rebanho soube que os estava deixando, empregaram todos os meios que o carinho pode sugerir para me deter. Eles me amavam, em especial algumas mulheres, que me amavam em demasia. Chamavam-me de salvador, anjo da guarda. Mas ali eu não vivia, precisava de mais pureza, de mais simplicidade, de mais céu, de mais luz, de mais ar, de mais vida! Aquelas montanhas eram áridas demais. A vegetação daqueles vales, nos quais os raios do sol mal chegavam e após longos intervalos, era frágil e doentia. E eu fugi porque estava sedento, e naquele pobre lugar não havia encontrado nem água para o corpo nem água para a alma. Miguel e Sultão me seguiram, e ambos me olharam dizendo com seus olhos: "Aonde iremos?" E eu lhes dizia: "Aonde houver água, porque estou morrendo de sede".

Caminhamos dias e dias, parando nas aldeias, mas em nenhum lugar eu me sentia bem, e dizia a meus companheiros: "Vamos seguir em frente. O homem tem obrigação de viver, e para viver eu preciso de ar, de espaço e de luz".

Certa manhã, subimos uma montanha e, ao me ver no cume, soltei um grito de admiração. De um lado, o mar murmurava aos meus pés seu eterno hosana, o sol cobria a superfície das ondas com uma chuva de deslumbrantes diamantes e, do outro lado, vales floridos, verdes colinas, alegres riachos que serpeavam por entre as colinas. Mansos rebanhos pastavam ao redor e um enxame de crianças, disputando ligeireza e agilidade com os cabritinhos, corriam uns atrás dos outros, soltando exclamações de júbilo, e os incontáveis passarinhos que faziam ninhos nas folhagens lhes respondiam.

Aquela paisagem encantadora me impressionou tão profundamente que durante um longo tempo fiquei mergulhado em extática meditação. Sultão se deitou aos meus pés, Miguel se entregou ao repouso. Tudo em volta respirava amor e paz. Por fim exclamei, dirigindo-me a Deus: "Senhor, se tu me permitires, gostaria de ficar neste lugar, pois aqui encontro esse algo inexplicável que me faz viver. Uma voz distante me pareceu dizer: "Ficarás". E eu, alvoroçado, disse aos meus companheiros: "Vamos, vamos percorrer essa planície. Naquelas casinhas que eu distingo ao longe parecem viver seres virtuosos". E começamos a descer a montanha.

No meio da descida, sentimos o agradável ruído produzido pela água de um abundante manancial, que formava uma artística cascata, porque nada tão artístico quanto a natureza. Ficamos agradavelmente surpresos e todos bebemos com urgência o melhor líquido que se conhece no mundo, a água, que brotava de uma pedra coroada de samambaias e musgo. Eu me sentei ao pé daquela linda fonte formada pela mão de Deus, dizendo a Miguel: "Bebe, esta é a fonte da saúde. Desde que bebi me sinto melhor. Vamos repousar aqui". Sultão, enquanto isso, reconhecia o terreno.

Meia hora passei entregue aos meus pensamentos, quando vi chegar um pobre homem coberto de farrapos, apoiado em um menino cujo rosto estava desfigurado pelos estragos feitos pela lepra. Quando se aproximou, vi que o mendigo era cego. Infelizes! Quanta compaixão me inspiraram! Chegaram ao manancial e beberam com avidez, retomando seu caminho. Eu os segui e comecei a conversar com o mendigo, que me disse que ia à vizinha aldeia, onde sempre lhe davam bastante esmola, tanto que, às vezes, dava do que sobrava a outros companheiros de infortúnio, pois lá até as crianças eram caritativas. Ao ouvir tão consoladoras palavras, só pude exclamar: "Bendito seja este canto de terra! Aqui se encontra água para o corpo e água para a alma!" E, como se algo providencial respondesse ao meu pensamento, um grupo de crianças nos obstruiu o passo e um deles exclamou, dirigindo-se ao cego: "Demorou muito, bom Tobias. Faz mais de duas horas que te aguardamos. Toma, toma, trouxemos muitas coisas boas". E rapidamente colocaram nos alforjes do mendigo grandes pães, queijos e frutas. E o que mais me comoveu foi que a criança mais velha disse ao mendigo, com voz carinhosa: "Eu levarei sua carga para que descanses, e apóia-te em mim para que teu filho fique livre e possa brincar até que cheguemos a minha casa". O pequeno leproso não se fez de rogado; afastou-se de seu pai e começou a brincar com as crianças e com Sultão, que rapidamente ficou amigo de todos. E em tão agradável companhia entrei na aldeia onde permaneci trinta e sete invernos, e só Deus sabe quantos anos ficarei ainda.

Quando me viram, seus habitantes me falaram com o maior afeto, como se me conhecessem desde muito tempo. E um ancião me disse: "Em que momento oportuno chegais, senhor! O padre desta aldeia está morrendo e, quando morrer, sabe Deus os meses ou anos que este rebanho ficará sem pastor. Somos tão pobres que nenhum abade quer vir até aqui. Jesus amou os humildes, mas seus ministros não querem seguir seus passos".

Naquela mesma noite, o bom padre do lugar deixou a Terra. Eu recebi sua última confissão, e poucos seres vi morrer com tanta serenidade.

Nada mais consolador que a morte do justo! Com que tranquilidade deixa este mundo! Que sorriso mais doce anima seu semblante!

Aquela morte me fez pensar muito, porque parecia um acontecimento providencial. Eu olhava a minha volta e via seres carinhosos, expansivos, mas não fanáticos nem ignorantes, e me pareceu impossível que eu pudesse viver em uma paragem onde havia encontrado água para o corpo e água para a alma. Eu pensava, e dizia: "Senhor! Serei egoísta se ficar aqui?" Mas uma voz distante, muito distante, repetia a meu ouvido: "Não, não és egoísta. Quanto a bens terrenos, aqui viverás tão pobre que serás enterrado por esmola. Não é egoísmo querer praticar o bem, e é prudência fugir do perigo, fugir do abismo onde se tem a certeza de cair. O homem deve sempre procurar viver em uma atmosfera que não o asfixie e que lhe ofereça paz e alegria. O espírito não vem à Terra para sofrer, porque Deus não o criou para o sofrimento. Vem para ensaiar suas forças, para progredir, mas não para manter essas disputas que as absurdas religiões exigem. Faze o bem e no bem viverás. A Terra não é um deserto estéril. Há mananciais de água cristalina para saciar a sede que o corpo sente, e também há rios de virtudes para saciar a sede da alma".

Não tenho a menor dúvida de que os espíritos do Senhor falavam comigo, porque eu sempre duvidei de mim, e sempre vozes distantes, muito distantes, mas bastante perceptíveis, me fortaleceram, me aconselharam dissiparam todas as minhas dúvidas.

Minha única aspiração foi ser bom. Renunciei à felicidade oferecida pelas paixões terrenas porque meu credo me negou formar uma família. Porém, graças ao Senhor, pude viver em um lugar onde encontrei a água do corpo e a água da alma. Entrei em um mundo sedento de amor, e o amor dos desventurados aplacou minha sede.

Na culpa está o castigo

Senhor, se fosse possível que a humanidade vivesse longos anos sem se reproduzir, sem que se visse renascer em seus filhos, que triste seria viver no mundo se não houvesse crianças, se nossos olhares não pudessem se fixar nesses rostinhos cor-de-rosa animados por olhos brilhantes, coroados por abundantes cachos e iluminados por um sorriso celestial!

Nós nos esqueceríamos da harmonia celestial se não ouvíssemos as vozes argentinas das crianças. Como é agradável a conversa das crianças! Quanto, quanto nos instrui! Porque suas reiteradas perguntas nos põem na necessidade de responder a elas, e às vezes nos fazem tão profundas observações que nos vemos obrigados a pensar, porque dizemos: "Esta criança nos vence em penetração". E como o amor-próprio nos domina, não queremos que se diga que uma criancinha sabe mais que nós, e nos apressamos a estudar sobre o assunto que nos perguntou para lhe servir de mestre.

Poderoso incentivo as crianças foram para mim, e a elas devo meus mais profundos estudos em geologia, em mineralogia, em astronomia, em agricultura, em horticultura e em floricultura, porque suas incessantes perguntas me estimulavam a perguntar à natureza.

Como amei e ainda amo as crianças! E esse amor tem sua razão de ser. E como vivi tão sozinho! E como foram amargos os primeiros anos de minha vida! Sua lembrança nunca se apagou de minha mente. Ainda me vejo sentado à beira do mar olhando a água e o céu, sem que uma mãe carinhosa viesse me buscar; eu é que ia ao encontro dos pescadores e lhes oferecia meus serviços para que me dessem um pedaço de pão preto. Como sei com quanta inveja as crianças olham para os seres felizes, procurei sempre ser o padre carinhoso para todas as crianças que ficaram órfãs, ou para aquelas a quem a rudeza de sua família não oferece essa ternura, esse carinho que faz a felicidade daqueles que começam a viver.

Perto de mim não permiti que nenhuma criança sofresse. Por isso as criancinhas sempre me cercaram; foram e ainda são minha escolta. Os habitantes das comarcas, quando veem muitas crianças reunidas, dizem sorrindo: "O padre Germano não deve estar longe". E não estou, efetivamente. Os mendigos e as crianças são meus melhores amigos. Tanto que as criancinhas, quando veem um mendigo, correm para me buscar acompanhados de Sultão e, ao vê-los, não preciso perguntar que querem, pois sei que um desventurado reclama minha assistência, e lhes digo: "Guiai-me, meus filhos". Como ficam contentes quando me deixo conduzir por eles! Um pega meu braço, o outro segura minha capa e, como se eu não conhecesse palmo a palmo todo o terreno que circunda a aldeia, meus guias me dizem: "Por aqui é mais perto". "Por ali é mais longe", "Ali adiante há um lugar ruim de passar". E aquelas infantis e carinhosas precauções me fazem sorrir. É tão bom ver-se amado, e especialmente ver-se querido por almas boas! Porque existem poucas crianças malvadas. A ambição, a profunda avareza não se desperta nos primeiros anos, e as outras paixões que empobrecem o homem só se desenvolvem na juventude. A infância é o símbolo da pureza, excetuando os espíritos rebeldes. Mas as crianças em geral são as lindas flores da vida; o delicado aroma de sua alma purifica a atmosfera deste mundo, tão infeccionada pelos vícios e s crimes dos homens.

Devo as horas mais tranquilas de minha existência às crianças. A terna confiança que elas tinham em mim me dava ânimo para me sacrificar pelo bem da humanidade. Eu dizia: "Se eles fixam seus olhos em mim, preciso lhes dar um bom exemplo", e eu lutava para dominar minhas paixões. E, ao vencer, ao me dominar, eu me apresentava a eles contente, porque assim inoculava em seus ternos corações a seiva da verdadeira vida. A vida sem virtudes é um suicídio lento. Porém, enobrecida pelo cumprimento do dever, santificada pelo amor universal, é o instrumento mais precioso que o espírito possui para seu aperfeiçoamento indefinido.

Oito anos haviam se passado desde minha chegada à aldeia e durante esse tempo eu havia conseguido formar uma grande família. Os idosos vinham me pedir conselho, os jovens me contavam suas aflições e me confiavam a história de seus amores. As crianças, se eu não presenciava suas brincadeiras, não estavam contentes. Por conseguinte, eu havia realizado meu belo ideal, havia formado as sólidas bases da religião que eu ensinava, havia transformado minha velha igreja em um ninho de amor e de esperança.

Certa tarde, estava eu estudando quando vi Sultão entrar em meu oratório. Veio, como de costume, apoiar sua inteligente cabeça em meus joelhos. Depois, olhou para mim e soltou um uivo lastimoso, fechando os olhos. Duas crianças vinham com ele e, ao vê-lo abrir e fechar os olhos várias vezes, começaram a rir, e a maior disse: "Padre, não entende o que Sultão lhe está dizendo? Diz que encontramos uma pobre cega. Vinde, padre, vinde! Esta sim que precisa do senhor, porque está blasfemando, está dizendo aos gritos que Deus não existe. Como essa mulher deve ser má! Não é, padre, que deve ser má?"

Sem saber por que, as acusações daquele menino me fizeram mal, e eu disse:

– Olha, meu filho, ninguém tem direito de julgar o outro.

– Mas se ela diz que Deus não existe... – replicou o menino. – Vá ver, padre.

Saí com meus infantis companheiros e nos dirigimos à Fonte da Saúde, onde encontrei o seguinte quadro: cerca de doze crianças cercavam uma mulher que estava quase nua, com o cabelo solto, os olhos fundos, mas abertos, contornados por um círculo violáceo, roxo, e tinham uma fixação aterradora. Apesar de estar muito magra (pois parecia um esqueleto), viam-se no rosto daquela desafortunada as marcas de sua perdida beleza. Seu perfil conservava a marca da perfeição. Olhei-a atentamente e parecia que uma voz murmurava em meu ouvido: "Olha bem para ela! Não te lembras? Olha para trás". Em minha mente eu ia evocando todas as minhas lembranças, e a voz me dizia: "Mais longe, mais longe ainda". E fui retrocedendo até o pobre casebre onde passei os primeiros anos de minha vida. "Aqui?", perguntei. "Aqui devo parar?" A voz misteriosa não respondeu a minha pergunta, mas as apressadas batidas de meu coração me disseram que entre aquela mulher e eu havia um íntimo parentesco. Entre a infeliz blasfemadora e o padre das almas existia um laço, o laço mais forte que une os seres entre si. Eu era carne de sua carne! Eu era osso de seus ossos! Aquela desafortunada era minha mãe! Não me restava a menor dúvida. Era ela, sim. E se alguma dúvida me restasse, ela começou a maldizer de um modo tão horrível que me fez estremecer, porque me fez relembrar minha primeira infância. Sem conseguir me dominar, um tremor convulsivo se apoderou de meu ser e lágrimas de fogo afluíram aos meus olhos, torcendo seu curso e caindo como lava fervente sobre meu coração. Eu chorava de pena e de vergonha ao mesmo tempo, pois me envergonhava de que aquela mulher fosse minha mãe.

Há momentos na vida em que sentimos tão diferentes emoções que é totalmente impossível conhecer e precisar qual o sentimento que mais nos domina. Mas a pergunta de um menino me fez voltar a mim. Dentre os que me acompanhavam havia um que devia ter de quatro a cinco anos, de grande inteligência, que mais de uma vez me havia surpreendido com suas inesperadas observações. Aproximou de mim e, olhando-me fixamente, perguntou:

– Padre, que faríeis se vossa mãe fosse como esta mulher?

– Amá-la-ia, meu filho – respondi. – A mulher que nos levou em seu seio sempre deve ser vista como um ser sagrado.

– E se blasfemasse como esta?

– Do mesmo modo devemos amá-la. E mais ainda, porque os doentes é que precisam do médico.

O menino, ao ouvir minha resposta, olhou para mim docemente, e em seus lábios se desenhou um sorriso divino. Sempre acreditei que, naquela ocasião, a criança foi intérprete de um espírito do Senhor, que, tendo piedade de meu desvario, me enviou um de seus anjos para me recordar meu dever.

Aproximei-me de minha mãe, que dava gritos ferozes. Apoiei minhas mãos em sua cabeça e, com o contato, ela estremeceu. Quis fugir, mas não pôde: suas pernas fraquejaram e estava prestes a cair quando a segurei e a sentei em uma pedra.

– Quem me toca? – perguntou com tom irado.

– Um ser que se compadece de ti e que deseja lhe ser útil.

– Então – disse, dulcificando a voz –, levai-me a um deserto onde se possa morrer de fome e de sede, porque eu quero morrer e não consigo.

– E por que quereis morrer?

– Para não padecer e não cometer mais crimes.

As palavras de minha mãe pareciam agudas flechas envenenadas que se cravavam em meu coração, e eu gostaria que nem as árvores a houvessem escutado. Por isso disse-lhe rapidamente:

– Tens forças para andar?

– Por quê?

– Para levar-te a um lugar onde possas descansar.

– Mas eu não quero descansar, quero morrer, porque meus filhos me atormentam.

– Teus filhos te atormentam?

– Sim, sim, estão aqui, aqui. Leva-me aonde eu não os veja!

E a pobre mulher se levantou assustada. Mas a fraqueza produzida, sem dúvida, por um jejum prolongado a impediu de dar um único passo. Eu a segurei em meus braços e ordenei às crianças que corressem à aldeia para buscar homens com uma padiola para colocar a pobre cega. Todos correram, mas como a Fonte da Saúde fica muito longe da aldeia, levaram um longo tempo para voltar, e eu tive tempo de torturar minha mente com os mais horríveis pensamentos.

Minha mãe ficou mergulhada em uma letargia profunda. Reclinei sua cabeça em meus joelhos, cobri seu corpo com minha capa, e pensei: "Eis aqui as consequências de um crime. Se esta mulher houvesse sido boa, se houvesse me amado, eu a teria querido tanto, tanto! Minha mãe! E aprendendo uma arte ou um ofício, eu a teria sustentado com o fruto de meu trabalho e, formando uma família, meus filhos teriam sido a alegria e o alívio de sua velhice. Porém, com seu abandono, eu me condenei a viver morrendo. E ela, quanto deve ter sofrido! Quantos desacertos devem ter atraído sobre sua cabeça enormes responsabilidades! Bem se compreende que na culpa está o castigo! Eu fiquei mais desamparado no mundo que ela, porém, à custa de sacrifícios, cerquei-me de uma família numerosa; sou ministro de uma religião e difundo a moral de Cristo. E ela! Nem é preciso perguntar como viveu, pois seu estado deprimente demonstra. Ah, Senhor, Senhor, inspira-me! Quero perdoar como tu perdoaste, quero amar esta desafortunada para devolver bem por mal, pois só praticarei tua lei!"

Que hora solene a do crepúsculo vespertino! A natureza diz ao homem: "Ora!", e a alma mais rebelde sente uma emoção inexplicável e, se não pensa em Deus, pensa em seus mortos e roga por seu eterno descanso.

Por fim as crianças voltaram acompanhadas de vários homens, que transportaram minha mãe até a aldeia e a levaram a uma casa que servia como hospedaria para os mendigos e como hospital para os doentes, em particular para as mulheres, pois os homens costumavam se hospedar na reitoria e em meu oratório, porque nunca permiti que uma mulher ficasse nele.

Minha pobre mãe, quinze dias depois, estava irreconhecível. Seu corpo, perfeitamente limpo, estava bem agasalhado; seus emaranhados cabelos estavam cuidadosamente penteados e presos dentro de uma touca mais branca que a neve. Muito bem alimentada, repousava tranquila, mas de vez em quando se exasperava e pedia que a levassem a um deserto para morrer de fome e de sede.

As boas mulheres que cuidavam das doentes sem dúvida devem ter lhe falado muito bem de mim e a devem ter aconselhado a fazer uma confissão geral para aliviar sua consciência, porque certa manhã a vi entrar na igreja guiada por um menino. Saí a seu encontro e ela me pediu que a ouvisse. Levei-a ao meu aposento, fiz que se sentasse em minha poltrona e disse:

– Podeis começar.

– Tenho medo de falar.

– Por quê?

– Porque fui muito má e, quando souber quem sou, o senhor me expulsará daqui. E, embora às vezes queira morrer, agora me sinto tão bem que temo perder este abrigo. Fazia tanto tempo que não dormia sob um telhado!

Como eu sofria ao ouvir suas palavras! Mas me recompus e disse:

– Não tenhas medo de perder a franca hospitalidade que aqui encontraste. Eu, como sacerdote, tenho a obrigação sagrada de amparar os desvalidos, e ninguém mais desamparado que um cego quando reúne, como tu, a cegueira do corpo e a cegueira da alma. Eu te juro que nem um dia, enquanto estiveres na Terra, padecerás fome ou sede. Fala, pois, sem temor.

Então, minha mãe falou, e seu relato foi tão horrível que, embora haja se passado muito tempo, tanta impressão me causa recordá-lo que não tenho coragem para passá-lo ao papel. Só direi que tive dez irmãos e todos foram abandonados, uns ao nascer, outros quando ainda não podiam nem andar. Eu fui o mais afortunado de todos. Ao saber que outros seres haviam dormido no mesmo claustro materno onde eu passei as primeiras horas de minha vida, tentei ver se poderia encontrar alguns deles, mas foi tudo inútil, pois minha mãe não recordava nem lugares nem datas. A única coisa que recordava era a data de meu nascimento, como se a Providência quisesse me mostrar todas as provas para que eu não duvidasse de que aquela infeliz era minha mãe.

Ao falar de mim, ela dizia:

– Padre, ele se chamava como o senhor: Germano. Que haverá sido dele? Pobrezinho! Era muito humilde e sofrido. Embora sentisse fome, nunca me pedia pão. Não era rancoroso nem vingativo, e isso que eu o atormentava, porque não o amava. Padre, por que será que não vejo esse e os outros dez vejo constantemente, me ameaçando e se transformando em répteis que se enroscam em meu corpo? Aqui estão, aqui! – E começou a chorar com tão profundo desconsolo, dando uns gemidos tão lancinantes que meu coração se despedaçava, e só pude atrair sua cabeça contra meu peito e chorar com ela. Eu lhe teria dito: "Abraça-me, sou teu filho!", mas temi dar-lhe uma emoção violenta demais e, além do mais, parecia-me ouvir uma voz distante que dizia: "Espera, espera!" E esperei.

Que luta horrível mantive durante meses! Pus minha mãe na casa de uns aldeãos, onde a tratavam com o maior carinho e onde ela, quando ficou boa e forte, começou a fazer grandes abusos que serviram de pedra de escândalo para os bem-criados habitantes da aldeia. Ela se embriagava diariamente, cometia todo tipo de excesso, pervertendo vários jovens. Os idosos vinham me contar os escândalos, nunca vistos naquela localidade. Eu admoestava minha mãe, mas não me atrevi a lhe falar com dureza, e aquele espírito precisava de firmeza para obedecer. Quando lhe falava com ternura, seu viciadíssimo pensamento dava a minha tolerância a mais fatal interpretação. E, ao ver aquele ser tão impuro, eu me desesperava e pensava: "Maldita, maldita seja a hora que dormi em teu seio!" Mas imediatamente me corrigia: "Perdoa-me, Senhor! Quando tu ma deste como mãe, me impuseste a obrigação de respeitá-la, de protegê-la, de amá-la, de acariciá-la. Ela é minha mãe! Não tenho direito a repreendê-la". E a admoestava, mas com a maior doçura. Ela me escutava, às vezes eu conseguia comovê-la, e ela chorava e me falava de seu filho Germano.

Eu, aproveitando um dia seu enternecimento, disse que sabia algo de seu filho. Inventei uma história dizendo que seu filho era colega meu, que também era sacerdote e que, se ela se emendasse, o estreitaria em seus braços um dia. Esta promessa rapidamente produziu um resultado favorável. Alguma coisa falava em seu coração e, dando-me um estreito abraço, prometeu que não se embriagaria mais.

Mas aquele espírito, dominado pelos mais grosseiros instintos, voltou a cair na mais impressionante e escandalosa degradação, e até às crianças fazia vergonhosas propostas. Minha inusitada tolerância causava a todos a mais profunda surpresa, porque estavam acostumados a minha severidade e retidão, e minha pobre mãe se tornou tão detestável por conta de sua imoralidade que compreendi perfeitamente que meus fiéis começassem a me olhar com certo receio, acreditando que algum afeto impuro me unia àquela desafortunada.

Como lutei naqueles dias! Havia momentos em que me decidia a dizer em voz alta: "Esta é minha mãe! Por isso não a posso tratar com severidade". Mas logo via se desfazer em um segundo meu trabalho de oito anos. Para se impor a uma multidão é preciso se mostrar superior a ela, e quando essa superioridade desaparece, tudo que se faz é inútil. Depois pensava: "Caso continuem me amando e respeitando, e em consideração a mim tolerem e ainda se compadeçam de minha mãe, com seus vícios dou um mau exemplo. Eu poderei tolerar os abusos de minha mãe, mas não tenho direito de mortificar nem escandalizar os outros com eles".

O homem se deve a seus semelhantes, não a suas afeições exclusivas. Os habitantes desta pequena aldeia são minha família espiritual e meu dever é velar por seu repouso. Se minha mão direita lhes dá escândalo, devo cortá-la. Porque entre a torpe satisfação de um só e a tranquilidade de muitos, sempre se deve preferir a maior soma de bem. O homem nunca deve pensar em si mesmo, e sim nos outros. Eu me sinto fraco para corrigir minha mãe. Quando ela vem e fala comigo, meu coração acelera suas batidas, mas eu me desespero porque sei que ela seria capaz de tudo, até de cometer um incesto. Porque, ao me falar de seu filho, sempre me pergunta algo que me machuca.

Que desgraça a minha! Por fim, não tive mais remédio que escrever a um amigo meu, sacerdote, encarregado da enfermaria de uma associação religiosa, para que, na qualidade de doente, minha mãe fosse internada e submetida a um regime curativo, único meio de dominar seus vícios.

Quando minha mãe soube que tinha que abandonar a aldeia para ir para uma casa de cura, ficou exasperada. Mas eu consegui acalmá-la falando de seu filho Germano, e, acompanhada por seis homens, ela saiu da aldeia montada em uma pacífica égua guiada por um jovem e vigoroso aldeão. Quando a vi partir, acompanhei-a até a Fonte da Saúde e fiquei um longo tempo mergulhado na mais dolorosa meditação. Toda minha vida havia suspirado por minha mãe e, quando a encontrei, seus vícios e sua desenfreada libertinagem me impediram de tê-la ao meu lado. Ela foi o espírito mais rebelde que conheci. Eu dominei homens cujos instintos sanguinários chegavam até a crueldade mais inconcebível, mulheres depravadas tremeram diante de mim e de muitas consegui um verdadeiro arrependimento. Mas sobre minha mãe, a mulher que eu teria querido transformar em uma santa, não tive poder algum. Será talvez um castigo? Será que acreditei, talvez, em um momento de loucura, que eu tinha o poder dos anjos bons? Se tive esse orgulho, justa e merecida foi minha humilhação. Mas que humilhação dolorosa, meu Deus! Mas não, não é isso. Eu sempre reconheci minha pequenez.

Ao ver minha mãe, não recordei que aos cinco anos me abandonou; esqueci seus maus tratos e pensei: "Esta mulher me deu o primeiro alento e, quando criancinha, quando comecei a sorrir, alguma vez deve ter me dado um beijo e deve ter dito: 'Como és lindo, meu filho!.'' E, ao pensar nisso, meus olhos se enchiam de lágrimas e eu prosseguia, dizendo: "O filho deve obediência ao pai" e, se houvesse podido, eu a teria servido de joelhos".

Às vezes vinha dominada pela embriaguez, e eu, que tanto odiei esse vício, ao vê-la lhe dava um calmante, tentava apagar as pegadas de seu extravio e lhe dizia em tom suplicante: "Prometa que não o farás mais!" Ela não compreendeu que eu era seu filho porque estava cega. Porque, se seu olhar se houvesse cruzado com o meu, oh, então, minha negativa teria sido inútil. Meus olhos lhe teriam dito o que meus lábios calavam.

Que luta, Senhor, que luta! Passaram-se muitos dias e por fim os seis aldeãos que haviam ido acompanhar minha mãe voltaram. Ao vê-los, pressenti uma desgraça, porque vinham graves e silenciosos. O mais velho disse:

– Padre, o senhor nos conhece e sabe que suas prescrições são para nós um preceito da santa lei. De modo que atendemos à pobre cega como se fosse nossa filha. Com dez dias de viagem, uma tarde paramos diante de um desfiladeiro para descansar um pouco, e, coisa rara, a égua Corinda, que era mansa como um cordeiro, empinou, deu um bote, arrebentou a rédea e saiu a galope, pulando montes e precipícios, e a cega, agarrada às crinas, açulava a cavalgadura para que corresse. Fomos atrás dela, mas logo nos convencemos de que tudo era inútil, porque ela desapareceu de nossa vista em muito menos tempo do que utilizamos para lhe contar. Quatro dias passamos por aqueles meandros, mas, como não é possível descer ao fundo daqueles abismos, não conseguimos encontrar seus restos. O senhor diz que o diabo não existe, mas parece obra dele o que nos ocorreu.

Eu não soube o que responder àquele relato. A dor e o remorso me fizeram emudecer e me obrigaram a deixar-me cair em meu leito, onde permaneci muitos dias entre a vida e a morte. Eu dizia: "Se ela houvesse ficado aqui, talvez não houvesse morrido. Por outro lado, eu via que era totalmente impossível, porque o homem que se consagra ao sacerdócio tem obrigação de velar pelo povo que se põe sob seu amparo e deve evitar tudo que seja pernicioso a sua grande família".

Que fazem os pais? Não afastam seus filhos das más companhias? Algumas prostitutas trancam suas filhas em um convento para que não se contagiem com o vício da mãe. Alguns bandidos escondem de seus filhos seu modo de viver para que eles vivam honrados na sociedade. Então, eu cumpri meu sagrado dever, afastando da aldeia aquela que era pedra de escândalo, que pervertia jovens e crianças. Mas aquela mulher era minha mãe! Eu nunca a vi sorrir, mas imagino que um dia, olhando para mim, deve ter sorrido. E como o sorriso de uma mãe é o sorriso de Deus, eu sonhava ter sido alvo de um desses sorrisos, e chorava sem saber definir meu sentimento.

Restou-me uma melancolia tão profunda que nem as crianças conseguiam me distrair, e não sei se teria sucumbido se um grande acontecimento não houvesse dado nova guinada a minhas ideias.

Ano e meio depois da morte de minha mãe, conheci a menina pálida, a dos cachos negros, aquela que quando era pequeninha queria vir para mim, atraída por minha voz, quando eu dizia: "Vinde a mim as crianças, que são as limpas de coração!"

Ah, quando me perguntou: "Padre, é pecado amar?", fechei os olhos e disse: "Por que não vem um raio e destrói a nós dois?" Depois os abri, olhei, pensei nos habitantes de minha aldeia e pensei assim: "Eles seguem meu exemplo e eu devo cumprir meu dever. Quero fugir da culpa, porque nela está o castigo". E, graças a Deus, minha família universal não teve dessa vez que se envergonhar de seu pai. Sofri, lutei, despedacei meu coração, mas venci, dominando minhas paixões, que é o que o homem deve tentar dominar primeiro. Se o homem não é dono de si mesmo, não espere ter força moral; esta se adquire quando se ensaia sua força dominando seus desejos, porque então convence as multidões. Não com vãs palavras, mas com fatos que têm a eloquência de uma demonstração matemática. Os fatos entram nas ciências exatas, sua verdade inegável convence até aqueles que são incrédulos por sistema.

O último canto!

Irmãos meus, vejo com prazer que leem com afã as memórias de um pobre sacerdote a quem conhecem sob o nome de padre Germano. Admiram o que vocês chamam de suas virtudes e que, na realidade, não foram nada senão o estrito cumprimento de seu dever. Não pensem, filhos meus, que fiz nada de particular; fiz o que deveriam fazer todos os homens. Dominei minhas paixões, que são nossos mais encarniçados inimigos. Isso lhes demonstrará que são injustos quando dizem que o clero está despossuído de boas qualidades. Em todos os tempos houve excelentes sacerdotes. Não lhes negarei que foram os menos, e que a maioria cedeu às tentações da malícia, da ambição, da concupiscência. Mas não digam nunca que as religiões foram nocivas à sociedade, porque as religiões, em princípio, são todas boas, todas encaminham o homem à abstenção de todos os vícios. O fato de seus ministros não obedecerem a suas prescrições é outra coisa; mas o preceito divino sempre é grande. Tomem exemplo em sua liberdade: vocês dizem que a liberdade é a vida, porque é a ordem, é a harmonia. Porém, quanto sangue regou a Terra, derramado em nome da liberdade! Quantos crimes foram cometidos! Quanto se escravizaram os povos! Pois do mesmo modo as religiões foram a tocha incendiária quando foram criadas para pacificar e harmonizar as raças. Os sacerdotes tiveram nas mãos a felicidade deste mundo, mas foram homens sujeitos a desejos, a veleidades, deixaram-se seduzir, cederam à tentação, e poucos, muito poucos, souberam cumprir seu dever.

Eu, se cumpri todos os meus juramentos, não pensem que foi por virtude; é que chega um momento decisivo em que o espírito, saturado de si mesmo, decide mudar de rumo, porque já está (fazendo uso de sua linguagem) cansado de sofrer. Já não pode mais, e diz: "Senhor, quero viver". E como querer é poder, o espírito começa a dominar suas paixões, emprega sua inteligência em um trabalho produtivo. E aí começa a regeneração;

e quando muitos espíritos em uma nação estão animados por esse grande sentimento, vem essas épocas brilhantes de verdadeira civilização, de invenções maravilhosas, de mágicas descobertas. Se um espírito animado de um bom desejo pode servir de consolo a cem indivíduos, calculem se milhões de espíritos quiserem ser úteis a seus semelhantes, quanto bem poderão fazer. É quando veem as rochas transformadas em terra produtiva, os desertos em aldeias cheias de vida, os assassinos em missionários, as prostitutas em irmãs de caridade. O homem é o delegado de Deus na Terra, e vejam como a pode transformar.

Quando estive em seu mundo, havia poucos espíritos animados de bom desejo. Foi uma época de verdadeiro desconcerto, por isso minha conduta chamou mais a atenção, e quando morri me chamaram de santo. Mas, acreditem, estive muito longe da santidade, porque eu concebo que o homem santo deve viver em uma calma perfeita, sem nunca ter nem uma sombra de remorso. E eu, além da luta que travei quando minha pobre mãe esteve na aldeia - luta terrível, indecisão fatal que ainda às vezes me atormenta –, nos últimos meses de minha estadia na Terra estive dominado por um remorso, mas por um remorso horrível, e minha hora derradeira teria sido assustadora se Deus, em sua misericórdia suprema, não me houvesse deixado colher o fruto de um dos meus grandes trabalhos, que foi a conversão de Rodolfo, espírito rebelde a quem amei e amo com um amor verdadeiramente paternal. Se não fosse por ele, nos últimos instantes de minha vida terrena eu teria sofrido espantosamente. Quanto bem me fez então!

Quero lhes dar todos esses detalhes, porque desejo me apresentar a vocês tal qual sou. Não quero que me julguem um espírito superior, pois estive longe disso. E a mãe que tive de escolher, pelas condições dolorosíssimas de minha vida, devem compreender que tinha grandes dívidas para pagar. Mas empreendi uma verdadeira busca pelo progresso, uma vontade forte empregada no bem. Essas foram minhas únicas virtudes, se virtudes se podem chamar meus ensaios de regeneração.

Alguns de vocês chegaram a esse momento decisivo, querem começar a viver, e como precisam de ensinamento, eu lhes darei todas as instruções que me sejam possíveis, eu lhes contarei os gozos inefáveis que as boas obras que fiz me proporcionaram, e os sofrimentos que me ocasionou deixar-me dominar um instante por certa influência espiritual. Estejam sempre de sobreaviso; perguntem-se constantemente se o que hoje pensam está em harmonia com o que pensavam ontem. E se virem uma notável diferença, devem estar em guarda e recordar que não estão sozinhos, que os invisíveis os cercam e estão expostos a suas espreitas. Eu, uma vez, fui fraco, e lhes asseguro que meu fatal descuido me custou muitas horas de tormento.

Um ano antes de deixar a Terra, estava uma manhã na igreja. Era início do outono e eu estava triste, muito triste. Meu corpo se inclinava para o túmulo, meu pensamento estava decaído, via aproximar-se a hora de minha morte, e como durante minha vida não havia feito mais que padecer, sendo vítima de constante contrariedade, mesmo tendo certeza absoluta da vida eterna e da individualidade de minha alma, como na Terra o horizonte que nossos olhos abarcam é tão limitado eu dizia com profundo pesar: "Morrerei sem ter vivido! Em tantos anos, só algumas horas pude contemplar o rosto de uma mulher amada. Mas que contemplação dolorosa! Ela com as convulsões da morte! Meu amor querendo salvá-la e meu dever dizendo: 'Leva-a, Senhor; afasta de mim essa tentação!' Eu que teria dado mil vidas pela dela, tive que me alegrar com seu falecimento. Que alegria amarga! Resta-me o infinito. Mas agora, agora não posso recordar nada que me faça sorrir!" E eu me sentia desfalecer.

Tenho observado que o espírito se prepara com tétricos pensamentos quando vai cometer uma má ação. E, da mesma maneira, quando vai fazer um ato meritório parece que tudo lhe sorri. Sentimo-nos contentes sem saber por que, e é por que almas benéficas nos cercam, atraídas por nossos bons pensamentos.

Quando nos empenhamos em ver tudo negro, atraímos espíritos inferiores com a intemperança. E eu, naquela manhã, estava triste, muito triste. Estava farto de tudo e queria orar e não podia. Queria evocar alguma recordação agradável e só surgiam em minha mente dolorosas reminiscências. Quando mais preocupado estava, ouvi barulho de cavalos que pararam em frente à igreja; ouvi muitas vozes confusas e, por último, vi uma mulher entrar no templo, dirigindo-se a mim. E eu, em vez de sair a seu encontro, retirei-me com expressão sombria e me sentei em um confessionário, disposto a evitar todo tipo de comunicação. Mas a mulher me seguiu e, ao se aproximar, exclamou:

– Padre Germano, é inútil que se afaste de mim. Venho de muito longe para falar com o senhor. Já me conhece e sabe que, quando eu quero uma coisa, consigo. De modo que sua resistência é inútil.

E se ajoelhou diante do confessionário. Mas com uma expressão hostil, insultante, seu corpo se dobrou por puro formalismo, pois se via que estava disposta a empregar a força para conseguir seu desejo.

A voz daquela mulher crispou todos os meus nervos e me irritou de tal maneira que transformou por completo meu modo de ser. Eu a conhecia havia muitos anos e sabia que era um réptil que se arrastava pela Terra e que havia causado mais vítimas que cem batalhas. Sabia que, quando uma mulher desonrava o nome de seu pai, ou de seu marido, e sua desonra se tornava visível, chamavam a harpia, davam-lhe um punhado de ouro e ela se encarregava de estrangular o terno ser, fruto inocente de ilícitos amores. Sabia que ela havia seduzido muitas jovens e as havia levado aos braços da prostituição. Sabia que aquela mulher era pior que Caim. Sabia tantos detalhes, e detalhes tão horríveis de sua vida, que, todas as vezes que se havia posto em meu caminho, fugi dela, sentindo uma repugnância invencível. E, ao vê-la tão perto de mim, eu me exasperei e lhe disse furioso:

– Pouco me importa que venhas de muito longe. Nada quero ouvir que se relacione contigo, nada, entendes bem? Pois, vá daqui e deixa-me em paz. Sei que em breve partirei, e tenho direito a morrer com tranquilidade. E sei que, falando convosco, perderei a paz de minha alma.

– E o senhor é o santo que dizem, e expulsa os pecadores arrependidos da casa de Deus?

– É que tu não vens arrependida. Eu sei o que desejas. Sem dúvida me direis (pois já tenho alguns indícios de teu plano) que queres reedificar esta velha igreja e erguer um soberbo santuário na Fonte da Saúde que sirva de hospedaria aos peregrinos. É verdade que esse é teu projeto? Pensas que, se ergueres templos na Terra, tua alma poderá entrar no céu? E até talvez me digas que, cansada da luta da vida, queres vestir a humilde veste do penitente.

– Bem dizem que o senhor é bruxo, e eu assim acredito. Efetivamente, adivinhou meu pensamento. Os anos me angustiam com seu peso, temo que a morte me pegue desprevenida, e é bom me preparar para a eternidade, se é que a alma se dá conta de meus atos; e, se nada recorda, sempre é bom ficar de bem com o mundo e deixar uma boa memória que apague a marca de alguns desacertos que cometi, dos quais a calúnia se apoderou, e me deram certo renome que não quero de modo algum para baixar ao túmulo. O ouro compra tudo. Seja razoável, deixe de vãos escrúpulos e vamos fazer um contrato. Eu lhe darei todo o ouro que pedir; o senhor, porém, fará tudo que julgar conveniente para que minha alma repouse tranquila depois da morte e me recordem na Terra com respeito, com veneração. Meu pensamento, como vê, é bom. Quero apagar as pegadas do delito e garantir minha salvação eterna. Dizem que uma boa confissão nos reconcilia com Deus; eu quero me reconciliar com Ele. De modo que o senhor tem de me ouvir, porque sua obrigação é atender aos pecadores.

Assim como a serpente vai fascinando suas vítimas, aquela mulher me fascinou com seu olhar diabólico. Eu quis falar e não pude, e ela, aproveitando meu forçoso silêncio, começou a me contar a história de sua vida. Falou durante quatro horas seguidas. E eu, mudo, aterrado, sem saber o que se passava comigo, ouvi-a sem interromper nem uma única vez. Houve momentos em que eu quis falar, mas tinha um nó de ferro na garganta; minhas têmporas pulsavam apressadamente, meu sangue parecia chumbo derretido, que, ao circular por minhas artérias, abrasava meu ser. E, quando ela acabou de falar, como se uma força estranha se apoderasse de mim, saí de meu intumescimento, estremeci violentamente, levantei-me iracundo, saí do confessionário, peguei-a pelo braço e fiz que se levantasse, dizendo:

– Se eu acreditasse em sortilégios, acreditaria que me enfeitiçaste, sendo que tive paciência de ouvir-te tanto tempo. Mas não, sem dúvida meu espírito quis se convencer de tua infâmia, e por isso te prestei atenção, para ter certeza de que és pior que todos os Cains, e Herodes, e Calígulas e Neros de que nos fala a história. Para mim nunca houve pecador em quem não tenha encontrado um átomo de sentimento. Mas em ti só vejo a mais cruel ferocidade, mas uma ferocidade inconcebível. Tu te regozijaste matando as crianças, que são os anjos do Senhor. Não te comoveste vendo a impotência delas; nada te disseram aqueles olhos, que guardam o resplendor dos céus. Tu te apoderaste deles como fera sem entranhas e sorriste quando os viste agonizar. E, depois de tantos crimes, depois de ser o opróbio e o horror da humanidade, queres levantar um templo, queres profanar esta pobre igreja, revestindo-a com mármores comprados com um dinheiro maldito. Queres envenenar a Fonte da Saúde fazendo o manancial de Deus servir para um tráfico infame. Queres comprar o descanso eterno com um novo crime. Miserável! Sai daqui! Para ti, Deus não tem misericórdia! Agora pensas no repouso, e tu jamais podes repousar. Tu tens que ir como o judeu errante da lenda bíblica, percorrendo o universo: quando pedires água, as crianças que tu assassinaste te entregarão seu sangue mesclado com fel, e te dirão "Bebe e anda!", e tu andarás, e andarás séculos e séculos sem que a luz do sol fira teus olhos; e perto de ti, muito perto, ouvirás vozes confusas que te dirão: "Maldita, maldita sejas!" E eu sou o primeiro, eu te digo: Sai daqui, pois as paredes deste santo templo parecem rachar, parece que querem desabar para não servir de abóbada para tua cabeça, tua horrível cabeça, onde só germinaram as ideias do crime! Eu, que por todos tive compaixão, e que escondi tantos malfeitores, para ti só tenho o anátema e a excomunhão. Foge daqui, maldita dos séculos! Foge daqui, leprosa incurável! Foge daqui, que o sol se nubla porque não quer se contagiar contigo!

E, como se a natureza quisesse me ajudar, desencadeou-se uma tempestade de outono, o vento recrudesceu, o furacão rugiu, e aquela mulher teve medo, tremeu de espanto, julgou ter chegado o juízo final e gritou com verdadeira angústia:

– Misericórdia, senhor!

– De quem tiveste tu misericórdia? – repliquei com imensa ira. – Sai daqui! Tanto horror me inspiras, que, se te contemplar por mais tempo, me transformarei em vingador de tuas vítimas.

Não sei o que meus olhos revelaram, porque ela olhou para mim, soltou um grito aterrador e fugiu como um raio. Eu fiquei olhando por alguns instantes para a direção que havia tomado; senti uma dor muito aguda no coração e desabei em terra. Quando recuperei os sentidos, soube por Miguel que havia passado dois dias desacordado. As crianças, com suas carícias, quiseram me fazer despertar, mas tudo havia sido inútil.

As criancinhas voltaram e cercaram meu leito com a mais terna solicitude. Olhei para elas com infantil alegria; mas logo recordei o que havia acontecido, e disse: "Deixem-me, meus filhos; não sou digno de suas carícias". As crianças me olharam e não compreenderam. Eu repeti as palavras anteriores, e um deles disse aos outros: "Vamos dizer a Maria que o padre Germano está muito mal". Tinha razão de sobra: meu corpo estava doente, minha alma ferida.

Desde então não tive um momento de descanso, nem no túmulo dela. Às vezes, quando a menina dos cachos negros aparecia para mim, olhava-me tristemente, e eu dizia: "É verdade que já não sou digno de ti? Expulsei um pecador do templo!" A linda aparição parecia chorar, e eu, ao ver suas lágrimas, chorava como ela, e exclamava: "Desventurado! Quem sou eu para amaldiçoar? Aquela infeliz teve medo e, em vez de lhe dizer: 'Espera, espera, que a misericórdia de Deus é infinita!', eu disse: 'Sai daqui, maldita dos séculos!' Eu profanei esta velha igreja! Parece mentira! Eu que só soube amparar, por que repudiei um infeliz pecador? Por quê?" E ia para o campo sozinho, não queria que as crianças me acompanhassem porque não me sentia digno de sua companhia.

As tardes de outono são muito tristes. Os últimos raios do sol parecem os fios telegráficos de Deus, que transmitem ao homem um pensamento de morte. Eu os olhava e dizia: "É verdade que me dizeis que vou morrer em breve?" E, como se a natureza respondesse a meu pensamento, as sombras envolviam uma parte da Terra e eu via a imagem da judia errante que corria diante de mim, e só me acalmava quando as estrelas me enviavam seus sorrisos luminosos.

Naquela ocasião, Rodolfo me prestou um grande consolo. Quase nunca me deixava sozinho, parecia minha sombra; onde quer que eu fosse, ia me buscar e me dizia:

– Não fique assim. O senhor foi inflexível com uma pecadora, porém, muitos culpados lhe devem sua salvação. Seja razoável. O que pesa mais na balança divina, um ser ou mil? Pois mais de mil e de cem mil salvou do desespero. Sim, o senhor está doente; é preciso ter em conta muitas coisas. Vamos, anime-se.

E me acariciava como a uma criança, e fazia que eu me apoiasse em seu braço. Por alguns momentos eu me animava, mas voltava a cair no abatimento. Assim fiquei sofrendo um ano, sempre pensando por que havia sido tão intolerante com aquela mulher, sendo que minha clemência era proverbial. Certo que ela era o réptil mais repugnante que eu havia conhecido, mas quem era eu para condenar? Essa ideia tão tenaz foi me minando pouco a pouco, até que caí em meu leito e não me levantei mais. Rodolfo e Maria foram meus enfermeiros, e todos os habitantes da aldeia cercavam minha humilde cama. As crianças me diziam: "O senhor não vai, levante-se! Vai à Fonte da Saúde. Verá que, bebendo aquela água, ficará bom". E eu respondia: "Meus filhos, a Fonte da Saúde que há neste lugar já não serve para mim. Preciso da Fonte da Saúde que há no infinito!"

As jovens choravam e me diziam: "Padre Germano, não se vá". E mais de um jovem casal se ajoelhou diante de meu leito, como se esse fosse um altar, dizendo: "Padre, abençoe nossa união, e assim garantiremos nossa felicidade". E os anciãos me olhavam com profundo pesar e diziam: "Tu nunca deves morrer, porque tu és o melhor conselheiro que já conhecemos nas horas de atribulação".

Todas essas provas de carinho me comoviam e me envergonhavam, e, por fim, querendo descansar um pouco minha consciência, disse a eles dois dias antes de morrer: "Meus filhos, quero me confessar com vocês. Escutem-me". E lhes contei o que havia feito com a mulher culpada, dizendo, ao terminar:

– Gostaria de purificar a igreja que eu profanei. Talvez o tempo se encarregue disso (e naquele instante, sem dúvida, tive espírito profético, porque alguns anos depois o fogo destruiu o templo que maculei com minha intolerância). Por ora, peguem minha velha capa, levem-na para o meio da praça e queimem-na, pois embora tenha coberto muitos culpados com ela, neguei o abrigo a um pecador, e o manto do sacerdote que não abriga a todos os pecadores merece ser queimado e suas cinzas jogadas ao vento. Quanto ao meu corpo, não lhe imponho esse suplício porque não foi minha matéria que pecou, e sim meu espírito, que já sofre há muito tempo a tortura do remorso, fogo que queima sem consumir! Mas não pensem que meu sofrimento será eterno, porque eu me purificarei por meio de obras meritórias em minhas sucessivas encarnações.

Rodolfo olhava para mim, dizendo-me com seus olhos: "Não vá, porque eu não quero!" E eu lhe dizia:

– Teu desejo é inútil. Chegou o fim do prazo. Vê como eu morro, toma o exemplo. Minha hora derradeira não é como eu pensava. Julguei que morreria tranquilo, e meu mau proceder com aquela infeliz me faz tremer. Se uma má ação tanto me faz sofrer, calcula como morrerás tu se a teus passados desacertos acumulares novos extravios. Jura-me que não esquecerás meus conselhos, e assim morrerei tranquilo.

Rodolfo não podia falar, mas estreitava minhas mãos em seu peito, e seus olhos me diziam: "Viva, viva por mim!" Como me faziam bem aqueles olhares! Porque, quando afastava minha vista deles, via a judia errante que corria, eu a seguia e nós dois corríamos até que eu caía desvanecido.

Como eu sofria naquela corrida vertiginosa, que, apesar de ser imaginária, parecia para mim uma horrível realidade!

Rodolfo, compreendendo meu estado, teve uma boa inspiração: eu havia ensinado às crianças cantar em coro nas festividades da igreja. Eu compunha a música e a letra de cantos simples, e havia escrito um para a morte de um ancião muito querido da aldeia, cujas estrofes falavam ao coração. Uma delas, traduzida literalmente a nosso idioma, dizia assim:

> Ancião, não vai, fica conosco! Na Terra está o corpo do Senhor, no mistério da eucaristia. Tu bem podes ficar.
>
> Mulheres te amam, crianças sorriem e anciãos te bendizem; não vai, fica conosco!
>
> Aqui há flores, há aves, há água, e raios de sol; não vai, fica conosco.

As vozinhas das crianças cantando essas estrofes causavam um efeito dulcíssimo e comovente. Rodolfo saiu de meu quarto e voltou pouco depois, dizendo: "Padre, escute, escute o que dizem as crianças!" Eu prestei atenção e, ao ouvir o canto das criancinhas acompanhado dos acordes do órgão, senti um bem-estar indefinível; minha mente se acalmou como por encanto, as sombras do terror desapareceram e vi meu quarto inundado de uma luz vivíssima. Imagens lindíssimas cercaram meu leito, destacando-se entre todas elas a menina dos cachos negros, que, inclinando-se sobre minha fronte, disse com voz acariciadora: "Escuta, alma boa; escuta o último canto que elevam por ti na Terra; escuta as vozes das criancinhas. Elas te dizem: Bendito sejas!"

Aqueles momentos me recompensaram de toda uma vida de sofrimentos. Na Terra, as crianças me chamam; no espaço, chamam-me os anjos.

Todos me amavam! Pode haver maior felicidade? Não. Rodolfo me estreitava contra seu coração. Maria apoiava minha cabeça, e eu, sem espasmos e sem fadiga me desprendi de meu corpo, sobre o qual se precipitaram todas as crianças. E embora os mortos inspirem repugnância na Terra, meu corpo não a inspirou. Todos os habitantes da aldeia acariciaram meus restos, que permaneceram insepultos muitos dias, respeitando ordens superiores da autoridade eclesiástica, que por fim profanou meu corpo, pondo em minhas têmporas a mitra que seus bispos usam. E durante todo o tempo que meu corpo permaneceu na igreja não deu sinais de decomposição, efeito, sem dúvida, de minha extrema magreza – posto que eu parecia uma múmia –, mas que a gente simples atribuía à santidade, e todas as tardes as crianças entoavam o último canto que eu lhes havia ensinado.

Soube depois (para meu consolo) que, quando expulsei a pecadora do templo, fui fiel intérprete de outros espíritos que se apoderaram de mim, aproveitando-se de minha fraqueza e de meu descontentamento.

Foi só por boa inspiração que me envolvi em densas sombras, e não queria sair delas, pois sofrendo me parecia que lavava minha culpa; e assim, não dava passagem, não ajudava meus protetores de além-túmulo a chegar até mim.

Meus filhos, vejam que, por um momento de fraqueza, por deixar-me vencer pelo cansaço, servi de instrumento a espíritos vingativos! Eu sei o que sofri! Sejam resignados, nunca se desesperem, nunca. Façam todo o bem que puderem, e assim obteram o que eu alcancei, pois, apesar de meus defeitos e de minhas fraquezas, minha morte foi a morte do justo. As criancinhas me diziam:

– Não vai!

E os espíritos do Senhor repetiam no espaço:

– Escuta, alma boa, escuta o último canto que elevam por ti na Terra. Escuta a preces das crianças, eles te dizem: "Bendito sejas!"

Um dia de primavera

Como é linda a primavera, meus filhos! Ela sintetiza a vida, porque é a encarnação da esperança, é a realidade da glória. A Terra, apesar de não ser um mundo feliz, posto que dista muito da perfeição em relação aos méritos dos terrenos, na primavera é cópia exata do paraíso, porque nessa estação florida tudo sorri, tudo se desperta com o beijo mágico de Deus.

Alguns lugares são mais belos que outros, e, durante minha última vida habitei, como já sabem, em uma aldeia situada em uma das paragens mais pitorescas deste planeta. A igreja e várias casas estavam edificadas em uma extensa planície, e o resto da aldeia estava espalhado pelas montanhas que em largo anfiteatro a circulam. O mar, quase sempre calmo, oferecia-me sua imensidão para me induzir à meditação. Entre as montanhas estendiam-se mansos vales cortados por regatos cristalinos que com seu frescor e suas férteis semeaduras me convidavam a repousar docemente nas manhãs de primavera. E já que vocês desfrutam agora dessa linda estação do ano, quero lhes dizer quanto prazer senti em um dia dessa época feliz na qual os pássaros, a brisa, as flores, a luz do sol, o fulgor das estrelas, tudo parece dizer: "Ama, homem da Terra, sorri, alegra-te, pobre desafortunado, e espera um amanhã venturoso!"

Eu, desde menino, adorei a natureza e admirei os encantos da criação, que são como as gotas do orvalho, incontáveis. Por razão natural, quando tive mais reflexão, admirei muito mais todas as belezas que me cercavam. As condições da vida não permitiam que eu me retirasse em uma gruta e me entregasse à meditação; ao contrário, devia permanecer firme em meu cargo para atender não só aos meus fiéis (que, em honra à verdade, eram os que menos trabalho me davam), mas aos habitantes dos povoados vizinhos, que constantemente vinham me contar suas aflições, e outros muitos pecadores que deixavam seus palácios e seus castelos para me pedir um conselho; e, por último, incontáveis mendigos que vinham com frequência pernoitar na aldeia, certos de encontrar favorável acolhida. Tudo isso reclamava minha presença e me afastava de meus lugares prediletos. Porque eu gostava de ir muito longe do povoado. Gostava de admirar o trabalho de Deus sem que a mão do homem houvesse posto sua marca.

Queria ver a natureza com seus bosques sombrios, com suas alegres pradarias atapetadas de musgo e bordadas de flores, com seus riachos límpidos como os olhares das crianças, e retorcidos como as intenções do malvado, com suas impetuosas correntes, com suas rochas cobertas de silvestres trepadeiras, com todos os seus agrestes atrativos. Assim a obra de Deus me parecia mais bela. Para mim, Deus sempre foi o divino artista a quem adorei estudando os infusórios e aspirando o perfume das humildes violetas.

Quando podia reservar alguns momentos para mim, ia para o campo e, apesar de meu organismo ser muito frágil, como por encanto adquiria força e, como se fosse uma criança, saía correndo, mas em uma corrida tão rápida, com velocidade tão vertiginosa que meu fiel Sultão tinha dificuldade de me alcançar. Chegava ao topo de uma montanha, sentava-me, olhava em volta de mim e, ao me ver sozinho, respirava melhor, sentia um prazer inexplicável, e me entregava, mas não a uma extática contemplação, porque o êxtase não serve para nada. O que me acontecia é que, ao me ver cercado de tantas belezas, refletia e dizia: "Aqui tudo é grande, maravilhoso. Só eu sou o ente pequeno e vulgar, pois é necessário que o habitante seja digno da casa que lhe concederam, que lhe destinaram".

E como nunca faltavam desafortunados a quem amparar, ocupava-me desenvolvendo um plano para realizar uma empreitada, e nunca tinha tanta lucidez como quando ia para o campo e me entregava a pensar no porvir dos deserdados. Naqueles momentos cumpria-se em mim o provérbio evangélico: "A fé move montanhas". Porque o que dentro de minha igreja me parecia impossível realizar, ali ficava simples, sem que o menor obstáculo se interpusesse a meu desejo. E então, quão satisfeito voltava a minha aldeia! Já não corria; ia muito devagar, permitia-me usufruir como um sibarita,[6] estava contente comigo. E nunca o homem é mais bem-aventurado que quando sonda sua memória e, no depósito de suas lembranças, não encontra um único remorso, ao contrário; vê levantar-se com frescor a flor de uma ação generosa.

Como os terrenos estão tão pouco acostumados a fazer o bem, quando cumprimos nosso dever, nos primeiros momentos parece que conquistamos um mundo. E essa satisfação, embora seja uma prova de nossa fraqueza, desde que não chegue a nos embriagar e a se transformar em orgulho, em presunção, tem sua parte, ou melhor, seu todo muito benéfico para o espírito, porque é tão bom quando se pode enxugar uma lágrima,

---

[6] Nota da editora: Sibarita – pessoa preguiçosa, que aproveita prazeirosamente da vida, em referência aos habitantes da cidade de Sibaris (Itália).

que por gozar desse prazer o homem gosta do bem, que é tudo o que se há de fazer na Terra: praticar o amor. Mas os terrenos não sabem amar, confundem a concupiscência e a atração natural dos corpos, que é necessária e indispensável para a multiplicação das espécies, com esse sentimento delicadíssimo, com essa compaixão profundíssima, com essa ternura inexplicável que deve enlaçar as almas e formar essa grande família que tão fracionada e tão dividida se encontra hoje.

Entre os mendigos e aventureiros que com frequência pernoitavam na aldeia, havia uma família composta do casal e quatro filhos, três meninos e uma menina, que me haviam feito pensar muito, porque creio que nunca se uniram na Terra, em uma mesma família, espíritos mais afins, exceto um. O marido, a quem chamarei de Eloy, era um ser miserável e corrompido, afundado na mais completa abjeção, de instintos tão selvagens e tão cruéis que matava pelo prazer de matar. Sua esposa era seu fiel retrato; seu Deus era o ouro e, se mil almas houvesse tido, todas as teria vendido ao diabo a fim de possuir tesouros. De seus filhos, a menina, Teodorina, era um anjo, era uma aparição celestial, e seus irmãos tão perversos quanto seus pais, mas cada um inclinado a um vício diferente desde a mais tenra idade. Aqueles quatro seres, por um mistério da Providência, haviam recebido de minhas mãos a água do batismo. Haviam tido um castelo lindando com a aldeia, e tantos foram os desmandos de Eloy e sua esposa, em todos os sentidos, que haviam sido desapossados de todos os seus bens, estavam com a cabeça a prêmio, e aqueles que haviam nascido praticamente em um trono viram-se sem ter onde cair mortos. Todas as excomunhões pesavam sobre eles: a igreja lhes havia fechado suas portas, o sumo pontífice havia dado as ordens mais severas para que nenhum vigário de Cristo os deixasse entrar no templo bendito, e vocês não sabem o que significava naquela época ser excomungado: era pior que morrer em uma fogueira, era ser o alvo de todas as humilhações, e todos tinham direito a insultar os excomungados, que portavam um repugnante distintivo. Pobres espíritos! Quantos desacertos cometeram! Quantas lágrimas foram vertidas por causa deles! Quão tenaz foi sua rebeldia! Foi preciso quase um milagre para que aqueles réprobos viessem à luz.

Muitas vezes vieram me pedir hospitalidade e alguma soma de dinheiro que eu guardava para eles, e eu tremia ao vê-los, porque os filhos de Eloy eram tão perversos que, em um dia que estivessem por aqueles recantos, podavam os campos, estrangulavam as ovelhas, enquanto sua, irmã Teodorina, sentada em meus joelhos, chorava pelos desacertos de seus irmãos e me dizia: "Padre, quando chegará a hora de redenção para os meus? Eu peço à Virgem Maria, e ela fala comigo, padre. A Virgem fala comigo e me diz: 'Não deixa os teus, que só tu os levarás à Terra Prometida'".

Como foi grande a missão de Teodorina! Desde a tenra idade de seis anos teve tão admiráveis revelações que era o espanto de todos que a escutavam. Da última vez que vieram à aldeia, Eloy estava muito doente e, embora eu tivesse ordem, como todos os sacerdotes, de não os deixar entrar em minha Igreja nem pernoitar nas cercanias da aldeia, cedi meu leito ao doente e ao resto da família acomodei como pude. Os anciãos do local se atreveram a me dizer: "Padre, o senhor desafia a cólera de Deus". "Querem dizer – respondi – a dos homens, porque Deus não se encoleriza jamais. Sejam mais francos, digam-me que estão com medo, porque pensam que sua permanência na aldeia lhes trará transtornos e calamidades. Não se preocupem. O que devem fazer é redobrar a vigilância, colocando cães em lugar conveniente para que os pequenos excomungados não destruam em um segundo o trabalho de muitos dias. Cuidem de seus campos e ajudem-me ao mesmo tempo a fazer uma boa obra, que me sinto inspirado e alguém me diz que conseguirei agora o que não pude alcançar em muitos anos".

Como eu tinha tanto poder sobre meu rebanho, uma palavra minha bastava para dissipar todos os seus temores, e os pais de Maria levaram os filhos de Eloy para casa, ficando na reitoria o doente, sua esposa e a angelical Teodorina, menina feiticeira que sempre vinha atrás de mim me contar seus sonhos e me dizer: "Padre, não quero ir embora daqui. A seu lado meus pais são melhores, aqui não fazem mal a ninguém; mas, fora deste lugar, sofro tanto, fazem o mal pelo prazer de fazer".

Eloy ficou um mês doente e durante aquele tempo seus filhos fizeram o mal que puderam. De modo que não havia na aldeia um único habitante que gostasse deles; até os cães os odiavam, até Sultão quando os via avançava neles. Porém, lambia as mãos de Teodorina e se deitava a seus pés para que a menina brincasse com ele.

Eloy, durante sua doença, teve longas conversas comigo, e eu aproveitei todas as oportunidades para incliná-lo ao bem, prometendo-lhe que, se ele reconhecesse o soberano existente, eu tinha influência de sobra para conseguir que o chefe da Igreja os perdoasse. E embora não pudesse recuperar todos os seus muitos bens – porque eram tantas as acusações que pesavam sobre ele, eram tantos os nobres descontentes que haviam apelado ao rei pedindo justiça, que não se podia alimentar esperanças de recuperar muitas de suas fortalezas –, reaveria algumas granjas. Eu me encarregaria de fazer que seus filhos fossem educados em um convento e o homem que ao vir ao mundo havia sido envolvido em linho e rendas e havia chegado ao extremo de ser quase um bandido que não podia passar a noite em um povoado poderia renascer para a vida. Eloy me escutava atentamente, sua esposa também, mas essas duas almas tão pervertidas estavam tão bem nos braços do crime, a vida anômala que levavam era tão de seu agrado, que se vinham me procurar era por Teodorina. A pobre menina era a que sempre clamava por vir a minha aldeia, e aqueles dois seres, apesar de sua perversidade, amavam a filha tanto quanto podiam amar, porque ela era realmente um anjo de redenção. Até seus irmãos a respeitavam, e isso que era a mais nova.

Quando Eloy pôde deixar o leito, já se sentia asfixiado em minha companhia, e sua esposa ainda mais que ele. Porém, Teodorina, que devia ter dez anos então, sorria gozosa cuidando das flores de meu jardim e me dizia: "Padre, o senhor que é um santo, faça um milagre com meus pais". E, ao dizer isso, olhava-me de uma maneira tão significativa, seus olhos me expressavam tantas coisas, que certa tarde lhe respondi: "Eu te prometo que, ou muito me engano, ou Deus ouvirá teus rogos e os meus. Roga tu, minha filha; dize à Virgem que vês em teus sonhos que me ajude, que os espíritos benéficos me dão sua força e serei capaz de transformar um mundo".

Quando Eloy deixou o leito, a linda primavera adornava os campos, os bosques davam franca hospitalidade a milhares de pássaros que entoavam dulcíssimos cantares, as pradarias ostentavam seu mais belo tapete matizado de todo tipo de flores, o ar era morno e perfumado, o céu com seu manto azul falava à alma. Chamei alguns anciãos e disse a eles:

– Amigos meus, com o doente que tive em meu oratório, com a ansiedade que me causaram os filhos desse infeliz e outras penalidades que me angustiam, sinto minha cabeça fraquejar. Está tão debilitada que não consigo coordenar minhas ideias; assusta-me pensar que eu poderei viver longos anos entregue à inação. Acredito firmemente que, se eu pudesse ir para o campo, para um de meus lugares prediletos, teria nova vida. De modo que quero que vocês todos me ajudem na cura, quero que todos os habitantes da aldeia, todos, e todos os pobres que se encontrarem em nossa companhia, venham comigo passar um dia no campo. Nesse dia, não quero que se chore em torno de mim, quero que todos sorriam, quero ter a ilusão de que nos mudamos para um mundo feliz. Aprovam meu plano? Querem acompanhar-me para entoar uma prece no topo da montanha mais alta que nossos olhos divisam?

– Sim, sim – gritaram os anciãos com alegria infantil –, faremos tudo que quiser para conseguir prolongar sua vida. O senhor muito pensa e trabalha demais; tem razão, vamos descansar um pouco de nossas fadigas.

E, com afã febril, meus bons fiéis correram pela aldeia dando a boa nova: que eu queria ir para o campo cercado de meu amado rebanho e de todos os pobres que se encontrassem no lugar.

Chegou o dia marcado e, justamente na noite anterior, haviam chegado muitos mendigos. As estrelas ainda enviavam seu fulgor à Terra quando Sultão entrou em meu quarto latindo alegremente, como se dissesse: "Acorda, já é hora". Que animal inteligente! Como compreendia tudo! Como fazia barulho quando me via alegre! Como guardava meu sono quando eu lhe dizia: "Ah, Sultão, estou mal...". Então, ele se colocava ao pé da escada que conduzia a meu quarto e ninguém subia para me incomodar. Quando ele percebia que eu devia me levantar cedo, entrava em meu aposento dando pulos e piruetas. Como era tão grande, sua alegria promovia uma verdadeira revolução, porque derrubava as cadeiras, meu velho báculo rolava pelo chão, e eu ficava feliz vendo tanto movimento.

Naquela madrugada, quando me acordou, disse a Sultão: "Vai, quero ficar sozinho. Vai e acorda os preguiçosos". Sultão olhou para mim, apoiou sua linda cabeça em minhas mãos, e depois, com aquela inteligência maravilhosa que o distinguia, saiu pausadamente. Não fez barulho, compreendeu que minha mente precisava de certo repouso naquele momento.

Ao me ver sozinho, levantei-me, abri a janela e, olhando para fora, contemplei o céu e exclamei: "Senhor, que eu seja hoje um de teus mensageiros! Dá-me essa força mágica, essa potência sem rival que alguns dos teus enviados têm nos momentos supremos! Quero trazer de volta ao curral duas ovelhas desgarradas. Ajuda-me, Senhor, pois sem ti não tenho fôlego, falta-me persuasão para convencer, falta-me essa eloquência para entusiasmar e fazer decidir o ser indiferente; falta-me essa voz profética que encontra eco na mente do culpado. Eu sou uma árvore morta, mas se quiseres, Senhor, hoje terei nova seiva. Tu vês qual é minha intenção: quero salvar cinco seres que estão naufragando no mar do crime, quero evitar o martírio de um anjo. Teodorina é um dos teus querubins, e está se asfixiando, Senhor, entre os répteis. Que eu seja por breves segundos um dos delegados de tua onipotência. Deixa-me dar esperança aos desesperados, deixa-me cantar o hosana de glória a Deus nas alturas e paz aos homens na Terra! Deixa-me ir ao grandioso templo das montanhas cuja cúpula é o céu. Quero adorar-te, Senhor, com o amor de minha alma, com o contentamento de meu espírito. Quero sorrir, Senhor, depois de ter feito uma boa obra. Deixa-me gozar de um momento de satisfação, deixa-me sair de minha prisão sombria para contemplar a beleza da luz. Eu te peço muito, Senhor? Desejo o impossível? 'Não', murmurou uma voz em meu ouvido, 'vai tranquilo, que a vitória será tua'. E, como se houvessem levado o homem velho e trazido o homem jovem, eu me senti transformado. Eu mesmo me admirei e exclamei: "Como é grande teu poder, Senhor, tu és a alma de todas as almas, tu és a vida. Tu és a força, tu és a eterna juventude!"

Cheio de dulcíssimas esperanças, fui buscar Eloy e lhe disse:

– Hoje sairemos todos. Eu me apoiarei em ti. É a única recompensa que te peço em troca por meus desvelos. Hoje serás meu báculo,[7] e amanhã serás livre se quiseres ir.

---

[7] Nota da editora: báculo – bastão com a extremidade superior arqueada usado pelos bispos. Veja, como exemplo, na imagem da capa desta edição, o báculo junto ao padre Ger-

Com a promessa de ir embora, Eloy se alegrou e com agrado me ofereceu seu braço. Entramos na igreja, onde o povo em massa me esperava, e ali disse ao meu auditório:

– Filhos meus, vamos pedir a Deus que todos conservemos deste lindo dia um recordação imperecível.

Quando saímos para a praça, reparei que faltavam várias mulheres das mais caritativas e boas. Perguntei por elas e me disseram que haviam ficado em casa porque duas delas tinham um filho doente, e as outras lhes fariam companhia.

– Que venham as que têm crianças doentes, porque hoje Deus permite que eu tenha o dom de curar os doentes.

Vieram as duas mulheres com suas criancinhas no colo, e dei um beijo em cada uma, repetindo em minha mente: "Senhor, tu vês meu desejo, ajuda-me!"

Ao sentirem o toque dos meus lábios, as crianças estremeceram e abriram os olhos. Uma delas sorriu e acariciou sua mãe, buscando em seu seio a água da vida, enquanto a outra, que tinha mais idade, fazia esforços para que a pusessem no chão.

Eloy olhou para mim e disse:

– O senhor fez um milagre, padre.

– Outro maior farei depois, porque hoje Deus me inspira. Deus vê meu desejo e Deus dá o mundo àquele que pede com o coração.

E partimos. Que dia lindo, meus irmãos! Foi o único dia em que sorri na Terra. Houve momentos em que me julguei transportado a um mundo melhor. As jovens e os mancebos iam à frente, e os idosos e crianças vinham comigo. Todos cantavam, todos riam, todos se entregavam à mais doce expansão. Quando chegamos ao topo da montanha, que espetáculo admirável surgiu diante de nossos olhos! O mar e o céu tinham a mesma cor, nem uma nuvem ofuscava o firmamento, nem uma onda perturbava o repouso do líquido elemento, que, formando um espelho imenso, parecia retratar o etéreo lago do infinito.

Verdes planícies cruzadas por riachos cristalinos, colinas coroadas por frondosas árvores, tudo ali era belo, tudo sorria, tudo dizia ao homem: "Adora a Deus". Assim compreendeu minha alma, e assim compreenderam meus companheiros, porque todos dobraram os joelhos e juntaram as mãos em sinal de adoração.

Depois se levantaram e entoamos uma prece à natureza, uma que eu lhes havia ensinado. Uma das estrofes dizia assim:

> Salve, oh, céu, com tuas nuvens.
> Salve, oh, chuva benéfica que fecundas a Terra.

---

mano.

> Salve, companheiros e antecessores do homem, oh, árvores amigas, que tão úteis sois à humanidade.
> Do oloroso cedro se faz o berço da criança, do robusto carvalho se faz o ataúde do ancião.
> Salve, oh, habitantes do ar, que nos haveis ensinado os hinos de louvor para saudar o bom Deus!

Eloy, sua esposa e seus filhos estavam junto a mim. E notei que o primeiro instava os seus para se afastarem. Então, eu disse:

- Por que queres ir?

- Porque estou sofrendo. Tanta luz me faz mal. O senhor bom é demais para nós e deve saber que, segundo dizem, Deus não admite os malvados em seu céu. Aqui parece que estamos na glória, e este lugar não me pertence. Deixe-me partir.

- Logo irás; espera.

Quando terminamos o canto, comemos pão, queijo e frutas em abundância, almoço frugal que para todos foi saborosíssimo. As meninas dançaram, cantaram, brincaram. Os meninos correram, os idosos e as mães de família jovens conversaram e fizeram planos para o porvir. Cada um se entregou à expansão, segundo sua idade, e eu, com Eloy e sua esposa, fui até um bosque; sentamo-nos e, pegando as mãos de Eloy nas minhas, disse a ele:

- Eu sei que sofres; a emoção te sufoca. Viste um reflexo da vida, viste a felicidade de um povo virtuoso e fizeste a comparação com tua miserável existência. Tu eras rico, e por tuas traições estás pobre. Tu és nobre entre os mais nobres, e por teus desmandos estás tão desonrado que o último dos teus servos é mais bem considerado que tu e tem o direito a entrar na casa do Senhor. E tu tens que viver como as feras; teus filhos serão, amanhã, o opróbio da sociedade. Hoje, viste o porvir e tremeste. Pois bem, se a Igreja te excomungou por teus crimes, se os reis te despojam de teu patrimônio em justo castigo por tuas audazes rebeliões, ainda te resta a Deus. Ele não separa os maus dos bons por toda a eternidade. Ele sempre acolhe o pecador, mesmo tendo caído milhões de vezes. Para Deus nunca é tarde, porque nunca anoitece em seu dia infinito.

"Ainda tens tempo, teus filhos ainda podem ser a honra de tua pátria, ainda podes morrer nos braços de teus netos, ainda podes ter um lar. Volta a ti, pobre doente. Surgem em teus olhos as lágrimas de tuas vítimas, e é com as lágrimas dos arrependidos que o Senhor forma as pérolas! Chora!"

E Eloy chorou. Aquele homem de ferro tremeu como a árvore agitada pelo furacão. E eu, possuído de uma força sobrenatural, acrescentei:

- Arrepende-te. Tu tens frio na alma e no corpo. Deus dará calor a tua alma, e teu corpo eu abrigarei estendendo minha capa - e a joguei sobre seus ombros, estreitando-o em meus braços.

Sua esposa soluçava. Eloy a atraiu para si, e os três formamos um grupo durante alguns momentos.

– Não me deixeis – disse a eles –, deixai-me defender-vos diante da sociedade; deixai que coloque vossos filhos em lugar seguro, deixai que Teodorina seja o anjo desta aldeia, deixai-me reabilitar-vos, porque essa é a missão do sacerdote: amparar o pecador, pois o justo não precisa que ninguém o ampare, porque sua virtude é o melhor porto de salvação. O sacerdote deve ser o médico das almas, e vós estais doentes. Deixai que vos cure; vosso mal é contagioso, e temos que evitar o contágio.

Tanto me inspiraram os bons espíritos que falei com ele mais de duas horas, e não sei quanto teria durado minha peroração se as crianças não houvessem ido me buscar. Saímos do bosque e, ao chegar ao lugar onde os anciãos me esperavam, disse a eles, apresentando-lhes Eloy e sua esposa:

– Meus filhos, abraçem seus irmãos, pois, enquanto a Igreja fecha suas portas aos pecadores, Deus espera na mesa do infinito os filhos pródigos da criação. Unam-se, estreitem-se em fraternal abraço aqueles que acreditam bons e os que consideram culpados, pois todos são irmãos, todos são iguais. A única diferença é que uns trabalharam em seu proveito e outros em seu dano. Mas não pensem que os bons são escolhidos e os rebeldes os malditos de Deus, não. Deus não tem nenhuma raça privilegiada nem deserdada; todos são seus filhos, o progresso universal é para todos. Não pensem, vocês que hoje vivem em santa calma, que sempre viveram do mesmo modo, não. Seu espírito já animou outros corpos, sua virtude de hoje tem base na dor de ontem. Vocês não são os viajantes de um dia, mas os viajantes dos séculos. Por isso não podem repudiar aqueles que caem, porque quem sabe as vezes que vocês também caíram!

"O progresso tem uma base: o bem, e tem sua vida própria no amor. Amem sem exigências, homens da Terra! Amem o escravo, para que suas correntes lhe pesem menos. Compadeçam-se do déspota, que se faz escravo de suas paixões. Alarguem o estreito círculo da família, engrandeçam suas afeições individuais. Amem, porque amando muito é que os homens poderão se regenerar! Em uma pequena proporção, já estão vendo isso em sua aldeia. Não veem como correm tranquilos nossos dias? Quão resignado vive cada um com suas dores físicas ou morais? Que harmonia perfeita reina entre nós! E por que isso? Porque começam a amar, porque principiam a se compadecer, porque não chega um mendigo a seus lares que seja expulso com aspereza, porque suas economias são destinadas exclusivamente ao socorro dos pobres, porque só pensam nos necessitados e levantam casas para albergados, porque trabalham pelo bem da humanidade, por isso têm direito a ser relativamente felizes. E são, porque

Deus tudo dá. E assim como se celebra o nascimento de um filho, celebramos a chegada de nossos irmãos. Seis indivíduos compõem a família que hoje se associa a nós. Dois deles podem ser comparados a árvores secas, que tardarão séculos para dar frutos. Mas os outros quatro podem dar dias de glória a sua pátria, podem formar uma família, e vocês sabem que devemos nos alegrar por tamanha aquisição."

Mais de um ancião chorou comovido. Eloy estava angustiado, e meu prazer era imenso porque eu via claramente o que seus filhos poderiam ser. Durante minha permanência na Terra, nunca olhei o presente, e sim o porvir, e naquele dia minhas ideias tinham tanta lucidez, contemplei ao longe quadros tão belos que me esqueci de todas as minhas contrariedades, de todas as minhas amarguras, sorri de prazer com tão expansiva alegria que me confundi com as crianças e brinquei com elas. Eu, que nunca havia sido criança, naquele dia fui. Lindas horas, quão breves foram!

Homens pessimistas, a vocês que dizem que na Terra sempre se chora, eu os nego. Na Terra se pode sorrir. Eu sorri; e é evidente que as condições de minha vida não eram apropriadas para ser feliz em nem um único momento. Mas quando o espírito cumpre seu dever é bem-aventurado. Em várias ocasiões fui feliz, mas nunca como aquele dia. Sabem por quê? Porque naquele dia tudo que me cercava falava a minha alma. A primavera da Terra é muito linda, tudo renasce, tudo ganha alento, tudo é belo porque a irradiação da vida é encantadora, e ninguém melhor que aquele que vive morrendo sabe apreciar. Meus amados fiéis estavam assombrados ao me ver tão alegre e comunicativo e, quando voltamos à aldeia, todos me perguntavam, ansiosos: "Padre Germano, quando vamos subir a montanha de novo?"

Aquela noite, como foram lindos meus sonhos e quão doce meu despertar! Realizei todos os meus planos. Consegui tudo que quis em relação àquele assunto: os três filhos de Eloy foram educados severamente em um convento, depois foram úteis a sua pátria, formando uma numerosa família e morrendo como bons no campo de batalha. Seus nobres descendentes estão hoje na Terra trabalhando na causa do progresso. Eloy e sua esposa não puderam ser felizes, porque tinham muitos crimes que recordar, mas tornaram-se místicos, já que em certas épocas da vida o misticismo é um avanço para o espírito. Chegaram a ter medo do amanhã, começaram a sofrer, e isso deu início a sua redenção.

Teodorina foi um anjo de paz, foi o amparo dos infelizes e nunca me esqueceu. Nem seu amor de esposa, nem sua adoração de mãe a impediram de vir me ver em meus últimos momentos, e, como uma peregrinação piedosa, todos os anos, na primavera, durante muito tempo visitou meu túmulo.

Só um dia de primavera fui feliz em minha vida, só naquele dia curei doentes com meu hálito.[8] Quanto bem o homem poderia fazer se só pensasse em fazer o bem!

Não há espírito pequeno, não há inteligência obtusa, não há posição, por mais humilde que seja, que represente um obstáculo para ser útil a nossos semelhantes. Esta é a ideia que quero inculcar no homem.

Quem fui eu em minha última vida? Um pobre que não foi digno nem do carinho de uma mãe; porém, quis criar não um porvir na Terra, porque esse qualquer aventureiro cria, mas um porvir em minha pátria, no mundo dos espíritos, e consegui. Quanto mais poderão fazer vocês que estão em melhores condições, porque eu vivi em uma época terrível, na qual a teocracia dominava em absoluto, e eu era um verdadeiro herege. Muito sofri, muito lutei para dominar minhas paixões, mas como estou contente por ter sofrido! E mesmo que não houvesse encontrado no além-túmulo o bem-estar que desfruto, só de recordar aquele dia de primavera eu poderia me dar por recompensado por todos os meus sofrimentos. Há segundos de prazer que recompensam com acréscimo cem séculos de dor! Procurem, filhos meus, desfrutar dessas horas felizes que para todos há. Para ser bem-aventurado só é necessário querer sê-lo, porque virtuosos todos podemos ser. Quando o espírito quer, ele se engrandece. Queiram e engrandeçam-se, e assim poderão ter um dia de primavera em sua vida, como eu tive.

---

[8] Nota da editora: O sopro, utilizado pelo padre Germano no início deste capítulo para a cura das crianças enfermas, é um dos mais eficazes métodos de passe; embora quase esquecido pelo movimento espírita na atualidade, seu emprego era recomendado pelos magnetizadores do século 19, como Durville, du Potet e Deleuze.

Uma procissão

Irmãos meus, deixem-me divagar por alguns instantes. Pensamento humano, eterno demente das idades, como te regozijas em evocar lembranças. Criança de todos os tempos, que vai como a pintada borboleta saltando de flor em flor, assim vou eu, narrando minha história sem ordem nem concerto. Eu me livro do método em tudo. Vocês poderão me acusar de ser antimetódico, porque, assim como lhes conto os últimos instantes de uma de minhas vidas, regozijo-me referindo-lhes os atos anteriores dessa mesma criação. E, sem querer justificar esse proceder anômalo, devo dizer-lhes que tenho meu plano nessa aparente incoerência, pois faço dois trabalhos ao mesmo tempo: toco a fibra sensível do espírito que se encarrega de lhes transmitir minha história, e ele, por sua vez, bate à porta dos corações lacerados e diz: "Escutem-me, que venho lhes contar um episódio de lágrimas".

Entre o espírito e o transmissor deve se estabelecer afinidade de sentimentos, porque desse modo o trabalho é mais profícuo. O espírito, conforme o centro que escolha para suas manifestações, deve se sujeitar ao grau de avanço de seus ouvintes, pois de que serviria uma comunicação astronômica, por exemplo, aos pobrezinhos da Terra que nem saibam ler? Não se trata de que os espíritos falem; o principal é que despertem o sentimento. E esse é meu propósito: despertá-lo nos seres a quem transmito minhas inspirações, e estes, por sua vez, que o despertem em vocês. Não quero que sejam sábios, desejo primeiramente que sejam bons. Por isso nunca me cansarei de lhes contar episódios comoventes, porque a humanidade precisa sentir mais que investigar. E como prova disso lhes direi que entre vocês, criancinhas da Terra, encontram-se hoje encarnados grandes sábios da antiguidade, homens que hoje são de figura insignificante, que dizem com profundo desencanto: "Ah, sinto tanto frio na alma que não basta todo o fogo do sol para me reanimar!" Isso lhes provará que a sabedoria sem sentimento é uma fonte sem água. E para encontrar a água da vida é necessário sentir, amar, compadecer-se, viver para os outros. Por essa razão hoje se encontram entre vocês homens de saber profundo que, como o leão enjaulado, mesmo que estejam no meio dos mares, dizem, olhando para o céu: "Senhor, se é que tu existes, tem piedade de mim, tira-me deste planeta e leva-me para um lugar onde eu possa respirar". E aqueles que com sabedoria assombraram o mundo antigo, hoje passam completamente desapercebidos, confundidos entre os ignorantes da Terra. E essas vidas de lutas surdas, essas encarnações de trabalhos titânicos, são as que queremos evitar.

Muito tempo faz que vimos trabalhando nesse sentido. Queremos que a humanidade chore e que, com seu pranto, se regenere. Não viemos contar nada novo, pois em todas as épocas houve as mesmas histórias; os fortes humilharam os fracos; em todos os tempos a superstição, apoderando-se do entendimento humano, a falsa religião, erguendo altares, e a fria razão, negando, obcecada, o princípio inteligente que existe na natureza. Filho de Deus, nega seu pai, aproveita seu livre arbítrio para ser parricida. E como o homem, sem uma crença religiosa, mesmo que seja um matemático profundo, não passa de um pobre selvagem só meio civilizado, empregamos todas as nossas forças para despertar o sentimento humano, porque o homem que ama seus semelhantes ama a natureza, e, amando-a, adora a Deus, posto que Deus é a vida disseminada no átomo invisível e nos sóis que atraem milhões de mundos com seu calor.

Sim, meus filhos, sim; é preciso amar para viver. Vocês não conhecem os verdadeiros gozos da vida, já que vivem para si e não podem estar contentes de seu egoísta proceder, porque ninguém participa de suas egoístas alegrias. Estão sozinhos, e a solidão é muito má conselheira. A solidão é agradável e até necessária quando o homem tem alguma ação boa a recordar, mas, quando se levanta e só pensa em si mesmo, é muito digno de compaixão.

Eu tive muitas vidas, e em algumas delas me chamaram de sábio. Mas creiam, só vivi quando me chamaram de bom. Então sim, então tive momentos que nunca, nunca esquecerei. Quando se fixaram em meus olhos esses olhares luminosos que parece que foram colher seus resplendores no infinito; quando a voz da gratidão ecoou em meu ouvido; quando as mãos de dois jovens estreitaram as minhas, dizendo com seu mudo gesto: "Bendito sejas, pois a ti devemos nossa felicidade!" Ah, então o espírito desperta de seu penoso sonho, as brumas das misérias humanas desaparecem e o sol da vida eterna brilha resplandecente no limpo horizonte do porvir. Amem, amem muito, amem com todo o entusiasmo com que o espírito pode amar, pois para amar foi criado, e amando cumprirão o preceito divino da Lei Suprema.

Vou lhes contar um dos episódios de minha última encarnação.

Havia acabado uma guerra sangrenta. Os homens haviam satisfeito suas miseráveis ambições. Muitas viúvas, anciãos e órfãos gemiam em um canto de seu deserto lar e, como se não bastasse a destruição da guerra, veio a peste, que é sua companheira inseparável, e semeou o pavor e a desolação nas cidades fratricidas que haviam dito a seus filhos: "Corre, vai e mata teu irmão".

A aldeia que eu habitava encontrava-se em um ponto tão elevado, eram tão puros seus ares, tão límpidas suas águas, que corriam alegremente em riachos brincalhões e em caudalosas fontes, que nunca as doenças epidêmicas haviam penetrado seus pacíficos lares. De modo que, apesar da pobreza quase geral de seus habitantes, em caso de peste, centenas de famílias iam beber a água da Fonte da Saúde, que, segundo afirmava o vulgo, era uma defesa contra todos os males.

Embora a aldeia fosse mesmo muito pobre, estava cercada - embora a longas distâncias - de vários castelos de opulentos nobres. Então, em casos de necessidade, castelos, conventos, fazendas e todas as casas da aldeia se enchiam de forasteiros que vinham fugindo de um perigo que quase todos levavam consigo: a peste, e a peste eram seus vícios e suas ambições.

Declarada a peste, minha aldeia viu-se invadida por uma turba de nobres que vieram romper nossa doce tranquilidade. Entre os fugitivos, havia vários príncipes da Igreja, que, em vez de ficar em suas dioceses, haviam abandonado seu rebanho quando mais os fiéis necessitavam de suas exortações, de seus donativos e de seus cuidados. Porque os sacerdotes só são úteis à sociedade nos momentos de perigo; na vida, são quase desnecessários. Nas calamidades podem ser os enviados da Providência que espalham o consolo aos atribulados. Mas como os príncipes da Igreja sempre fizeram de tudo menos cumprir seu dever, naquela ocasião, como em muitas outras, deixaram o baixo clero lutando com os doentes e com outros sofrimentos.

Dentre os que chegaram, havia um bispo que eu conhecia desde criança, homem audaz a quem a religião servia para satisfazer, a sua sombra, suas bastardas ambições, e havia sido um dos que mais trabalharam para comercializar com a Fonte da Saúde.

Felizmente, a epidemia terminou sem que houvesse na aldeia, ou em suas cercanias, um único falecimento ocasionado por tão terrível doença. E o bispo antes aludido, a quem chamaremos de Favonio, subiu ao púlpito da velha igreja e com tom imperativo disse o seguinte:

- Pecadores! Vistes como a cólera divina descarregou seus furores sobre as cidades invadidas pela peste, justo castigo por suas abominações. A Providência mostrou que está ofendida pelos desacertos dos homens, e castigou com a morte as almas rebeldes, destruindo seu corpo e condenando o espírito à eterna expiação de suas culpas. Para desagravar a Providência, é justo que edifiquemos um ato grato aos olhos do Senhor e, ao mesmo tempo, que prestemos testemunho de nosso agradecimento por ter nos conservado a vida, que empregaremos em honra e glória de Deus. Assim, pois, no próximo domingo ordenaremos que todos os fiéis se reúnam para acompanhar Sua Divina Majestade, que será levada em procissão ao topo da montanha que dá sombra a esta aldeia, e depois desceremos a colina e voltaremos à igreja. Ordeno que nenhum se exima. Quero que todos assistam a um ato tão meritório.

Aquela linguagem imperativa causou muito má impressão em meus fiéis, acostumados que estavam a me seguir sempre sem que eu ordenasse que me seguissem. Eles me amavam, e isso era o bastante para que constantemente trabalhassem em meu jardim e me acompanhassem até a porta do cemitério, depois de eu haver dado meu passeio de costume.

No domingo seguinte, eu disse a meu superior:

– Hoje é minha vez de ocupar a tribuna sagrada, porque, se meus fiéis vos ouvirem outra vez, perderão a fé em Deus por muitos anos. Deus não se impõe; Deus se faz amar e seus ministros não devem dar ordens imperativas caso queiram ser intérpretes do *Evangelho* de Cristo.

Favonio olhou para mim e seu olhar expressou todo o ódio que seu coração guardava para mim. Mas, como nunca conheci o medo e meu espírito, pelo contrário, crescia na luta, subi ao púlpito mais animado que nunca, dizendo a meu auditório:

– Amigos meus, não estando de acordo com alguns pontos do discurso que meu digno superior lhes dirigiu no domingo passado, é justo que desvaneça certos erros que não quero de modo algum que abriguem em sua mente. Ele arguiu o errôneo princípio de que a cólera divina descarregou seu furor sobre as cidades invadidas pela peste. E eu devo repetir o que já lhes disse muitas vezes: que Deus jamais se encoleriza, porque Ele é superior a todas as paixões humanas. Ele só pode amar e criar. Sob esse pressuposto, Ele não pode se ofender, porque não chegam a Ele nossas míseras disputas, e não se deve atribuir raiva àquele que está fora de nosso alcance.

"Personalizar Deus é diminuir Sua grandeza, é desconhecer a essência de Seu ser. Deus cria e, ao criar, dá aos mundos e aos homens leis eternas. É sabido que depois das guerras vem a peste, não como castigo por nossa barbárie, mas como resultado da infestação da atmosfera com as centenas de corpos que, em estado de putrefação, exalam seus gases deletérios, infeccionando o ar. E, se os homens pudessem fazer ofensas a Deus, os vigários de Cristo, os pastores do *Evangelho* que abandonam seu rebanho quando o lobo os ameaça seriam os que ofendem, não a Deus, mas sim aos nobres sentimentos que devem ser patrimônio exclusivo do homem.

"Príncipes da Igreja, tão parca fé tendes na justiça divina que fugis de vossos lares, abandonando as famílias indigentes no meio da tempestade? Sabeis o que um bispo representa em sua diocese? O mesmo que o capitão de um navio, que não abandona sua embarcação enquanto não houver salvado o último grumete; pois da mesma maneira vós não deveis deixar vossas cidades infestadas, e nelas deveis permanecer para alentar os fracos, para consolar os tristes. Se quereis chamar-vos pais das almas, cumpri o papel de pai. Algumas vez vistes um pai salvar sua vida deixando seus filhos em perigo? Não. Primeiro pensa neles. Pois, sendo assim, agi como bons ou deixai de usurpar títulos que, em honra da verdade, não vos correspondem.

"Penseis manter as aparências dando um longo passeio, obrigando os pobres anciãos e os doentes a vos acompanharem. E para quê? As cerimônias religiosas nunca devem ser obrigatórias. Se a alma dos crentes precisa dessa manifestação, que participem aqueles que quiserem se associar a ela, pois a nada útil nos conduz, porque não são as procissões que engrandecem o sentimento cristão. Levar para passear o cálice com a hóstia consagrada não leva esperança a nenhum espírito doente, como sim leva a exortação evangélica que o sacerdote dirige a um ser que sofre. As romarias e procissões só dão como resultado distração para gente moça, cansaço para os velhos, desilusão para os pensadores e vão prestígio para os que as organizam. E é sobre outros alicerces que a igreja cristã deve erguer suas torres. Conste, pois, que considero as procissões passeios anti-higiênicos, manifestações religiosas que não despertam outro sentimento senão o da curiosidade, e o sacerdote cristão deve ter mais nobres aspirações."

Como vocês devem compreender, minhas palavras tiveram diferentes acolhidas. Os meus não me aplaudiram porque o sagrado lugar não permitia, e meus contrários não me mandaram à prisão porque eu tinha a vantagem de uma grande força magnética; eu os dominava a meu bel-prazer. Quando os olhava fixamente, fechavam os olhos e fugiam de mim, dizendo baixinho: "Sois um feiticeiro, sois o fiel servidor de Satanás".

Naquela tarde, organizou-se a procissão. À frente ia toda a nobreza, atrás os prelados, atrás deles todos os habitantes da aldeia e, por último eu, levando o cálice nas mãos. Todas as crianças me cercavam, não só as da aldeia, mas também as da nobreza; e como a infância é tão expansiva, demonstrava-me seu afeto com a ingenuidade de sua inocência. As crianças foram os únicos que aproveitaram aquele passeio. Os outros seguiram o curso da procissão por seguir, sem essa espontaneidade da alma que é a vida do espírito. Paramos no topo da montanha, e as crianças da aldeia entoaram um hino à Providência, implorando sua proteção para os viajantes que no dia seguinte deviam empreender a marcha para regressar a seus lares.

Descemos ao plano, atravessamos a ponte do barranco e paramos na praça da igreja, onde os doentes e os mais velhos nos esperavam, quer dizer, esperavam a mim. Tenho a satisfação de dizer que, se abandonaram seu leito, foi para me ouvir, porque sabiam que eu falaria antes de entrar no templo, o que contrariou sobremaneira o bispo Favonio. Mas eu disse a ele:

– É aqui que devo falar, porque é onde os doentes e os anciãos me esperam. A Igreja é pequena e desconfortável, porque carece dos bancos necessários. Aqui eles estão em seu lugar favorito; nesta praça brincaram quando eram crianças, dançaram quando eram jovens, e hoje, já decrépitos, vêm pedir ao sol o calor de seus raios para revigorar seus corpos gelados. Vamos falar aqui, então. O sol reanimará sua matéria e minha palavra alentará seu espírito. – E, subindo as escadas que conduziam ao templo, detive-me no átrio e disse:

– Príncipes da Igreja e nobres do reino! Já cumprimos vosso desejo indo em procissão até o topo da montanha; já haveis dado graças a Deus porque vos conservou a vida, e amanhã vos dispondes a voltar a vossos lares porque tens certeza de que a peste não se abaterá sobre nenhum de vós, já que vos preservastes do perigo bebendo por três novenas a água milagrosa da Fonte de Saúde e rezando sete Salve Rainha antes de beber a água benta a cada dia. E acreditais que estais salvos? Vossa superstição é tão grande que já não temeis a cólera divina, como dizeis? Com tão pequeno sacrifício se acalma a ira do Onipotente? É curioso ver como ajeitais as ofensas e os desagravos. Mas, como eu vejo muito longe, como sei que se fará valer a feliz circunstância de que nenhum de vós haja morrido durante sua longa permanência na aldeia para dizer que não se deve deixar ignorada por mais tempo a milagrosa fonte, e, ao partir, deixeis fartos donativos para reedificar esta velha igreja e fazer uma ermida junto ao manancial, devo prevenir-vos de antemão que tudo que deixardes será entregue aos pobres e nem um tostão gastarei em reedificar a igreja. Pobre é, como vedes: seus vasos sagrados não são de ouro nem de prata, e sim de humilde estanho, mas o cálice não tem valor pelas pedras preciosas que o adornam, e sim pelas mãos que o elevam em recordação a Jesus Cristo. Se aquele que celebra a missa, quando levanta o cálice, levanta com ele seu espírito a Deus, se não é caluniador nem invejoso, se não engana o próximo, se não furta o fruto do cercado alheio, se vive dentro da santa lei de Deus, Ele envia sobre sua cabeça os eflúvios de sua onipotência, mesmo que o cálice que suas mãos sustentam seja de grosseira argila. Não quero que a sofisticação religiosa profane esta aldeia, não quero dar valor ao que na realidade não tem. A Fonte da Saúde só tem a seu favor a vantagem de que suas águas são filtradas por ásperas pedras, e assim chega a nós limpa e cristalina, sem que nenhuma substância estranha turve seus fios de líquidos diamantes.

"Dizei-me, vós que vociferais que essa água vos deu a vida: que mudança experimentais em vós? Nenhuma, sem sombra de dúvida. Já se sabe que o habitante das cidades, quando passa uma temporada no campo, sente seu corpo mais leve, tem mais apetite, mas em vossa parte moral, que mudança notais? Quando se verifica um milagre, deve haver um mudança radical, e vós viestes com a morte na alma e com a morte na alma partis. Sentis as mesmas ambições, abrigais os mesmos desejos, viestes fugindo da peste e levais a peste convosco. Vossos olhos me revelaram grandes mistérios. Eu sei que alguns jovens desejam morrer porque o peso de seus quinze anos já os angustia; entre vós, algumas mulheres choram recordando grandes desacertos, e vieram à Fonte da Saúde acreditando que a virtude de suas águas destruiria os fetos do adultério. Quantas histórias viestes revelar sem ter dito uma única palavra! Quanto me compadeço de vós! Com todas as vossas misérias sois tão pobres, e ainda quereis aumentar vossas misérias profanando este lugar onde vivem em doce paz algumas crianças da Terra.

"Não tenteis vir perturbar nosso repouso, porque nunca consentirei que realizeis vossos planos. Enquanto eu viver, não se abusará da credulidade religiosa. E para que vos convençais de que a Fonte da Saúde não dá saúde a ninguém, um entre vós, antes de entrar em seu palácio, morrerá, e é o que mais água bebeu."

Ao pronunciar essas palavras, a confusão foi indescritível. Uns diziam: "É um louco, não sabe o que diz". Outros olhavam-se assustados, e o bispo Favonio se aproximou de mim e disse com amarga ironia:

– Já que sois adivinho, dizei quem morrerá dentre nós.

– Vós – disse eu com tom imperioso –, e vos adverti – repliquei baixando a voz – porque sei a história que guardais, e seria muito conveniente que vos confessásseis com a mulher que prejudicastes, tornando-vos dono de seu porvir. Aproveitai os instantes, que para vós são preciosos. Alguém me diz, alguém me inspira, e minhas predições costumam se realizar. Não estranheis minha linguagem, já sabeis de antemão que detesto farsas religiosas.

A multidão foi se retirando, e uma linda menina de quinze anos, a angelical Elina, filha dos condes de San Félix, que quase a tarde toda estivera perto de mim, disse-me com voz angustiada:

– Padre, amanhã vou embora e tenho urgência de lhe falar esta noite. Preciso vê-lo na Fonte da Saúde. Minha boa ama me acompanhará.

– Não é hora de entrevistas, minha filha, mas, como sei que sofres, irei ouvir-te.

Retirei-me ao meu quarto acompanhado de Sultão, comi alguma coisa e o sono me venceu. Mas Sultão, cuja extraordinária inteligência sempre me causava admiração, compreendeu, sem dúvida, ao falar Elina e apontar com a mão direita para a Fonte da Saúde, que ali me esperava. De modo que me acordou lambendo minhas mãos e latindo suavemente. Ao acordar, lembrei-me do compromisso e, seguido de meu fiel companheiro, dirigi-me à fonte, onde Elina já me esperava com sua ama. Ao me ver, disse:

– Padre, esta tarde o senhor disse grandes verdades, afirmando que aqui não se recupera a saúde. Tem razão: doente vim e doente vou; meus pais e meu confessor querem me unir a um homem que detesto. Ele é muito rico, mas é um miserável, e, antes de dar-lhe minha mão, me matarei. Era isso que lhe queria dizer: que estou decidida a morrer e que rogue por mim em suas orações.

– Como vês, minha filha, a Fonte da Saúde em vez de curar-te te fez piorar, porque aqui tua doença se agravou. Eu sei, e se falei esta tarde foi principalmente por ti, porque li em teus olhos que a água desta fonte poderia te causar a morte se não recebesses um antídoto a tempo.

– Que sabe, senhor? – perguntou Elina fixando seus lindos olhos em mim.

– Nada de particular, minha filha. Vai tranquila, eu velarei por ti.

– Então, melhor será que me ponha sob seu amparo.

– Não, nada de violências. Amanhã falarei com teu pai e lhe direi que espere, e esperará para fazer-te mudar de estado. Porque entre teu pai e eu há uma conta pendente e ele tem de me obedecer. Eu sei que viste nesta fonte uns olhos que fizeram teu jovem coração palpitar, e tua maravilhosa beleza despertou uma alma adormecida. Eu posso fazer sua felicidade e a farei; vai em paz.

Elina olhou para mim com esse êxtase com que olham as virgens, que, apesar de estar na Terra, recordam o céu, e, rodeando minha cabeça com seus braços, disse-me com voz vibrante:

– Padre, bendito seja! O senhor, sim, é que me deu a saúde.

– A saúde das almas, minha filha, é o amor correspondido. Amas e és amada; eu te prometo que realizarás teus sonhos, e minha promessa é água de saúde para teu espírito. Confia em Deus, no mancebo dos negros olhos e em mim. Sorri feliz, que terás dias de sol em tua vida.

Elina partiu e eu fiquei um longo tempo na Fonte da Saúde, pois precisava me preparar para um novo sacrifício.

Sem dúvida vocês recordarão que, entre os seres a quem amparei em minha vida, um deles foi um menino, filho de uma mendiga que morreu ao dá-lo à luz. Eu o acolhi, deixei-o em poder de uns aldeãos, e três anos depois voltei para buscá-lo e o entreguei aos pais de Maria para que tivesse uma família carinhosa.

Não passava dia sem que André fosse me ver. Espírito simples e agradecido, cresceu tranquilo e completou 17 anos sem que uma nuvem de tristeza embaçasse sua fronte. Várias vezes me havia dito:

- Padre, quero ser sacerdote como o senhor, e, quando deixar de existir, eu o substituirei, e todos na aldeia me amarão.

- Não, filho - dizia-lhe eu -, quero que te cases, que tenhas uma família, que teus filhos fechem meus olhos. Quero vê-los brincar de cavalinho com meu báculo, quero que vivas, pois eu não vivi.

- É que não gosto de nenhuma mulher - replicava André simplesmente.

- Vai gostar de alguma, meu filho; és muito novo ainda.

Eu desejava que se casasse com alguma jovem da aldeia, que fosse morar comigo, e já me via cercado de meus netinhos, porque André era um filho para mim. O olhar que sua mãe me dirigiu ao morrer, a muda súplica daqueles olhos, haviam despertado o amor paternal em meu coração, e eu amava André com toda a efusão de minha alma. Havia em meu carinho grande parte de egoísmo, confesso. Queria aquele ser para mim, de modo que o eduquei sem despertar sua inteligência; ensinei-lhe o mais necessário e me abstive de aprofundar seus estudos para evitar que seu espírito ambicionasse deixar aquela vida pacífica. Eu precisava ter perto de mim algo que me pertencesse, que tudo me devesse, e ninguém melhor que André, que veio ao mundo nas mais tristes condições e graças a minha proteção viveu feliz na abundância e querido de todos. Então, repito, deixei seu espírito dormir para que a vida da aldeia não lhe parecesse monótona. Às vezes eu olhava para ele e dizia: "Sou um criminoso; este menino, bem educado, seria algo no mundo. Mas, então, eu o perderia. Ele iria para muito longe, e sabe Deus se o tornaria a ver. Não, não; como ignora tudo, não sofre, e com sua presença eu sou feliz". E assim iam se passando os dias, até que chegou Elina e uma centena de nobres fugindo da peste.

Certa tarde, Elina veio ver meu jardim, que era o mais bem cultivado e tinha fama por conta das muitas flores que nele cresciam frondosas e lindas. André, solícito, mostrou-lhe as melhores frutas e as flores mais belas. Os dois jovens se olharam e ficaram extasiados um em frente ao outro. Eu estava no gazebo, e observei a impressão que se haviam causado. Escutei sua animada conversa, vi que os dois diziam com seus olhos "te amo" e, sem poder me conter, dei um suspiro e me levantei contrariado, porque aquela linda menina havia destruído em dois segundos todos os meus planos. André já não seria feliz na aldeia, a lembrança de Elina o atormentaria, porque ela era lindíssima. Seus olhares haviam lhe prometido um céu, e André seria muito infeliz se não realizasse seus sonhos. E para me certificar, fiquei observando e vi aquela alma sair de sua letargia.

Mudo, pensativo, passava longas horas no jardim, sentado na mesma pedra onde Elina se sentava. Pouco afeito à leitura, buscou nos livros agradável passatempo que servia ao mesmo tempo de pretexto para falar com Elina, que à tarde vinha me ver (segundo ela dizia). E durante dois meses André e Elina acreditaram estar no Paraíso. Ele se transfigurou por completo. Seu semblante risonho tornou-se melancólico, suas rosadas faces perderam o matiz encarnado, sua testa adquiriu rugas e seus límpidos olhos, expressão. O menino se tornou homem e começou a sofrer. Avaliou o profundo abismo que o separava de Elina e tremeu. Ela era de primeira nobreza, imensamente rica, e ele pobre, sem instrução, sem porvir.

Quando soube em que dia os nobres abandonariam a aldeia, vi-o entrar em meu quarto triste e sombrio. Cheio de compaixão, perguntei:

- Que tens?

Ele olhou para mim e me disse:

- Não sei.

- Não mintas; és muito menino ainda para mentir. Não me vês como um pai?

- Sim.

- Pois então, por que não me contas tuas penas?

- Porque aumentaria as suas.

- Não importa. Deus me dará forças. Senta-te e fala.

Mas André não conseguiu falar. Apenas disse com a voz entrecortada pelos soluços:

- Amanhã vão partir!

- Eu sei que vão partir amanhã, e, se não houvessem vindo, teria sido melhor.

- É verdade - assentiu André, olhando-me com tristeza. - Eu vivia tão tranquilo, e agora não sei que será de mim.

- Agora começarás a viver, porque começarás a lutar. Amanhã irás embora da aldeia.

- Eu? - gritou o menino com mal disfarçada alegria.

- Sim. Por muito tempo fui egoísta, confesso minha fraqueza: eu, a árvore morta, para adquirir seiva quis enxertar em minhas secas raízes um terno arbusto. És tu. Tive o propósito de não te instruir, de deixar-te dormir em um sono manso. Eu teria te casado com uma linda jovem da aldeia, teríamos vivido juntos, teus filhos teriam dormido em meus braços e eu lhes teria ensinado a andar. E já via o jardim transformado em um paraíso. Que lindo sonho! Mas hoje já é impossível realizá-lo. Tu despertaste e amas como só se ama uma vez na vida. Meu egoísmo recebe seu justo castigo. Eu devia ter procurado te fazer homem; ao assumir sua educação, não devia ter pensado em mim, e sim em tuas aspirações. E em vez disso, eu te entretive como se entretém uma criança. Perdoa-me, meu filho; nem mais um segundo estarás ao meu lado. Amanhã seguirás caminho levando cartas que te abrirão as portas do grande mundo. Uma mulher nobre (que te ama muito) te receberá com os braços abertos e te servirá de mãe. Dize à linda menina que perturbou nosso repouso que te espere, que tu conquistarás um nome para torná-la tua esposa.

André se jogou em meus braços e só pôde expressar sua gratidão com seu olhar, pois a emoção o sufocava. Estava muito feliz.

No dia seguinte todos partiram e, ao ver-me sozinho em meu jardim, fui fraco e chorei; chorei por André. Mas fiquei tranquilo, talvez mais tranquilo que nunca, porque havia cumprido meu dever.

Seis anos depois, Miguel e Maria estavam atarefadíssimos arrumando meu quarto porque chegariam hóspedes. Elina havia escrito anunciando sua chegada, suplicando-me que a fosse esperar na Fonte da Saúde. André, durante esse tempo, graças a minhas recomendações, encontrou tudo que podia desejar, e em todas as suas cartas me demonstrava sua gratidão.

Naquela tarde me dirigi à fonte desejando, como as crianças, que as horas passassem logo. Finalmente ouvi barulho de cavalos ao longe; logo cessou e, alguns momentos depois, vi Elina e André, que não me deram tempo de olhar para eles, porque se jogaram em meus braços com tal precipitação que quase caí.

Há momentos na vida cujas múltiplas sensações não podem ser descritas, por isso renuncio a lhes dizer o prazer inefável que experimentei. Quanto tempo estivemos abraçados? Não sei. Só sei que nós três falávamos ao mesmo tempo e que eu não me cansava de olhar para André, que era um gentil cavalheiro em cujos negros olhos irradiava o fogo da vida.

Vinham para que eu abençoasse sua união. Elina, com o apoio de seu pai, havia deixado a casa paterna porque sua mãe e seu confessor não queriam de jeito nenhum aceitar seu casamento com André. Mas o conde de San Félix me devia a vida e foi grato confiando-me a felicidade de sua filha.

Que lindo casal os dois formavam! Elina já não era a menina tímida; era a mulher com toda sua beleza e seus atrativos. Alma apaixonada, olhava para André de um modo que teria feito os santos enlouquecerem.

Nunca esquecerei aquela noite, por vê-los tão felizes e sorridentes. Eles me acariciavam como se eu fosse uma criança, e eu era tão feliz! Naquele mesmo lugar, diante da rústica fonte, levantei a mão direita dizendo: "Benditos sejam por sua juventude e seu amor! Perpetuem o matrimônio que em outro mundo contraíram e continuem vivendo unidos por toda a eternidade. Sejam como a luz e a sombra, que sempre seguem uma à outra, como a árvore e suas folhas, como a flor e o fruto. Que tenham apenas um único pensamento manifestado em uma única vontade. Amem-se, pois dos que se amam o Senhor faz seus anjos".

Os dois juntos, André e Elina, caíram de joelhos, e eu continuei falando da felicidade do amor. Quando mais entusiasmado estava, emudeci; vi duas sombras diante de mim. Uma era a menina dos cachos negros, que colocava sobre a fronte de Elina sua coroa de jasmins. A outra era a mãe de André, que, apoiando sua mão direita na fronte do filho, olhou para mim e disse: "Bendito sejas tu, que serves de pai aos órfãos!"

Aquelas palavras me causaram uma impressão indescritível, e gritei: "André, tua mãe!" O jovem se levantou aturdido e nada viu; Elina sim, disse que via um reflexo luminoso que foi esvanecendo.

Oito dias os jovens casados ficaram na aldeia, e a mim pareceram oito segundos. Eu não me cansava de olhar para eles, precisava ver sua imensa felicidade para não sentir a ausência de André.

Quando partiram, quando os vi se afastar cercados da numerosa servidão que o conde havia enviado para acompanhar sua filha, quando os vi no seio da grandeza e da vida, quando vi André, com todo o esplendor da linda juventude, conduzir seu brioso corcel, olhei para o passado e vi uma cabana miserável e nela uma mendiga dando à luz um menino que entrou no mundo causando a morte de sua mãe. E ao vê-lo depois tão jovem, tão arrogante, tão feliz, pensei com íntima satisfação: "Essa felicidade é obra minha! Obrigado, Meu Deus, minha vida não foi estéril! Minto ao dizer que estou sozinho: nunca está sozinho aquele que difunde o bem. André sempre se lembrará de mim".

E assim foi: ele entrou plenamente na vida, tornou-se célebre por suas façanhas, e a todos os lugares aonde foi falou com entusiasmo de mim, sendo um dos que mais trabalharam para instituir minha santidade.

Muitas e contraditórias opiniões me julgaram durante a vida, e a ignorância deu valor a meus mais simples atos: minha predição de que o bispo Favonio morreria antes de chegar a seu palácio se cumpriu: morreu na metade do caminho, de morte natural. Eu entendia muito de medicina, sabia da doença que tinha, dos abusos que havia feito bebendo da Fonte da Saúde em demasia para mostrar que a água o havia aliviado, sendo que, na realidade, para sua enfermidade, todo tipo de líquido era um veneno ativo. Minha observação, fruto do estudo, foi tomada pelo vulgo como inspiração divina, como tudo neste planeta se julga assim. Há tanta ignorância que vocês transformam os pigmeus em gigantes, e os verdadeiros gênios são condenados ao esquecimento.

Felizmente, hoje, os espíritos vêm esclarecer-lhes muitos mistérios. Aceitem suas revelações, porque são as memórias do passado.

Os presos!

Irmãos meus, vamos nos ocupar hoje dos seres mais infelizes que há na Terra. Sabem quais são? Os presos. O espírito, só de vir a este planeta, já vem condenado a saldar contas atrasadas. E se, além de sua expiação e sua prova, redobra seu cativeiro cometendo novas faltas que atraem sobre o culpado o castigo da lei, aquele pobre espírito se torna duas vezes prisioneiro. Se julgava a Terra pequena para seus desejos, de repente se vê privado de ar e de luz; se sentia pesado o corpo material a que estava unido, aumenta seu peso com as enormes correntes que tem de arrastar. Se a pobreza o angustia, aumenta sua indigência, porque seu alimento é escasso e de substâncias sem qualidade. Se existe neste mundo o máximo da dor, sem sombra de dúvida está reservado para os presos. Tudo que lhes disser é pálido; é necessário ter sido preso para saber medir o profundo abismo no qual se lança o homem, algumas vezes por sua própria vontade, outras impelido pela ignorância ou dominado por adversas circunstâncias, filhas de diversas causas, cujo resultado sempre é fatal.

Entre os grandes problemas sociais que há que resolver na Terra, o primeiro de todos é a questão da subsistência. Em todas as épocas houve ricos muito ricos e pobres muito pobres. Estes últimos, por razão natural, odiaram os ricos e disseram em todos os tons da escala musical que a propriedade é um roubo. Podem esperar-se todos os crimes do homem que vive carecendo de tudo, e como são muitos que vivem sem desfrutar nem o menor prazer da vida, todos esses deserdados são outros tantos instrumentos que podem ser empregados no mal. Isso não quer dizer que os grandes soberanos não tenham cometido crimes, e horríveis alguns deles. Mas devemos acrescentar ao provérbio que, se a ociosidade é a mãe de todos os vícios, o desespero é o pior conselheiro que o homem pode ter. A fome nos irrita, a sede nos enlouquece, e de um louco podemos esperar todas as loucuras. Os furtos e os homicídios que são além de atos de verdadeira loucura? Os criminosos são dementes, infelizes, alienados cuja doença nunca foi estudada e, por conseguinte, não pôde ser compreendida. Havia criminalidade na Terra nas diferentes épocas em que a habitei. Cometem-se crimes hoje e cometer-se-ão amanhã, e se seguirá cometendo enquanto os ricos forem muito ricos e os pobres forem muito pobres. Os primeiros, muito felizes, entediados com suas riquezas, entregam-se à desordem para sentir uma nova sensação, e os pobres dizem em seu desencanto, sorrindo com amarga ironia: "Já que Deus não se lembra de nós, vamos viver como se ele não existisse. Vamos esquecer suas leis, já que para nós a Providência não sorri".

Ah, essa desarmonia social, esse descontentamento íntimo em que vive o homem é o berço de espinhos onde se embalam os grandes desacertos. Na Terra se vive muito mal; os espíritos encarnados neste planeta, em sua maioria, são inferiores, e por isso, sem dúvida, para idear tormentos tiveram uma criatividade tão notável que, se a houvessem empregado no bem, a Terra seria o Paraíso da lenda bíblica.

Se cruéis foram os homicidas, inclementes foram os juízes que os julgaram, não poupando meios para martirizar o culpado de um modo inconcebível. E o que é mais triste ainda é que a religião foi mesclada nesses horrores. Nas prisões religiosas a crueldade com os condenados foi tão excessiva, que, se culpado foi o assassino, duplamente homicida foi aquele que lhe impôs o castigo. Agora se vive na Terra na mais doce harmonia em comparação a quando eu a habitava. Seus presídios, hoje, são casas de recreio comparadas com aquelas sombrias fortalezas onde gemiam nas mesmas masmorras os infiéis, os hereges, os rebeldes a seu rei e os malfeitores de ofício. Os tormentos da inquisição, que tanto os impressionam, não são nada em comparação aos que impunham os penitentes negros, associação terrível que ainda existe na Terra, mas com estatutos notavelmente modificados. Sua primeira época é quase desconhecida em nossa história, que bem pode ser chamada, pelo modo como está escrita, de uma conspiração contra a verdade, como dizia Heródoto, chamado o pai da História.

Podemos dizer que vocês ignoram tudo, mas chegará um dia, quando a mediunidade estiver mais difundida, que serão conhecidos episódios da história universal que lhes parecerá impossível que hajam existido homens capazes de triturar o corpo humano, e seres que puderam sofrer anos e anos um tormento superior a todo cálculo. Eu, que sou um espírito muito velho, que vi e sofri muito, que passei por todas as fases da existência, tenho o propósito de lhes dizer algo sobre a história terrível dos penitentes negros, que tiveram nas mãos todos os poderes. Seus membros se sentaram na mal chamada cadeira de São Pedro, nos tronos de todos os césares. Foram os Maquiavéis de todos os tempos. A política e a religião foram suas armas empregadas na ofensiva e na defensiva, segundo a conveniência. Mas foram tão ferozes e tão cruéis que pareciam ser encarregados de nos fazer acreditar que Satanás não era um mito, que existia, para tormento e condenação da humanidade.

Como a moderna Companhia de Jesus, foram odiados e temidos, dispersados e perseguidos hoje, tolerados e mimados ontem pela volúvel fortuna, martirizados e santificados. De tudo sofreram e de tudo usufruíram, mas sempre foram fiéis a seu juramento; onde houve dois, formaram uma associação. Se toda sua constância e talento houvessem sido empregados no bem, a Terra seria um lugar de delícias.

Em minha última vida estavam em uma de suas épocas de poderio; sendo eu adolescente, os monges que me educaram me iniciaram em alguns de seus segredos, e até para agradar minha vaidade juvenil me fizeram assistir a suas sessões ordinárias, e se propuseram, segundo me diziam, fazer de mim uma águia da ordem. Mas, como eu os abandonei, afrontei e disse que morreria mil vezes antes de acatar seus planos de iniquidade, fui vítima deles, pode-se dizer. Nunca me perdoaram por ver que lutavam com forças iguais; porque meu espírito, inclinado para o bem, era constantemente favorecido pelos sábios conselhos de espíritos protetores. Como depois tive oportunidade de ver, eu era forte, muito forte. A causa que me propusesse a defender eu defendia com tal firmeza, empregava em meu trabalho tanta força de vontade, tão pouco me importavam os obstáculos, estava tão plenamente convencido de que o bem atrai o bem, que muitas vezes era temerário. Corria todo tipo de perigo sem ser aquilo que se chama de valente no sentido comum da palavra, mas me empossava tanto de meu papel humanitário, meu espírito se regozijava tanto quando podia dizer a uma família aflita: "Aqui tens o consolo", que eu sentia em todo meu ser uma emoção tão doce, uma satisfação tão pura, um prazer tão imenso, que naqueles momentos deixava de pertencer à Terra. Dizer a um prisioneiro: "Eu te trago a liberdade" era para mim a felicidade suprema. O primeiro olhar do cativo me demonstrava uma felicidade tão intensa que naquele momento eu sentia o que não compreenderão na Terra.

Os presos sempre tiveram em mim um decidido defensor, e hoje meu trabalho favorito é inspirar resignação e esperança aos moradores dos presídios, que são, sem dúvida, os seres mais infelizes deste planeta. Uns porque às vezes são vítimas da ignorância; outros porque tiveram em seu destino a influência da solidão, do abandono, do desprezo social; outros ainda porque são espíritos rebeldes inclinados ao mal, monstros tão perversos que em volta deles nem a grama cresce, porque seu hálito envenenado infecciona o ar.

Quanta perversidade existe em alguns seres! E esses justamente são os que precisam da proteção e do conselho de bons espíritos. Se Cristo veio à Terra para salvar pecadores, nós que nos orgulhamos de seguir seus passos devemos imitá-lo. Os justos sabem sozinhos o caminho do Paraíso, e os ímpios são os que precisam de guia. Os cegos, se forem sozinhos, podem tropeçar e cair. E quem mais cego que um criminoso? Por isso eu me constituí em guia de muitos culpados, procedimento que em algumas ocasiões me causou horríveis sofrimentos, mas a rosa mais terna, a de aroma mais delicado, é aquela que tem mais espinhos: de todas as sensações agradabilíssimas que o espírito pode gozar, nenhuma é tão grande, nenhuma nos proporciona prazer mais puro que poder dizer a quem chora: "Alma triste que choras apenada, sorri e espera, pois eu te trago o cálice onde encontrarás a água da vida".

Ver uns olhos que, por menos expressivos que sejam, naquele momento falam com toda a eloquência do sentimento; ver a animação que adquire aquele semblante; ser por alguns momentos um novo Pigmalião[9] que deu alento a uma estátua e dar a esperança a quem duvida de tudo; assemelhar-se ao sol espalhando o calor e a vida é chegar à suprema felicidade, é viver na perpétua luz, e não apreciaríamos o valor dos resplendores da aurora se não sentíssemos a melancólica influência das densas sombras da noite.

Fui espírito de combate. Na inação, na vida normal, eu era o que se pode chamar de um ser inofensivo, de poucas necessidades e de menos ambições. Mas na luta pelos infelizes, eu, que falava pouco, tornava-me eloquente como Demóstenes, empreendedor como Alexandre, audaz como um aventureiro; mandava e suplicava ao mesmo tempo, empregava até o insulto se com violência pudesse arrancar a assinatura de um soberano; feria sua dignidade a fundo, pois muito pouco me importava que os grandes me odiassem se pudesse servir de amparo aos pequenos.

Em uma ocasião, quando era muito jovem, pedi a meus superiores, como questão de estudo, que me deixassem visitar uma fortaleza que tinha uma biblioteca com documentos importantíssimos, códigos curiosíssimos e outros pergaminhos de grande valia, pretexto que utilizei para atingir meu objetivo, que era visitar os subterrâneos daquele sombrio edifício que servia de prisão preventiva para aqueles faltavam às leis políticas, religiosas e morais. Eu sabia que estavam preparando uma expedição para o Norte; que muitos desventurados iam ser abandonados nas regiões das neves eternas, e diante daqueles assassinatos minha alma se sublevava. Eu queria o castigo do criminoso, mas, ao mesmo tempo, queria instruí-lo, moralizá-lo, fazê-lo reconhecer o remorso, mas não triturar seu corpo e desesperar sua alma.

Um magnata havia sido assassinado. Dez indivíduos estavam envolvidos na causa, e eu sabia que os dez sofreriam a mesma condenação. Isso me desesperava, porque pensava: "É impossível que esses dez homens tenham pecado por uma mesma ideia; cada um deles deve ter tido motivo diferente. Não existe um homem que se pareça a outro homem, pois cada

[9] Nota da editora: Lendário escultor grego. Esculpiu tão perfeita a estátua de Galateia, que por ela se apaixonou, conseguindo que a deusa Afrodite lhe desse vida.

ser é uma individualidade. Por que a lei tem de ser tão cega? Por que não estuda nesses seres que tanto se prestam ao estudo?"

Consegui meu intento e entrei na fortaleza, onde tinha permissão para permanecer por quinze dias. Uma parte do castelo era habitada por cinquenta penitentes, outra servia de classe preparatória a cem neófitos da ordem, e os subterrâneos serviam de prisão preventiva a todos os acusados daquele entorno, onde não era permitido visitar os réus. Seus familiares só os viam um dia antes de saírem para cumprir a pena.

Fui muito bem recebido pelos primeiros chefes da ordem, pois ainda não havia me revelado; ainda pensavam que eu serviria de instrumento para seus planos satânicos. E me conduziram à biblioteca, entregando-me a lista do mais curioso que aquele templo da ciência encerrava. Em uma cela próxima daquele santuário do saber humano deram-me confortável alojamento, acompanhado de um penitente que era o chaveiro das prisões. Na época, havia poucos empregados nas prisões. Os presos estavam de tal maneira que podiam ser deixados sozinhos sem medo de que fugissem.

Como minha ideia principal era visitar os presos, comecei tentando ganhar a confiança do monge chaveiro, mas logo me convenci de que nada conseguiria. Porque, embora seus olhos me fizessem revelações, sua boca emudecia selada pelo medo. Ele me tratava com afeto, mas se fechava e se trancava no mais profundo silêncio. Só aquele homem penetrava aqueles imensos subterrâneos; ninguém mais tinha permissão de descer à cripta onde os homens eram enterrados vivos.

Estando eu certa noite entregue à meditação, meu companheiro se levantou pausadamente e se aproximou de meu leito. Vi que estava com os olhos abertos, mas fixos, imóveis. Depois, abriu um armário, ajeitou alguns papéis, sentou-se, rezou várias orações com voz muito fraca e voltou para seu leito, onde permaneceu sentado um longo tempo, até que um forte golpe dado na porta da cela com um martelo o fez estremecer violentamente. Ele abriu os olhos, olhou um relógio de areia e se vestiu aceleradamente, chamando-me com voz insegura. Eu lhe perguntei:

- Estais doente?

- Não; estou com a cabeça muito pesada. Sonhei que estava na Palestina e, não sei, sinto uma grande confusão nas ideias.

Eu me abstive de lhe dizer o que havia observado nele; o que fiz, durante o dia, foi estudar sobre o sonho duplo, ou seja, essa segunda vida dos letárgicos, que hoje se conhece pelo nome de sonambulismo. E logo me convenci de que o chaveiro, durante o sono, desenvolvia forças inteligentes que faziam dele um instrumento precioso para um homem que soubesse estudar e dirigir aquelas manifestações misteriosas de uma vontade superior.

Esperei a noite com ansiedade. Deitamo-nos e eu fiquei alerta; e quase à mesma hora da noite anterior, meu companheiro se levantou e balbuciou algumas palavras ininteligíveis. Então, eu me levantei e disse a ele muito baixinho, pegando sua mão:

- Que tens?

- Medo!

- De quê?

- Dos mortos-vivos.

- Quer dizer, dos prisioneiros?

- Sim. Meu cargo é horrível.

- Renuncia a ele.

- Não posso, seria pronunciar minha sentença de morte. Rapaz, foge daqui!

O mesmo golpe da noite anterior acordou meu interlocutor, que, ao me ver junto a ele, manifestou estranheza, perguntando-me se estava doente. Para abreviar, direi que todas as noites, assim que o chaveiro adormecia, eu me levantava, e fiz meus primeiros ensaios de magnetismo[10] com ele. Fazia-o dormir quando eu queria e falar quanto queria, e, para dar continuidade ao meu trabalho, pedi que me concedessem mais quinze dias na biblioteca. Concederam, e uma noite magnetizei o monge chaveiro; e, por um caminho que ele mesmo me havia indicado, fui visitar os prisioneiros acompanhado do carcereiro adormecido, que me guiava admiravelmente por aquele sombrio labirinto de largas galerias e estreitos corredores. Por fim, chegamos a um espaçoso salão de cujo pavimento brotava uma água fétida. Na parede havia umas concavidades de trechos em trechos e, dentro daqueles nichos, fechados com fortes barrotes de ferro, havia um homem em cada um, que tinha que permanecer em pé sem poder se dobrar, por não ter espaço para fazer nenhum movimento, e por ter os pés, a cintura e às vezes o pescoço presos por argolas. Aqueles infelizes, por uma crueldade horrível, eram bem alimentados e lhes davam vinhos compostos para revigorar suas forças, e, excitados, sofriam horrorosamente naquilo que eram uns túmulos, lutando desesperadamente entre a forçada inércia de seu corpo e o fogo devorador de seus sentidos superexcitados.

A sensação que tive foi muito dolorosa, em particular diante de um homem jovem e robusto, que, ao me ver, disse:

- Quem quer que sejas, dize a meus juízes que sou inocente, que tenho três filhos que são a vida de minha vida, e o homem que ama seus filhos não pode ser criminoso. Tenho uma esposa que é um anjo. Dize a ela que não se envergonhe de ter meu nome, pois sou inocente.

E daqueles lábios brotou um torrente de palavras que encontraram eco em meu coração.

[10] Nota da editora: magnetismo – ciência criada por Mesmer que descobriu, sob a ação de um magnetizador, um estado intermediário entre o sono e a vigília que permite ao espírito ainda preso ao corpo habilidades que apenas os espíritos desencarnados e os médiuns possuem. A hipnose é um dos primeiros estágios do sono magnético.

Eu lhe prometi voltar, e saí daquele lugar em um estado que não me é possível explicar. Acreditava firmemente que o inferno existia e que eu estivera nele.

Na noite seguinte fiz o chaveiro adormecer e fui sozinho, pois já sabia o caminho, e falei com aqueles dez infelizes. A bem da verdade, só um era inocente do crime que lhe imputavam. Os outros todos eram mais ou menos culpados, mas nunca merecedores daquele tormento, daquela crueldade que parece inverossímil, fabulosa, porém, tristemente verdadeira.

Tendo visto o que desejava, eu me despedi dos penitentes e, ao partir, declarei ao chaveiro o que havia acontecido, dizendo:

– Se fores meu aliado, ganharás em tranquilidade e em repouso; se me negares teu apoio, direi ao chefe da ordem que estás endemoniado, e, se me entregares, pagaremos os dois. Se me delatares, eu te advirto que não morrerei. Poderia não ter te dito nada e ter te dominado com a força poderosíssima de minha vontade, mas em todos os meus atos só quero me valer da verdade.

Então, o chaveiro me confessou que desde minha chegada à fortaleza havia se afeiçoado a mim e havia sentido uma profunda aversão pelo cargo que desempenhava; mas sabendo que pronunciaria sua sentença de morte se renunciasse a ele, sofria em silêncio a tortura de horríveis remorsos. Seu desejo era ir para a Índia na qualidade de missionário. Eu lhe prometi que tudo se conseguiria se me fosse fiel. Ele me prometeu aliança e parti satisfeito com minha obra, pois via que minha voz havia encontrado eco em seu coração.

Imediatamente fui ver a família do acusado inocente e, quando lhe falei do pobre Lauro, sua esposa se abraçou aos meus joelhos, dizendo:

– Senhor, ele é inocente. Meu esposo é incapaz de cometer um crime, pois adora seus filhos e quem sabe amar como meu Lauro ama não é criminoso. Se ele declarasse que havia se tornado assassino, eu diria que ficou louco ou que está mentindo.

A nobre convicção daquela mulher me deu mais ânimo. Apresentou-me três crianças que pareciam três anjos, brancas, louras, coradas, com grandes olhos azuis que pareciam guardar o esplendor dos céus. As inocentes criaturas me olharam sorrindo e o mais velho, que devia ter oito anos, disse-me com voz dulcíssima:

– Meu pai é muito bom. Tu também tens cara de bom. É verdade que salvarás meu pai? Pobrezinho! Dize-lhe que todas as noites sonho com ele.

A voz daquele menino me comoveu de tal modo que eu disse:

– Pobre anjo desamparado! Eu te prometo salvar teu pai.

E, ato contínuo, fui ver o primeiro chefe dos penitentes, e disse a ele:

– Os últimos dez acusados que ingressaram em vossas prisões necessariamente devem ser entregues aos tribunais civis. Mas consta-me que um deles é inocente, tem esposa e três filhos. Com a deportação desse homem vais cometer cinco assassinatos, e isso é horrível. Os outros nove devem ser julgados separadamente, porque a culpa de cada um é diferente. A história desta associação religiosa está escrita com sangue; e, se eu hei de pertencer a ela, tem que tomar outro rumo. Quero justiça e verdade. Do modo que agis, sois os piratas da Terra. Condenais sem apelação para confiscar os bens dos condenados. Quereis que eu seja a águia da ordem, e eu serei se realmente quiserdes ser ministros de Deus na Terra, praticando Sua lei de amor.

– Queríamos tornar-te águia, mas vejo que teremos de te cortar as asas. Já sei o que serás no mundo: serás o manto dos criminosos só para ir contra as leis, porque o espírito da rebelião está encarnado em ti. És jovem e audaz, mas sabemos pôr freio à audácia dos audazes. Desta vez te deixo livre, pois, apesar de tudo, gosto de homens como tu e creio que no fim nos entenderemos. Mas desiste de teu plano. A ordem dos penitentes, por conta das revoltas políticas, carece de fundos, e estes são necessários, indispensáveis, pois sem eles não se poderia manter. O fim justifica os meios; o fim da ordem é grande porque é impor a religião em toda a Terra. Associação tão poderosa precisa de recursos. O que é a vida de dez homens diante da salvação de milhões de criaturas? Esse processo, ditado por nós, nos conquistará a simpatia e a proteção da família do assassinado e, além disso, os bens dos culpados ficam a nosso favor. E a escolha não é difícil. Deixa de generosidades juvenis. Quando tiveres minha idade te convencerás de que a humanidade é uma raça de víboras e todas as que se esmagam é em proveito da comunidade.

Nada respondi, porque compreendi que tudo seria inútil, e não quis provocar sua cólera, porque me tinha em seu poder. E, se me detivesse, eu não poderia ser útil a meus protegidos.

Assim que me despedi, fui para o campo, prostrei-me de joelhos sobre um pequeno monte e, olhando para o céu, exclamei: "Senhor, inspira-me; põe em meus lábios tua divina palavra! Dez famílias estão expostas a perecer de fome; um homem inocente vai ser imolado para o bem de uma associação que é o vampiro do universo; dá-me a magia da persuasão para comover um monarca da Terra. Senhor, sob tua sombra a raça de Caim continua difundindo o medo e a morte. Deixa que eu comece minha vida de sacerdote com um ato digno e justo. Tenho sede de justiça e fome de verdade; eu te amo, Senhor, acima de todas as coisas da Terra, e em teu nome quero difundir a luz. Que o fogo da inspiração inflame minha mente!"

Sem perder um momento, pus-me a caminho e no dia seguinte falava com o rei, a quem consegui convencer de que exigisse os dez acusados, que em justa lei os tribunais civis deviam condenar, e não os eclesiásticos, posto que o morto nada tinha a ver com a casta sacerdotal. Passei três horas falando para convencê-lo, porque nenhum soberano queria se indispor com os penitentes negros, pois sabiam muito bem o que os aguardava, que era a morte cedo ou tarde. Mas, por fim, consegui que assinasse a ordem pedindo a entrega dos dez acusados, e eu fui com o capitão que comandava a força para tirá-los do sombrio calabouço.

Os guardas do rei e até o capitão tremiam ao entrar nos subterrâneos e ver aqueles homens enjaulados como feras que, ao sair da clausura, não sabiam dar um passo. Houve soldado que chorou como um menino ao ver tanta impiedade. O capitão, diante daquelas torturas, rugia de raiva e dizia: "Deus não existe, mentira! Se existisse, não haveria tanta iniquidade".

Eu, dominado por uma força estranha, peguei o chaveiro e lhe disse: "Quero ver tudo, quero dizer a esses infelizes uma palavra de consolo; guia-me e eu prometo tirar-te daqui". E, enquanto o capitão e os soldados conduziam os presos para fora da fortaleza, eu fiquei naquele labirinto de galerias e corredores onde ecoavam em todas as direções lancinantes gemidos das vítimas que agonizavam naqueles sepulcros. É impossível narrar todos os tormentos a que estavam sujeitos alguns dos desventurados, que já estavam julgados e condenados a terminar seus dias naquelas cavernas, cercados de répteis e de tudo que pode atormentar o homem. Senti tamanho horror, tamanha vertigem se apoderou de meu ser, que eu disse a meu companheiro: "Tira-me daqui. Meu sangue se transforma em chumbo derretido que queima minhas entranhas. Eu não acreditava que o inferno existisse, mas existe. Estou enlouquecendo, tenho medo de ficar aqui, tira-me, por compaixão!" Meu companheiro me carregou nos ombros e me tirou por uma porta lateral.

Ao sentir em meu rosto as lufadas do ar, ao me ver no campo, deixei-me cair de joelhos, olhei para o céu, soltei um grito muito agudo e caí desvanecido. Quando voltei a mim, encontrei-me em um aposento da prisão real. O capitão e o chaveiro estavam ao meu lado. Parecia haver perdido a memória, mas, de repente, dei-me conta do que me havia acontecido e perguntei pelos presos. O capitão me disse que estavam na enfermaria. O chaveiro aproveitou minha indisposição para me acompanhar sem inspirar suspeitas.

Os penitentes, diante da força armada, eram humildes e não opunham a menor resistência às ordens do soberano. Diziam que faziam tudo pelo bem dos pecadores, porque o castigo predispõe à emenda. Tinham o governo de todos os estados nas mãos e apareciam em todos os lugares como obedientes e humildes súditos, dispostos sempre a cumprir a vontade do soberano. Em vez de reclamar quando a justiça ordinária se apoderava de um de seus membros, mostravam-se como mansos cordeiros, sempre dispostos a transigir em tudo. Mas depois, sigilosamente, vingavam-se de uma maneira horrível.

O chaveiro suplicou ao capitão que o detivesse como prisioneiro, alegando que os maus tratos que dava aos presos merecia um severo corretivo. O infeliz fez revelações que não quero recordar, garantia que preferia morrer devorado pelos selvagens a voltar a estar sob as ordens dos penitentes.

Graças a minha mediação tudo se ajeitou e mais tarde ele embarcou para a Índia, onde sofreu o martírio e morreu como desejava: devorado pelos selvagens.

O processo dos dez acusados me custou muitas horas de insônia, perseguições sem conta, ameaças terríveis, mas por fim Lauro ganhou a liberdade e, quando saiu da sala do tribunal e sua esposa e seus filhos o cercaram com seus amorosos braços, caí de joelhos, dizendo: "Bendito sejas, Senhor! Já não me importa morrer! Como tu, ressuscitei os mortos! Glória a ti, alma do universo, pelos séculos dos séculos!"

Lauro e sua família me cumularam de bênçãos, e seu filho mais velho me dizia: "Fica conosco e te amaremos tanto quanto a nosso pai".

Os nove condenados restantes sofreram o castigo proporcional a sua enorme falta; ficaram reduzidos à escravidão, trabalhando nas obras públicas. Eram escravos do estado, como são agora seus presidiários, e os deles bens ficaram em poder de suas famílias. Em comparação com a pena do tribunal eclesiástico que os esperava, aqueles desafortunados se julgavam felizes e, dentro do que aquelas almas rudes podiam expressar, mostravam-se agradecidos a meu empenho.

Os penitentes não tardaram muito a demonstrar que me fariam pagar caro por minha ousadia. Fiquei expatriado três anos, sofrendo os horrores da mais impressionante miséria e a dor de uma aguda doença. Mas, quanto mais sofria, mais via em minha mente Lauro saindo do tribunal cercado de sua família e dizia a mim mesmo: "Aquele homem tem uma esposa que o adora e três anjos que lhe sorriem. Sem ele, esses quatro seres que vivem ao calor de sua ternura teriam morrido de frio. Se eu sucumbir, sou uma árvore morta que a ninguém pode dar sombra. E, além do mais, aquele homem era inocente e não devia morrer. Eu finalmente me rebelei, neguei minha aliança com os que me serviram de pai e me instruíram. Faça-se a vontade de Deus, pois é sempre justa!"

E estava tão resignado a morrer que, quando recebi a carta de indulto, no primeiro instante quase me senti contrariado. Eu já disse antes que na vida normal era um ser praticamente apático; a luta incessante da vida me assustava, e eu havia acalentado por tanto tempo a ideia da morte que quase a amava. Um de seus poetas mais céticos cantou a morte. Busquem seu canto e acrescentem-no, se quiserdes, a estas linhas. Se não todo, algumas estrofes. Para mim, naquela ocasião, a morte era uma "ilha de repouso", como o poeta Espronceda a chamava, dizendo:

Isla yo soy del reposo
en medio el mar de la vida,
y el marinero allí olvida
la tormenta que pasó;
allí convidan al sueño
aguas puras sin murmullo,
allí se duerme al arrullo
de una brisa sin rumor.

Soy melancólico sauce
que su ramaje doliente
inclina sobre la frente
que arrugara el padecer,
y aduerme al hombre, y sus sienes
con fresco jugo rocía
mientras el ala sombría
bate el olvido sobre él.

Soy la virgen misteriosa
de los últimos amores,
y ofrezco un lecho de flores,
sin espina ni dolor,
y amante doy mi cariño
sin vanidad ni falsía;
no doy placer ni alegría,
más es eterno mi amor.

En mí la ciencia enmudece,
en mí concluye la duda
y árida, clara, desnuda,
enseño yo la verdad;
y de la vida y la muerte
al sabio muestro el arcano
cuando al fin abre mi mano
la puerta a la eternidad.

(...) Cierre mi mano piadosa
tus ojos al blanco sueño,
y empape suave beleño
tus lágrimas de dolor.
Yo calmaré tu quebranto
y tus dolientes gemidos,

apagando los latidos
de tu herido corazón.[11]

---

[11] Nota da tradutora: Poema *Canción de la muerte*, de José de Espronceda (1810-1842), poeta espanhol.
(...) Ilha eu sou do repouso
em meio ao mar da vida
e o marinheiro ali esquece
a tempestade que passou.
Ali convidam ao sonho
águas puras sem murmúrio,
ali se dorme ao arrulho
de uma brisa sem rumor.

Sou melancólico chorão-salgueiro
que sua ramagem dolente
inclina sobre a fronte
que enruga o padecer;
e adormece o homem e suas têmporas
com fresco sumo umedece, enquanto a asa sombria
bate o esquecimento sobre ele.

Sou a virgem misteriosa
dos últimos amores,
e ofereço um leito de flores
sem espinhos nem dor.
e amante dou meu carinho
sem vaidade nem falsidade:
não dou prazer nem alegria,
mas é eterno meu amor.

Em mim a ciência emudece,
em mim termina a dúvida,
e árida, clara e nua
ensino eu a verdade;
e da vida e da morte
ao sábio mostro o arcano
quando por fim abre minha mão
a porta à eternidade.

(...)Feche minha mão piedosa
teus olhos ao brando sonho
e encharque suave meimendro
tuas lágrimas de dor.
Eu acalmarei teu cansaço
e teus dolentes gemidos,
apagando as batidas
de teu ferido coração.

Eu havia sofrido tanto, havia vivido tão sozinho, que me horrorizava a ideia da velhice. Eu me despedi com sentimento daquelas montanhas envolvidas no branco sudário das neves eternas e voltei para minha pátria quase moribundo. Meu primeiro pensamento foi visitar André e, ao vê-lo, ao receber suas inocentes carícias, senti ressuscitarem em minha alma os desejos da vida. Senti vergonha de minha fraqueza e de meu egoísmo, e compreendi que havia sido injusto, porque nunca devemos desejar a morte quando na Terra há tantos órfãos a quem servir de pai.

Pouco tempo depois, eu me retirei a minha aldeia, onde residi mais de quarenta anos. Já nos últimos meses de minha vida, estando certa tarde sentado à porta do cemitério, chegou um ancião coberto de farrapos e me pediu uma esmola para as crianças cujos pais estivessem presos. Suas palavras me chamaram a atenção, e tive que lhe perguntar por que pedia para os filhos dos presos.

– Senhor – disse ele –, é uma penitência que eu me impus. Em minha juventude, estive em poder dos penitentes negros, acusado de um crime que não havia cometido. Um homem, que era um santo, interessou-se por meus filhos e me devolveu ao carinho de minha família, atraindo sobre si a perseguição dos penitentes, que conseguiram seu exílio e talvez sua morte. A lembrança daquele homem nunca se apagou de minha memória, embora me culpe, porque, quando o deportaram, nada fiz em seu favor, pois tive medo de cair novamente nas garras daqueles tigres. E não só emudeci, como também mudei de residência, me expatriei. Os anos foram passando e meu remorso foi crescendo, a ponto de há mais de dez anos eu mesmo me haver imposto a penitência de pedir esmola para os filhos dos presos em memória daquele homem que se sacrificou por mim. Todos os anos, em janeiro, divido tudo que recolhi durante um ano entre vinte crianças órfãos pela morte ou pelo cativeiro de seus pais, e lhes digo: "Roguem pela alma do padre Germano".

O relato de Lauro me comoveu profundamente, e eu disse, dominando minha emoção:

– Pois rogaste pela alma de um homem que ainda está na Terra.

– O padre Germano está vivo? – gritou o mendigo, seu rosto animado por uma centelha de júbilo. – Diga-me onde está se souberes, pois Deus teve misericórdia de mim. Porque eu sempre disse, quando me julguei próximo da morte: "Senhor, em minha última hora permite que o padre Germano apareça, e me julgarei perdoado por minha ingratidão".

Não sei de que modo olhei para Lauro, pois o ancião se aproximou mais, olhou para mim fixamente e se jogou em meus braços, dizendo:

– Como Deus é bom comigo!

Que compensações maravilhosas têm as boas ações! Quanto me regozijei falando com Lauro! Todos os seus filhos haviam se casado e viviam na maior abundância. Sua esposa havia morrido bendizendo meu nome, e ele praticava a caridade em minha memória. Dos nove condenados, quatro morreram na escravidão, e os outros cinco foram agraciados por um indulto geral dado pelo rei por haver tido grandes vitórias na Terra Santa. Voltaram ao seio da família e puderam sorrir contemplando seus netos.

No dia seguinte, Lauro se despediu de mim, dizendo:

– Agora não temo a morte. Que venha quando quiser, pois realizei meu desejo, que era ver-te antes de morrer.

E como se a morte estivesse esperando nossa conversa para concluir os dias de Lauro, ao sair da aldeia o ancião mendigo deu um passo em falso e caiu em um despenhadeiro, morrendo no ato pela violência do golpe.

A extração do corpo deu bastante trabalho, mas consegui resgatá-lo. E ele foi enterrado perto da menina dos cachos negros. Não tardei muito a segui-lo e, no espaço, encontrei vários presos da Terra que me mostraram sua gratidão.

Amem, amem muito aos presos, busquem sua instrução, moralizem-nos, eduquem-nos, castrem-nos, porque é muito justo que o delinquente seja castigado. Mas, ao mesmo tempo que impões a pena, seja-lhes aberto o caminho da redenção. Se flagelarem o corpo do cativo, desesperam sua alma; não esperem ações generosas de espíritos desesperados.

Não sonhem com dias de liberdade, não digam que trabalham para a união dos povos nem que sois os iniciadores da fraternidade universal, se, antes de mais nada, não melhorarem a triste sorte dos criminosos. Enquanto existirem esses presídios, criadouros de crimes, focos de corrupção, habitados por homens a quem não deixam ter nem o direito de pensar, infelizes de vocês! Todos os seus planos de reformas sociais serão trabalho perdido. Vocês não podem imaginar o dano que seu sistema penitenciário lhes causa. Um homem desesperado atrai fatais influências, e em seus presídios há tal aglomeração de espíritos inferiores que sua perniciosa influência os envolve, os aprisiona e às vezes me inspiram dó. Porque os presos, sem que vocês saibam, vingam-se de seu abandono enviando-lhes com seus eflúvios todo o fel que seu coração guarda. Eu lhes repito, e nunca me cansarei de repetir: os criminosos são dementes, nem mais nem menos. Que é feito de seus alienados? Submetem-nos a um plano curativo. Pois submetam a um plano moral aqueles que infringem as leis. Não empreguem violência, pois nada assim se conseguirá, porque empregam armas que na realidade não lhes pertencem e que vocês não sabem manipular.

Se vocês têm a inteligência, se tem o dom da palavra, se são da raça dos redentores, por que não seguem seus passos?

Ah, pobre humanidade, como afundas no lodo, como manchas tuas lindas vestes, como contaminas a atmosfera que te envolve, como foges da luz, como estendes o vasto território das sombras! Tu me inspiras compaixão! Volta a ti, começa teu trabalho de regeneração universal, e não te envaideças abrindo escolas e universidades enquanto não houveres instruído os criminosos, cuja ignorância te condena à perpetua servidão.

Eu amei muito os presos em minha última encarnação e a meu empenho por eles devo a linda liberdade que hoje desfruto.

Homens, homens! Se compreendêsseis seus verdadeiros interesses, a Terra não seria uma penitenciária da criação, e sim um dos mundos regeneradores, uma das moradas onde a alma pode sorrir. Não esqueçam meus conselhos, filhos meus; amo muito os terrenos, porque entre vocês conheci a menina pálida, a dos cachos negros.

Adeus, meus companheiros de infortúnio. Vamos trabalhar todos no bem universal, vamos redobrar nossos esforços, aproximarmo-nos dos presos, e eles nos darão a liberdade.

Não esqueçam que os justos sabem o caminho do progresso e os culpados são apenas cegos perdidos nas sombras da ignorância. Vamos guiar, meus filhos, os pobres cegos; eles são tão dignos de compaixão!

Os votos religiosos

Por mais que vocês estudem, por mais que leiam e sua imaginação tenha bastante criatividade para dar forma e cor à vida monástica, nunca pintarão com exatidão esse quadro sombrio, esse quadro horrível das misérias e degradações humanas. É necessário ter vivido dentro de um convento. Já lhes disse que passei minha infância e juventude entre monges, triste, solitário, mas que poderia ter vivido tranquilo se meu espírito houvesse sido mais dócil e não houvesse tido tanta sede de progresso. Eu me inimizei com meus superiores por conta de meu caráter revolucionário, por ser reformador incorrigível. Se houvesse sido mais obediente, minha vida teria sido até feliz dentro daquela esfera microscópica. Mas o que é completamente impossível é viver em calma em uma comunidade de religiosas. Não podeis imaginar o que são mulheres destituídas dos sentimentos naturais.

Sabem que me apresentei a vocês tal qual sou. O mundo me chamou de santo, e eu lhes disse repetidas vezes que estive muito longe da santidade, que amei uma mulher e prestei culto a sua memória, sendo sua sepultura meu altar preferido. Ali elevava meu pensamento, ali pensava nos pobres, ali pedia a Deus inspiração suprema para despertar o arrependimento nos culpados. Senti, amei, temi, tive todas as fraquezas dos outros homens, e lhes faço essa advertência porque, como falarei um pouco das mulheres e as apresentarei tal como são na realidade, não pensem que, querendo parecer santo, lhes demonstro aversão. Não; o que quero demonstrar é que a mulher educada, a mulher sociável, a mulher-mãe é a que sabe amar. E não pensem que ao dizer mulher-mãe me refiro à que tem filhos. Não; a mulher mãe é a que sabe amar; infelizmente, sei disso por experiência.

Uma mulher me levou em seu seio, recebeu meu primeiro sorriso, escutou minhas primeiras palavras e, apesar do íntimo parentesco que nos unia, afastou-me quando eu ainda não havia completado cinco anos. Essas mães desnaturadas são espíritos inferiores cuja rebeldia está tão arraigada em seu modo de ser que a maternidade não significa para elas mais que um ato puramente natural, e fazem o que fazem os irracionais: dão o primeiro alimento a seus filhos e depois os abandonam. Outras nem isso fazem, pois sua perversidade domina em absoluto. E são mães apropriadas para os seres que vêm à Terra sofrer cruéis expiações, pois tudo se relaciona na vida.

A mulher, espírito tanto quanto o homem, assume o envoltório do sexo frágil para educar seu sentimento, para aprender a sofrer. É, pode-se dizer, um castigo imposto ao espírito. Por isso a vida da mulher, ainda na civilização mais perfeita, tem no fundo verdadeiras humilhações. A mulher é um espírito rebelde que, sem educação, é o animal mais daninho que há neste mundo posto a serviço do homem. Escrevi essas mesmas palavras há alguns séculos, depois de ter passado uma longa temporada vivendo perto de um convento de religiosas, sendo o confessor daquela numerosa comunidade.

Em minha última encarnação, meu caráter aventureiro e minha sede de progresso me fizeram viver muito depressa em um tempo que se vivia muito devagar. E, antes de me fechar em minha aldeia, sofri todo tipo de perseguições, mesmo em meu retiro. Mais de uma vez fui convocado pelo chefe do estado e ameaçado de morte por meus superiores. Vivia em uma época em que dizer a verdade era um crime. E eu a dizia sempre, por isso minha vida foi uma luta incessante, uma batalha sem trégua. Tive o fanatismo do dever, e fui religioso não porque aceitasse os mistérios de minha religião, mas porque a moral universal me impunha seus direitos e deveres. Admirei o Cristo e quis imitá-lo, não em seu modo de viver e de morrer, porque nem tinha virtude, nem minha missão era a dele; mas quis mostrar o que devia ser um sacerdote racional, interessando-me vivamente pela instrução da mulher, para que outros não sofressem as consequências que eu sofri.

Todos os meus tormentos e agonias, para mim, não tinham outra causa que a ignorância de minha pobre mãe; e como eu havia sido tão imensamente desventurado, como a contrariedade havia sido meu único patrimônio, eu queria educar a mulher, tirá-la de seu embrutecimento despertando sua sensibilidade. Por que se podem esperar todos os sacrifícios e atos heroicos de uma mulher sensível. A mulher amando é um anjo. Mas, indiferente para a humanidade e fanática por um credo religioso, é um demônio. Se essa personalidade existisse, se o espírito do mal tivesse razão de ser, estaria encarnado nas mulheres fanáticas. A mulher desapossada de seu principal atrativo, o sentimento maternal, é um espírito degradado, que se apresenta neste mundo fazendo alarde de sua inferioridade e de sua ignorância. Não estranhem que me expresse nesses termos, porque vi as religiosas muito de perto.

Comprometido por conta de uma questão política, tive que sair fugido e fui pedir hospitalidade à superiora de um convento que ficava perto de uma hospedaria para os peregrinos, pois naquela época as peregrinações eram muito frequentes. Fui bem recebido, chegando em boa ocasião, pois a comunidade estava sem confessor, e como a superiora viu que eu era jovem e audaz, julgou que lhe poderia ser útil. Ela era uma mulher da nobreza que teve que esconder no claustro um deslize da juventude. Tornou-se ambiciosa, fez intrigas com precisão e sua autoridade e fama chegaram a ser tantas que fundou vários conventos, e as jovens das mais opulentas famílias foram postas sob sua tutela para receber educação; e muitas delas professaram, por instrução sua.

Acontecia com aquela mulher o mesmo que com a mãe egoísta, que, ao perder um filho, se alegra quando outras mulheres perdem os seus, e diz com sombria satisfação: "Que chorem; eu também chorei". Era isso que dizia aquela mulher sem coração quando uma jovem pronunciava seus votos chorando amargamente. Seus olhos me revelavam isso. Quando olhava uma jovem professa, recordava sua juventude, seu erro amoroso, pensando com feroz complacência, dizendo com cruel satisfação: "Mais uma vítima. Já que eu não pude ser feliz, procurarei fazer que ninguém seja".

A superiora era uma mulher de meia-idade, inteligente e astuta, ambiciosa e vingativa. A serviço da religião, fazia numerosos prosélitos. Rígida até a crueldade, mantinha em sua comunidade a mais perfeita disciplina, entregando à Igreja somas imensas que as infelizes alucinadas que ela fazia professar traziam como dote. Eu escutava aquelas mulheres e ficava petrificado. Quanta ignorância! Quanta servidão! E, no fundo, quanta imoralidade! Como da imoralidade à criminalidade só há um passo, aquelas desventuradas cometiam até o infanticídio, e ficavam serenas e tranquilas, acreditando que serviam a Deus obedecendo às ordens de seus ministros. Eu olhava para elas espantado e dizia: "Senhor, da mulher, daquela que deve levar em seu seio os heróis da humanidade; que foi chamada para ser a companheira inseparável do homem; que pode compartilhar suas glórias sendo parte ativa em seus estudos, em suas dores e em suas alegrias; que pode embelezar sua existência porque tem atrativos e condições para se fazer amar; que é carne de nossa carne e osso de nossos ossos; que sente esses dores divinas da maternidade; que realiza o ato maior da natureza no sagrado instante em que dá à luz; o que faz a religião com ela? Embrutece-a, envilece-a, mutila-a, reduzindo à mísera condição de escrava que nem é dona de seus filhos e sufocando nela qualquer sentimento generoso. O que resta da mulher, então? A mais impressionante deformidade em corpo e em alma. Todos os seus vícios passados reaparecem. Ela é astuta como a serpente, vingativa como o tigre, faz o mal e se regozija com sua obra, ou é um autômato que se move conforme os impulsos de outra vontade. E é para isso que a mulher foi criada? Para viver na mais humilde e vergonhosa servidão? Sendo a religião a base de todas as civilizações, por que em vez de remediar esse dano, pode-se dizer que o causa? Compreendo melhor (embora não as aprove) as associações dos homens cientistas que se retiram a um claustro para meditar e a pedir à ciência a solução dos problemas da vida, mas as comunidades de mulheres são completamente desnecessárias. As mulheres são necessárias em todos os lugares do mundo, menos nos claustros e nas casas de prostituição. Supondo que se consiga reunir (o que é muita pretensão) uma congregação de mulheres simples e virtuosas, que de boa vontade se entreguem ao exercício da oração, de que servem esses seres profundamente egoístas que não consolam o órfão, nem dão apoio ao inseguro passo dos idosos, nem ajudam os desventurados em suas penas? Sob nenhum ângulo a mulher progride na vida monástica, ao contrário; estaciona e até retrocede.

É considerada virtuosa ou inofensiva, mas é egoísta, posto que se afasta da luta do mundo. Quando pronuncia seus votos por desespero, torna-se tirânica, cruel. Quando a alucinação e a ignorância a jogam no claustro, transforma-se em coisa, é um instrumento do qual homens perjuros se valem, e, quando a timidez e a obediência aos mais velhos a obriga a renunciar ao mundo, vive morrendo, maldizendo e rezando ao mesmo tempo.

Eu amava a mulher, considerava-a a única glória do homem. E ao vê-la tão envilecida me desesperava. Naquela comunidade vi a mulher em todos os graus de embrutecimento, em todas as fases da degeneração e do sofrimento moral e material, tremendo diante do martírio, enlouquecida pelo terror.

Presenciei a profissão de uma pobre noviça e fiquei horrorizado. Outra pobre menina estava próxima de pronunciar esses votos irrevogáveis que tantas desgraças causaram e eu decidi salvá-la do inferno, de tão impressionado que estava com a luta da noviça que poucos dias depois de minha chegada professou. Aquela mártir sobreviveu por pouco tempo ao sacrifício e eu me alegrei com sua morte, porque era uma jovem dotada de grande sentimento e sofria terrivelmente cercada de mulheres sem coração.

Eloísa, sua companheira de infortúnio, ao vê-la morrer, olhou para mim e chorou silenciosamente, e compreendi que mais chorava por si mesma que pela morta.

Quando chegou a hora de se confessar, na véspera do pronunciamento de seus votos, eu disse a ela diante de um crucifixo:

– Eloísa, renuncias de todo coração aos prazeres da Terra?

– Sim – respondeu a jovem com voz insegura, olhando para a imagem de Cristo.

– Estás mentindo neste momento.

– Eu?

– Sim, tu. É necessário que a mulher, para se enterrar na vida, saiba por que se enterra. Quero supor que, alucinada e dominada pelos conselhos de teus padres e da superiora, pronuncias teus votos acreditando que renuncias aos prazeres deste mundo com toda a satisfação e contentamento. Mas imagina por um momento que, em vez desta imagem de Cristo, contemplas um homem de trinta anos, com olhar de fogo, sorriso amoroso, gentil e bem-apessoado, decidido a conquistar um mundo para depositá-lo a teus pés. Renunciarias ao seu amor, a tua eterna felicidade, à felicidade suprema de amar e ser amada?

– Sim – murmurou Eloísa, passando a mão pela testa coberta de suor.

– Estás mentindo, menina. O que teus lábios afirmam teus olhos negam. Vai descansar e pergunta a tua alma o que queres, e eu pedirei à superiora uma prorrogação de oito dias. Nesse tempo, medita e não enganes a ti mesma nem temas a ira de tua família, pois por algum motivo eu vim à Terra para ser pastor de almas.

A noviça olhou para mim, mas, temendo que as paredes falassem, emudeceu, e eu fui pedir uma audiência com a superiora, que ma concedeu logo. Comuniquei-lhe que Eloísa não estava bem disposta para sua profissão e que era necessário dar-lhe pelo menos oito dias para refletir.

– Muito mal feito – disse ela com secura. – Essa jovem tem que professar, queira ou não queira. Seus pais desejam sua profissão, porque Eloísa é filha do rei, e seu pai adotivo, como é natural, sente-se estorvado por essa menina, porque lhe recorda os devaneios de sua esposa. Além do mais, traz em dote uma grande fortuna, e o ouro é necessário para a Igreja. Vais me dizer que ela chora, mas eu também chorei e, se eu pude sofrer, as outras mulheres também poderão.

– Mas a religião serve para condenar seus filhos ou para salvá-los? Concordo (e já é suficiente) com que a mulher que tenha vocação para uma vida contemplativa se retire e viva entregue a suas estéreis preces ou a sua infecunda meditação. Mas a jovem que sente seu coração palpitar com a lembrança de um ser amado, por que deve ser sacrificada? Por que lhe negar os direitos e deveres que a natureza lhe concedeu? Na religião, a mulher deve encontrar um apoio, um amparo, leal conselho, mas nunca imposição nem tirania.

– Vais por muito mau caminho para obter o capelo – disse a superiora com amarga ironia.

– Quem segue pela senda da justiça e da verdade não precisa de capelos nem de tiaras para viver feliz. Eu quero ser um verdadeiro ministro de Jesus Cristo, quero amar ao próximo como a mim mesmo, quero ser um enviado de seu amor e equidade, quero que a mulher se regenere. Quero vê-la não escondida nos santuários esgotando sua vida em um quietismo improdutivo, mas fazendo parte da luta da vida. Quero que seja esposa e mãe, que compreenda quanto vale sua missão, que dentro de um convento desconhece por completo.

Ficamos conversando mais de três horas. A superiora me ofereceu sua proteção se eu cooperasse com seus planos, e, se eu fosse ambicioso, teria sido a oportunidade de em pouco tempo me tornar príncipe da Igreja. Mas meu espírito, cansado das farsas humanas, estava decidido a progredir, pois havia muitos séculos rodava pela Terra e não havia encontrado essa doce tranquilidade que o homem sente quando diz ao adormecer: cumpri fielmente meu dever.

A meu pesar, em algumas ocasiões tive que usar a diplomacia para ganhar tempo, de modo que fingi seguir seus conselhos e combinamos que esperaríamos oito dias para a profissão de Eloísa, e que nesse intervalo eu procuraria incliná-la à vida monástica. Os pais da noviça também vieram falar comigo. Todos estavam desejosos de sacrificar aquela infeliz cujos doces olhos prometiam um céu, um mundo de prazeres celestiais ao homem a quem entregasse seu sensível coração. Pobre menina! Como esteve perto do abismo! Quantos crimes foram cometido à sombra da religião!

Findo o prazo, pela manhã muito cedo fui à igreja, e a noviça já me aguardava; parecia uma morta, com seu hábito branco, seus grandes olhos fundos cercados de um círculo azulado, suas faces amareladas como o marfim, seus lábios esbranquiçados enrugados por um sorriso tão doloroso que, sem que murmurasse uma queixa, parecia que soltava gemidos lancinantes. Nunca vi uma imagem de dor tão comovente como aquela. As virgens ao pé da cruz, as *Dolorosas* de seus mais renomados pintores teriam parecido bacantes comparadas com a imagem de Eloísa. Como me impressionou o olhar daquela desventurada! Ao me ver, deixou-se cair a meus pés e, com voz balbuciante, disse:

– Obrigada, padre, tu me compreendeste. – E seu olhar concluiu sua confissão enquanto me perguntava:

– Que farei para me salvar?

– Segue-me. Eu te deixarei em poder de um homem que velará por ti. Não há tempo a perder. Para grandes males, grandes soluções. Vamos aproveitar a febril agitação que há na comunidade com os preparativos de tua festa. Fica orando na capela do Santo Sepulcro e espera-me lá. O resto corre por minha conta.

Efetivamente, como disse antes, Eloísa não parecia só um corpo, mas a personificação da angústia e da amargura. Ao medir o profundo abismo em que ia cair, sentira tal medo que todo seu ser se comovera extraordinariamente e estava desfalecido, exânime. Rapidamente fui dizer à superiora que Eloísa estava pronta para professar, mas que pedia duas horas de repouso espiritual na capela do Santo Sepulcro, e que eu julgava muito conveniente que lhe fossem concedidas. A superiora concordou sem suspeitar de minha intenção, porque acreditava haver me comprado com a grande soma que me houvera oferecido se conseguisse que Eloísa professasse. O cálculo dos espíritos degradados é tão mesquinho que não podem compreender o desprendimento e o desinteresse das almas que se encontram em vias de progresso.

Eu, nos oito dias de espera, não havia perdido tempo e, como sempre que me propus a fazer um bem e encontrei obstáculos, venci-os com minha perseverança e ao mesmo tempo seres amigos me ajudaram em todos os meus empreendimentos. Quem quer fazer uma boa obra sempre encontra um caminho.

A capela do Santo Sepulcro tinha um longo corredor que conduzia aos claustros do convento. Neles havia a entrada para as abóbadas que serviam de túmulos e que tinham duas portas que davam para o jardim do sacristão, que passou a me servir. Ele foi tão meu que nunca me abandonou. Ele foi aquele que me ouviram citar inúmeras vezes, o bom Miguel, que me amou tanto quanto uma alma simples e boa pode amar. Ele arranjou cavalos e três hábitos de penitentes, e, enquanto tudo era revolução no convento, eu, sem perder um momento, entrei na capela, tranquei a porta e disse a Eloísa: "Segue-me, não há tempo a perder". A pobre menina olhou para mim sem compreender e foi preciso repetir minhas palavras fazendo-a levantar; mas a pobre estava sem movimento. Felizmente, Miguel, fingindo-se doente, em vez de ir à igreja veio em meu auxílio. Na época ele era um homem vigoroso e ergueu a noviça nos braços como se fosse uma criança, e nós dois, a bom passo, saímos do convento. Chegamos à casa de Miguel, dei rápidas explicações a Eloísa, e ela, feliz ao se ver salva, recuperou forças como por encanto, cobriu-se com o hábito de penitente, montamos os cavalos e a galope nos afastamos daquele lugar. Quando foram atrás de nós, já estávamos em lugar seguro.

Em meu quarto deixei uma carta para a superiora, que dizia assim: "Senhora, nunca esquecerei que, em um momento de verdadeira angústia para mim, vós me destes generosa hospitalidade. E hoje pago vosso serviço com uma ação nobre, tirando de vós uma vítima que teria morrido maldizendo vosso nome e negando a existência de Deus. Devo a vós uma grande aprendizagem. Na comunidade que dirigis, vi toda a degradação e embrutecimento a que pode chegar a mulher e empregarei toda minha eloquência para libertar as mulheres da humilhante servidão a que uma mal entendida religião as condena. Entreguei a jovem que queríeis sacrificar ao rei. Não nos persigais, pois possuo vossos segredos e, bem sabeis, posso fazer-vos perder e morrer em uma fogueira."

Minha ameaça fez efeito. Segui meu caminho com toda a tranquilidade e consegui falar com o rei e entregar-lhe sua filha, que falou com tanta eloquência e sentimento que seu pai se comoveu e disse solenemente:

– Menina, se amas alguém, confessa-o ao padre Germano e ele que arranje teu casamento.

Descansamos alguns dias, e não havia me enganado: Eloísa amava um capitão da guarda do rei. Arranjei tudo e a primeira união que abençoei foi a de Eloísa e Jorge.

Como fiquei satisfeito com minha obra quando os deixei na embarcação que os devia levar à Inglaterra! Eloísa estava transfigurada, linda, sorridente, e radiante de felicidade me dizia:

– Padre Germano, parece que estou sonhando. Se estou dormindo, faça-me morrer antes de acordar. É verdade que não mais voltarei ao convento?

– Não voltarás – dizia seu esposo –, saíste para não voltar nunca mais. Acredita, padre Germano, que tu nos deste o que nunca poderíamos esperar. Eu amava Eloísa, mas não havia me atrevido a pedir sua mão a seus pais porque minha pouca fortuna era muito inferior à dela, e eu estava decidido a me matar quando soube de sua profissão. Ela teria vivido desesperada, e tudo por quê?

– Porque a religião mal compreendida serve de tocha incendiária, em vez de ser a imagem da Providência.

O navio levantou âncora e Miguel e eu ficamos à beira do mar um longo tempo olhando a embarcação, que se afastou lentamente, inflando suas velas aos ventos favoráveis. Eloísa e Jorge, no convés, agitavam seus lenços em sinal de despedida, e, quando o barco se perdeu no horizonte, abracei Miguel, dizendo: "Vamos dar graças a Deus, meu amigo, por ter nos deixado contribuir para a felicidade dessas duas almas apaixonadas. Suas bênçãos e as de seus filhos atrairão sobre nós a calma dos justos. Louvado seja Deus, que nos deixou ser Seus mensageiros de justiça, Seus enviados de paz e de amor".

Desde então, trabalhei o quanto pude para desarraigar o fanatismo religioso da mulher. Eloísa e Jorge não foram ingratos. Muitos anos depois estive em perigo de morte, e principalmente ela foi meu anjo de salvação. Também educou seus filhos nos preceitos da religião que eu lhe havia ensinado.

Tenho a profunda satisfação de ter evitado, da última vez que estive na Terra, mais de quarenta suicídios; com outras palavras, votos religiosos. Sim, salvei muitas vítimas com meus conselhos e, no que me é possível, hoje, prossigo meu trabalho inspirando uns, comunicando-me com outros, para despertar o verdadeiro sentimento religioso. Eu quero que Deus seja amado engrandecendo-se, instruindo-se, moralizando-se, humanizando-se. Não quero essas virtudes tétricas e frias que não sabem se compadecer nem perdoar. Quero que a mulher, dentro de uma vida nobre e pura, não sinta repugnância de olhar à desventurada que, por fraqueza ou por ignorância, caiu no lodo do mundo. Quero que a levante, que se compadeça, que a aconselhe, que a guie, que a mulher ame. E as que vivem dentro das comunidades religiosas não se amam, porque não podem se amar, porque vivem sem educar seu sentimento. As religiosas se afastam do carinho de seus pais e irmãos e renunciam ao amor de um esposo e às carícias das crianças. Não fazem nada para exercitar o sentimento, que adormece por completo. A mulher sem sentimento, não esqueçam jamais, é a cobra venenosa, o réptil que se arrasta pela Terra, o espírito cheio de vícios que não dá um passo na trilha do bem, e o espírito tem obrigação e necessidade de progredir.

Eu amo muito a mulher e, pelo mesmo motivo que sempre a amei e a considerei o anjo do homem, combati seu fanatismo religioso, que seca nela as fontes da vida e deixa de ser mãe amorosa, filha obediente, esposa apaixonada e se transforma em um espírito morto para o amor. E o espírito que não ama é o Satanás de todos os tempos.

Mulheres, espíritos que encarnam na Terra para sofrer e progredir, para se regenerar por meio do amor e do sacrifício, compreendam que só amando serão livres. Sejam úteis à humanidade e serão gratas aos olhos de Deus. Compartilhem com o homem suas dores e terão momentos de alegria. Recordem que não vêm à Terra para ser árvores sem fruto, e sim para sentir, para lutar com os sofrimentos da vida e conquistar com sua abnegação outra existência mais proveitosa, na qual possam gozar felicidades e prazeres que desconhecem por completo. O fanatismo religioso foi, é e será o embrutecimento dos espíritos rebeldes e o estacionamento das almas mais adiantadas.

Mulheres, adorem a Deus embalando o berço de seus filhos, sustentando vossseusos pais, trabalhando para ajudar seu marido, consolando o necessitado. Se tiverem fanatismo, tenham-no para fazer o bem, e de míseras desterradas que são agora, recuperarão seu posto nos mundos luminosos que vocês chamam de céu. Acreditem em mim, eu vivi muito, sou espírito muito velho e vi a mulher escrava no gineceu,[12] vendida e trocada por alguns bois, pois se tinha por ela a mesma consideração que pelos quadrúpedes úteis para as tarefas agrícolas. Contemplei-a afundada no vício, ora vestida com as toscas vestes do penitente habitando uma caverna, ora em tétrico convento fazendo parte de comunidades religiosas. E foi nesse estado que me inspirou mais compaixão e mais desprezo ao mesmo tempo. Porque foi quando a vi desapossada de qualquer sentimento humano. Não é possível explicar a metamorfose que se opera no espírito com a vida monástica. É uma humilhação constante, é uma abdicação tão completa da vontade individual que uma religiosa é uma máquina. E o que é a mulher transformada em coisa? Quase menos que um irracional.

Pobres mulheres! Se vocês pudessem compreender quanto atrasam sua redenção, como atuariam de maneira diferente! Mas entendam: se quiserem viver, se quiserem se elevar e fazer parte da grande família racional, amem a Deus amando a seus pais; e, quem não os tiver, que ame

[12] Nota da editora: Gineceu – dependência, nas antigas habitações gregas, destinada às mulheres.

os órfãos e os doentes, pois há muitos. Estudem tudo que as cerca, e se convencerão de que o absurdo dos absurdos, o erro dos erros, a loucura das loucuras é pronunciar votos religiosos truncando as leis da natureza em todos os sentidos. Seja a completa abstinência, seja a entrega a prazeres ilícitos, de qualquer maneira infringem às leis divinas e humanas.

O homem e a mulher foram criados para se unir, autorizados pelas leis vigentes para formar a família e viver moralmente sem violação de votos nem ocultação de rebentos. Tudo que se afastar da lei natural causará o que até agora tem causado: densas sombras, fatal obscurantismo, superstição religiosa, negação do progresso e desconhecimento de Deus.

A escola materialista deve sua origem aos abusos das religiões. Sombras mais sombras levariam a humanidade ao caos, se algo superior a todos os cálculos humanos não difundisse a luz sobre vocês e a voz do passado não lhes dissesse: "Espíritos encarnados, que agrupados nesse planeta formam numerosos povos, se até agora não fizeram nada além de amontoar escombros, já é hora de que comecem a removê-los e sobre as ruínas de todas as religiões levantem o lema do cristianismo raciocinado. Isso é o que lhes dizem os seres de além-túmulo, as almas dos mortos que lhes vêm mostrar que o purgatório, o inferno, o limbo e a glória são lugares inventados pela raça sacerdotal, e que para o espírito não há mais porvir que o progresso na inacabável eternidade.

Dia chegará em que os espíritos se comunicarão facilmente com todos vocês, e então tenham certeza de que as mulheres não pronunciarão votos religiosos. No lugar que hoje os conventos ocupam (cemitérios da inteligência) serão erguidos edifícios grandiosos que servirão de templos da indústria, pois neles haverá imensas oficinas, boas escolas, fazendas modelo, laboratórios químicos, observatórios astronômicos, bibliotecas, museus, casas de saúde e verdadeiros asilos para os órfãos e os anciãos, que hoje só conhecem na Terra o amargo escárnio da caridade.

Adeus, meus amigos. Meditem sobre minhas palavras e não esqueçam que eu os amo, especialmente as mulheres, porque a elas pertence a menina pálida, a dos cachos negros, espírito de luz que me espera e a quem nunca deixarei de amar.

O inverossímil

Acreditam, amigos meus, que um homem não pode resistir à tentação da carne, que não pode lutar com seus próprios defeitos, vencendo-os na batalha? Poucos conhecimentos têm vocês da vida quando negam fatos naturais que se desenvolvem dentro da sã lógica e no terreno firme da razão.

Vocês não sabem que cada espírito se apaixona de uma virtude, ou melhor, de uma boa qualidade, porque podemos dizer que a virtude é o conjunto dos bons sentimentos do homem?

Todo ser, entendam, presta culto a um ideal, se engrandece no sentido a que sua aspiração, seu desejo dominante o conduz. Acreditam que não pode ser verdade que uma alma encarnada na Terra tenha coragem e poder para lutar com todas as seduções que a vaidade nos oferece? E que dirão, então, dos homens que sacrificam a vida por um ideal político ou religioso? Recordem que são muitos os mártires que a humanidade já teve.

Antes de Cristo, na época pré-histórica, quando seus historiadores não haviam compilado ainda as memórias das gerações, um sem-fim de homens imolou sua vida pelo bem de sua pátria. Em épocas posteriores, antes da Era Cristã, filósofos e guerreiros morreram acreditando firmemente que com seu sacrifício criavam uma nova civilização. Cristo – é bem sabida sua história – morreu com a profunda convicção de que com sua morte faria uma verdadeira revolução na ordem moral e religiosa da sociedade. E depois de tantas heroicidades como fizeram os povos do passado, por que põem em dúvida a firme vontade de um homem aplicada a seu progresso e o dos outros?

Sabem por que duvidam da verdade dos meus fatos? Porque lhes foram referidos simplesmente, porque não acrescentei a nenhum dos meus atos o milagre nem o privilégio, como se supôs na história dos reformadores da humanidade, que, em sua maior parte, o vulgo transformou em enviados de Deus, em profetas inspirados pelo Espírito Santo, chegando a tanto a aberração humana que endeusou Cristo, quando a vida dele esteve dentro de todas as leis naturais, muitas delas desconhecidas então, combatidas agora. Mas nem por isso a ignorância de ontem, nem a incredulidade e petulância de hoje tiram um átomo sequer da eterna verdade da natureza, que, invariavelmente harmoniosa, desenvolve a vida dos espíritos dentro dos limites prescritos por seu avanço moral e intelectual.

Leiam a história de todos os reformadores, e ao lê-la, descartem dela tudo que for fabuloso, milagroso e maravilhoso agregado como apêndice necessário pela tradição e a lenda, e, despojados dos acessórios dados pela ignorância dos povos, os profetas, os messias, os redentores de todas as épocas serão simples revolucionários, homens mais ou menos perfeitos, mais ou menos fortes, mas sempre homens, não perfeitos, mas perfectíveis.

Vocês partem de um princípio falso, muito falso. Divinizaram um reduzido número de homens e infamaram o restante da humanidade, negando-lhe virtudes que talvez a maioria possui; que estão em germe e esperam o momento propício para abandonar a estreita célula em que vivem e para que as larvas disformes se transformem em coloridas borboletas.

Entre os grandes prejuízos que as religiões causaram - sem lhes negar, por isso, os benefícios que ofertaram às civilizações -, o maior, sem dúvida, foi dar um matiz milagroso aos efeitos naturais das causas motoras da vida. O fato de os deuses do paganismo subsistirem com os santos do catolicismo foi a perdição da humanidade, porque o justo e razoável perdeu sua veracidade, e o absurdo, o errôneo, o que está desprovido de bom senso ganhou *status* de natureza em uma sociedade que se julga inferior a sua origem divina.

Eu já lhes disse muitas vezes, e repetirei sempre que tiver oportunidade, que, quando a mediunidade estiver mais difundida, cairão todos os castelos de cartas erguidos pela superstição e pelo fanatismo, e os santos serão vistos tal como são. Eu fui aclamado como santo em minha última encarnação; ainda há altares na Terra com minha estátua; a Fonte da Saúde ainda emana entre ruínas e simples pastores, que ao conduzirem seu gado se sentam nas pedras que segundo a tradição me serviram de assento, ao se sentarem fazem o sinal da cruz invocando minha ajuda para que seu rebanho, bebendo da água milagrosa, se salve de todas as doenças.

Eu, aproveitando a combinação de variadas circunstâncias, pude lhes mostrar o erro que vive a congregação romana acreditando em minha santidade. E o mesmo que eu consegui outros espíritos conseguirão amanhã, e o céu católico, com suas seráficas legiões, ficará reduzido a nada, e muitos de seus santos lhes inspirarão profunda compaixão, porque os vereis desapossados não só de suas celestes vestes, mas errantes, frenéticos, sem bússola, sem estrela polar que os guie ao porto da vida. Porém, muitos seres que passaram inadvertidos no mundo, vivendo na maior miséria, morrendo em completo abandono, virão lhes dar lições de moral, de resignação, de esperança, de fé cristã. Serão seus mentores, seus amigos, seus guias ou espíritos protetores, que com seus conselhos paternais os ajudarão a segurar o peso de sua cruz, como hoje felizmente me acontece em relação a vocês. Não fui santo, estive muito longe da santidade, mas tive vontade de progredir, e a moral que veem em minhas ações não é inventada por mim; é a moral universal, é a lei do progresso.

Por que encontram inverossimilhança em meus atos se entre vocês há espíritos capazes de fazer muito mais do que eu fiz? E não por virtude exatamente, mas em grande parte agi por próprio egoísmo; mas egoísmo nobre, não o egoísmo mesquinho da Terra de acumular riquezas ou obter honras, não. Egoísmo de maior progresso, de melhor progresso, de melhor vida em mundos regenerados. Viver, amar, sentir, compreender, penetrar os santuários da ciência. É tudo isso e muito mais que o espírito ambiciona quando se propõe a dar início a sua regeneração. Nessas circunstâncias eu me encontrava. Havia vivido muitos séculos rodando pelas bibliotecas, havia passado muitas noites nos observatórios astronômicos pedindo aos astros notícias de Deus, havia perguntado às camadas geológicas como este planeta se tornou habitável, havia pedido aos fósseis a árvore genealógica de meus ancestrais. Chegue a ser sábio, como se diz na Terra, e quanto mais sabia, mais ignorante era, e compreendi que devia empregar minha sabedoria não no enriquecimento de museus nem fazendo proselitismos para esta ou aquela escola filosófica, pronunciando eloquentes discursos em academias científicas; devia começar me educando, moralizando, refreando minhas paixões, sabendo quais eram meus deveres e meus direitos, pois, por ser muito antigo, eu me acreditava no direito de julgar sem me importar com o dever de julgar a mim mesmo. Este é todo o segredo de minha última vida.

O que faz o homem quando, depois de uma longa jornada, exausto, com uma sede devoradora, chega a um manancial cristalino? Bebe, bebe sem medida; nem acredita que encontrou água. Pois do mesmo modo o espírito, quando tem sede de progresso, na primeira existência que consagra a sua reabilitação, não perdoa meio algum para se engrandecer. A questão é resgatar séculos perdidos para penetrar os mundos de luz.

Essa situação era minha situação, e como vitória sem luta não é vitória, vivi isolado, sem família, sem amigos, sem ninguém que me amasse no mundo. Aos cinco anos contemplei o oceano que gemia aos meus pés e, ao me ver sozinho, fiquei satisfeito, pois estava no terreno de que necessitava. Sem o amparo de ninguém e só minha vontade para fazer o bem, criei uma família junto com os aflitos e um nome no mundo, e minha lembrança ficou para a posteridade.

Não se iludam: o que o homem necessita é amar o bem, não amar a si mesmo; interessar-se pelo progresso universal, isso é tudo. Amar, mas amar sem egoísmo, respeitar todas as leis, medir a profundidade do abismo da culpa, considerar todas as consequências que resultam de nossos desvios e somar os benefícios que podemos reportar com nossas virtudes. Não justamente a nós mesmos, mas à massa social. Assim está perfeitamente explicado meu modo de viver.

Quando o homem só pensa em si mesmo e pensa que um dia de vida é a vida, como diz um de seus provérbios, goza de alguns momentos, é inegável. Mas como a felicidade terrena são flores de um dia, aquele que só pensa em satisfazer seus apetites logo se vê cercado de flores secas. Porém, aquele que cuida do amanhã, que quer alicerçar sua felicidade em base sólida sem faltar a nenhum de seus deveres, sem permitir que aqueles que lhe pedem conselho faltem aos seus; aquele que sabe esperar, não duvidem, é quem obtém melhor colheita.

Eu soube esperar; essa foi toda minha ciência. Pela falta de premeditação, por minha orfandade, por diversas circunstâncias, eu me consagrei à Igreja, e ainda não havia acabado de pronunciar meus votos quando compreendi claramente que minha vida seria um inferno, mas pensei: "Ministro do Senhor quiseste ser, e ministro serás. Não esperes, por enquanto, ser feliz; em outra oportunidade serás". E não pensem que eu era ascético em meus costumes, não. Fui um homem amantíssimo da família e da boa vida. Sempre olhei com horror os cilícios e as austeridades de algumas ordens religiosas. Fui parco em meus alimentos por questão de higiene e de pobreza ao mesmo tempo; amante da limpeza e do bom gosto; quando pequeno, sempre procurei me cercar de objetos agradáveis. Tive um medo inexplicável da morte violenta; só uma vez, em uso de meu sagrado ministério, dei assistência a um condenado à morte até acompanhá-lo ao patíbulo e, quando o vi morrer, senti uma dor tão aguda em todo meu ser, minhas têmporas pulsaram com tanta violência que, fugindo de mim mesmo, lancei-me em uma corrida vertiginosa por mais de duas horas, até cair desfalecido, e todos que me cercavam acreditavam que eu havia enlouquecido.

Eu amava a vida e amava a morte, mas queria morrer tranquilo em meu leito, cercado de amigos, depois de haver consagrado longos anos ao progresso de meu espírito. Se com minha morte voluntária eu devesse conseguir minha salvação, ou o engrandecimento, ou a criação de uma escola filosófica ou religiosa, não sei quantos séculos teria necessitado para me convencer de que seria benéfico e até necessário entregar meu corpo à justiça humana. Quanto à decisão de Sócrates e a abnegação de Cristo e a de tantos milhões de mártires que com seu sangue fecundaram a superfície da Terra, sempre as admirei, as respeitei, mas nunca senti o menor desejo de seguir seus gloriosos passos. Jamais, nem em minha última encarnação, nem em minhas vidas anteriores. E lhes confesso essa grande fraqueza de espírito para que vocês possam ver que meu modo de ser não é inverossímil; que, se tive força de vontade para lutar contra os reveses da sorte, faltou-me energia e decisão para outros atos que tão necessários são em certas classes sociais. Às vezes, um homem que sabe morrer salva um mundo.

É no altar do sacrifício que os deuses das civilizações se levantam. Os grandes reformadores, se não morressem violentamente, não conseguiriam impressionar a humanidade. Certas figuras históricas, quando vivem, morrem; e quando morrem, vivem. É com o batismo de sangue que se moralizam os povos. E como Deus não tem escolhidos, cada espírito vai fazendo seu trabalho por diferentes caminhos. Alguns espíritos se desprendem de seu envoltório centenas de vezes na fogueira, em todo tipo de patíbulo e de tormentos, nos campos de batalha, com um heroísmo digno de aplauso. E esse mesmo que também sabe morrer talvez não soubesse viver vinte anos lutando com a miséria, com a solidão, com a calúnia, a raiva e a ferocidade dos homens.

Eu, porém, nunca soube morrer por uma ideia, mas soube viver consagrado ao bem universal. Eu amei tudo que me cercou, desde a humilde florzinha silvestre até o astro esplendoroso que me empresta vida com seu calor; desde o desventurado criminoso até o menino inocente; desde a infeliz meretriz até a mulher nobre e pura que leva em sua fronte algo inexplicável que nos faz exclamar: "Deus existe!" Tive amor para todos, graduado, naturalmente, segundo seus merecimentos e as simpatias que inspira cada um.

Sempre sonhei com a harmonia universal e amei uma mulher com verdadeira adoração. Mas meu amor respeitou os laços que pesavam sobre mim e os que mais tarde ela contraiu. E, ao vê-la morrer, amei-a com inteira liberdade e, para ser grato a seus olhos (pois sempre acreditei na sobrevivência do espírito), para ser digno dela, fiz todo o bem que pude à humanidade, e ela me protegeu e atraiu sobre mim a atenção de espíritos elevados. Por isso, embora na Terra tenha vivido sozinho, pobre e perseguido, com minhas boas ações e meu afã de progresso, atraí para mim a inspiração de sábios conselheiros. Pude lutar contra a adversidade e dominar meus inimigos, porque não contava só com minhas forças; muitos eram os que lutavam a meu favor.

Não podem vocês imaginar o bem que tem o homem que sabe amar. Ele é mais rico e poderoso que todos os seus Cresos e seus césares.[13] Eu,

[13] Nota da editora: Creso – último rei da Lídia (560-548 a.C.), famoso por sua riqueza espetacular; césar – título dado aos imperadores de Roma de Augusto (63 a.C.-14) a Adriano (76-138). Creso é o símbolo da riqueza e os césares, do poder.

em minha última encarnação, soube amar e esperar - nisso consistiu toda minha sabedoria e minhas virtudes -, e pratiquei a moral universal, a lei de Deus, que um dia todos os homens compreenderão.

Quando virem vocês um espírito forte, ou quando os seres de além-túmulo lhes contarem histórias de almas boas, não digam: "Tanta bondade é inverossímil". Insensatos, cegos de entendimento, infelizes céticos! Não sabem que os homens foram criados para o progresso indefinido? Por que julgam inverossímil o avanço de um espírito?

Sabem o que realmente parece inverossímil? A crueldade de alguns homens, o estacionamento e a rebeldia de alguns espíritos, que passam séculos e séculos enlameados nos vícios. Isso sim deve lhes inspirar espanto, porque parece impossível que, onde tudo é tão grande, possam existir seres tão pequenos.

Creiam firmemente que fomos criados para o bem e, quando um espírito adquire boas condições, não faz mais que cumprir a lei primordial da criação.

Eu comecei a cumpri-la e lhes recomendo que comecem, pois nunca o homem é mais feliz que quando cumpre todos os seus deveres.

Amor, sorriso da Providência.

Amor, complemento da vida.

Amor, chama eterna da natureza, quem sente seus eflúvios crê em Deus.

E ainda existem intrusos que julgam inverossímil a força moral de meu espírito. Não sabem que eu amava? Não sabem que, antes de conhecer a menina dos cachos negros, eu a via em minha imaginação e esperava sua chegada? Desde que senti, amei-a; desde que pensei, esperei-a e, quando ela se foi, esperei na eternidade. Que são quarenta ou cinquenta anos para uma vida sem fim?

Adeus, meus filhos. A moral universal será a lei dos mundos. Procurem aplicá-la a todos os seus atos e serão felizes.

À beira do mar!

Estamos no lugar mais propício para que escutem o que vou contar. Certas narrações só podem ser feitas em lugares determinados, e a comunicação desta noite é uma delas.

Escutem: o amor conta a história das gerações que passaram. E eu vou contar um acontecimento que decidiu meu porvir.

Em um dos capítulos de minhas memórias, registrei o nascimento de um menino cuja mãe morreu ao dá-lo à luz em uma pobre cabana. Falei alguma coisa da juventude de André e de sua mudança de posição; mas não lhes disse que, durante o tempo de sua amamentação, por causa de minha vida nômade e aventureira em minha juventude, eu tive necessidade, quando André ainda não tinha um ano, de separá-lo de sua ama para colocá-lo em outro lugar mais perto de mim, pois tudo me fazia acreditar (como realmente aconteceu) que minha peregrinação me levaria para muito longe do lugar onde o desventurado menino nasceu.

Com ele em meu poder, dirigi-me a uma aldeia de pescadores, onde esperava encontrar uma mãe adotiva para André até que tivesse idade suficiente para cuidar do menino.

Era uma linda tarde de primavera, o mar estava calmo e minha alma também. Dominado por uma emoção dulcíssima, aproveitei o manso sono de André para deixá-lo alguns momentos na areia.

O menino não acordou. As ondas vinham docemente deixar a seus pés sua oferenda de espuma e deixavam líquidas pérolas nas dobras de sua roupa. Eu me sentei perto de André e, ao vê-lo tão pequeno, sem mais amparo que o de um sacerdote errante sem lar nem pátria, a calma desapareceu de meu espírito, tristes pressentimentos se apoderaram de minha mente e murmurei com amargura: "Pobre órfão! Pequeno navio sem timão nem bússola que vens cruzar o embravecido mar da vida, que será de ti? Tua mãe foi uma mendiga, teu pai não sei quem foi. Arbusto sem raízes, quis enxertar-te em uma árvore seca, pois é o que sou neste mundo. Como é triste teu porvir e quão rapidamente acabariam nossos sofrimentos se uma dessas ondas, impelida pelo furacão, nos arrastasse para esse profundo abismo, imenso túmulo. Ou melhor, imenso laboratório onde a vida deve se manifestar de um modo desconhecido para nós! Que bom seria morrer! Ou melhor, desaparecer. A vida na Terra é para os fracos, pois somos plantas parasitas que temos que nos enlaçar às árvores gigantes. Mas, ah, nem sempre se encontram troncos centenários onde se segurar. Pobre menino, como é tranquilo teu sono! Por que não é o último?"

Ao pronunciar tão horrível blasfêmia, não sei o que me aconteceu. Perdi de vista as rochas e a praia e me encontrei no meio do mar. De repente, as ondas, impetuosas como as paixões juvenis, levantaram-se e começaram a combater umas com as outras, e as líquidas e espumosas montanhas se transformaram em figuras humanas, que aumentaram tão prodigiosamente que parecia que todas as gerações da criação haviam se reunido em volta de mim. Havia homens de todas as raças e de todas as hierarquias; pontífices, príncipes do Estado e da Igreja, revestidos com seus mantos de púrpura orlados de arminho, uns apoiando-se em báculos de ouro, outros segurando o cetro que atestava seu poder, seguidos de multidões andrajosas e de exércitos formidáveis que, em dado momento, se confundiam e trocavam de papéis, porque os povos oprimidos se apoderavam das armas de seus opressores e, em terrível combate, faziam sucumbir seus tiranos. Vi os areópagos[14] dos sábios, escutei as discussões dos filósofos, assisti à agonia do mundo antigo, que sucumbia em meio a sua grandeza, ferido pelo excesso de poder. E, quando julguei chegado o momento terrível em que apareceria o anjo exterminador para estender suas asas mortíferas sobre as multidões, que agonizavam envenenadas pela cicuta de seus horrendos vícios; quando me pareceu ouvir o som da trombeta chamando a raça humana para o juízo, uma rajada luminosa desceu das alturas, ou surgiu do abismo, veio do Oriente ou do Ocidente, e se foi condensando rapidamente e formou uma figura lindíssima, de beleza tão admirável que não há na Terra nada que se assemelhe. Sua fronte era branca como a nítida açucena, em seus grandes olhos havia o reflexo dos céus, sua abundante e cacheada cabeleira parecia uma cascata de ouro que lançava sobre sua cabeça torrentes de brilhos dourados. Estava envolta em uma túnica mais branca que a neve que brilhava como a luz da aurora e, na mão direita, levava seu ramo de oliveira. Parou e passou seu melancólico olhar pela larga face da Terra, e as multidões, ao vê-la, gritaram "*Hosana*!", e a cercaram, pressentindo que o salvador do mundo havia chegado.

[14] Nota da editora: Areópago – conselho e tribunal de Atenas, onde foi proferida a condenação de Sócrates e onde o apóstolo Paulo teve oportunidade de apresentar pela primeira vez o cristianismo para os gregos.

Os tiranos transformados em deuses tremeram em seu trono e viram com espanto as pedras de seus altares se desprenderem. O choque foi terrível; a comoção, geral; todos os poderes fizeram o último esforço, mas até os servos se sentiram mais oprimidos em seus cárceres. Chegou o momento decisivo, pois a civilização daqueles tempos havia concluído sua missão e o novo Messias, o profeta do progresso, apresentou-se neste planeta, dizendo: "Humanidade, segui-me! Eu sou a luz e a vida, eu te levarei à casa de um pai, que está nos céus. Eu sou Jesus de Nazaré, o filho da casa de David, que trago a paz ao mundo!"

Eu vi Jesus, sim, eu o vi. Ele era a belíssima figura que surgiu diante dos meus olhos radiante e majestosa, que falava às multidões levando a luz às consciências. Diante dele a tempestade amainava. Mas atrás dele as ondas ficavam calmas, servindo de espelho ao rutilante sol. Jesus foi avançando e chegou perto de mim. Seu dulcíssimo olhar me inundou de luz e ele me disse com voz harmoniosa e melancólica: "Que fazes aqui desterrado? Ao começar tua jornada já te faltam as forças para seguir caminho? Dizes que és uma árvore seca? Ingrato! Não há planta improdutiva, porque em todas germina a fecundante seiva de Deus. Eleva tua vista ao céu e segue-me, sê apóstolo da única religião que deve imperar neste mundo: a caridade, que é amor. Ama e serás forte! Ama e serás grande! Ama e serás justo!" E Jesus passou, estendendo sua mão direita sobre minha cabeça.

Senti o calor da vida em todo meu ser e acordei, embora não seja esse o termo certo, porque eu estava acordado. Senti o golpe das ondas, que durante meu êxtase haviam se embravecido, chocando-se violentamente contra as rochas. Ouvi gemidos e me lembrei do pobre menino que eu havia deixado na areia. Voltei-me para ele, peguei-o ansioso e fugi do perigo, porque uma súbita tempestade ameaçava de morte a todos que se expusessem a sua ira.

Andei um longo trecho e surgiu diante de meus olhos um quadro realmente comovente; ou melhor, impressionante. Mulheres, crianças e anciãos estendiam seus braços sobre o mar, pedindo ao oceano que acalmasse seu furor.

Os anciãos diziam: "Não leves nossos filhos, pois morreríamos de fome!"

As mulheres soluçavam, as crianças chamavam seus pais, e tudo era desolação e espanto.

Uma jovem em particular me chamou vivamente a atenção, porque, muda e sombria, sem proferir uma queixa, olhava para o céu e, ao ver que o furacão não passava, balançava a cabeça, lançava um olhar compassivo a seus companheiros e dizia com sua trágica expressão: "Não há esperança!"

Eu me aproximei e disse:

– Mulher, não desconfies. Os que devem se salvar, salvar-se-ão.

– Ah, padre, estais enganado! – replicou a jovem. – Muitos pais de família sucumbirão hoje, embora não devessem morrer, porque são a providência dos seus. Morre também o melhor homem desta comarca, que se jogou no mar por salvar seu velho pai. Se Adrián morrer, Deus não é justo, porque nos arrebatará o homem mais nobre da Terra. Adrián, Adrián!

E a jovem ameaçou se jogar nas ondas, mas eu a detive e, possuído de uma fé imensa, disse a ela:

– Mulher, não chora. Chama Jesus como eu o chamo! – e o chamei com essa voz da alma que encontra eco nos espaços.

Estendi minha mão direita com extrema convicção (não sei por quê) de que Jesus me ouviria e estaria comigo para pacificar os mares. E Jesus veio. Eu o vi novamente com seu sorriso melancólico, com seu olhar amorosíssimo, com seu ramo de oliveira que agitava sobre as ondas, pacificando-as como por encanto. Eu o vi, sim. Eu o vi. Eu o vi salvando os náufragos, e eu, dominado por seu magnético olhar, olhar divino que só Jesus possui, me senti possuído de uma fé tão profunda que com os braços estendidos para o mar, dizia:

– Jesus, salva os bons, que são tua imagem na Terra. Salva os maus, para que tenham tempo de se arrepender e entrar em teu reino.

E a nuvem passou, e todos os pescadores voltaram à margem para receber as carícias dos seus.

Como o fim da tempestade coincidiu com minha chegada, muitas vozes disseram: “Esse homem é um santo, pois até as ondas lhe obedecem”. Em todos os tempos a ignorância foi a mesma coisa, nunca compreendeu o porquê das coisas.

Eu nada havia feito, tudo havia sido obra do espírito elevado, que mui tos terrenos chamam de Deus e, até certo ponto, têm motivos fundamentados para pensar assim. Porque, em comparação a eles próprios, é um Deus. Mas, diante da Causa Suprema, é um espírito purificado pelo progresso e está mais longe de Deus que os homens de Jesus.

Como minha alma se alegra ao recordar que vi Jesus! Vi-o bem claro e, para me convencer de que não havia sonhado, quando Adrián voltou à terra apoiando seu pai, após deixá-lo em lugar seguro, aproximou-se de mim e disse:

– Padre, que milagre vieste realizar aqui? Não estás sozinho. Vejo contigo um homem lindíssimo, que te olha com carinho e aplaca o furor das ondas estendendo sobre elas seu manto luminoso, mais branco que a espuma. Quem és?

– Um proscrito, um desterrado que consagra sua vida a Jesus.

– É verdade. Jesus me disse. Quando eu acreditei que morreria, escutei sua voz, que me dizia: “Homem de pouca fé, não desconfies, pois há bons trabalhadores na Terra". Então, eu me aproximei de ti e te vi sob o manto do salvador do mundo. Bendito sejas, Jesus!

Adrián caiu de joelhos, e eu junto a ele. Sua noiva veio unir sua prece à nossa e, ao contemplar aqueles dois jovens que se olhavam extasiados, senti uma dor agudíssima no coração. A felicidade deles, sem saber por que, me fazia mal.

Permaneci alguns dias naquele lugar. Adrián se afeiçoou a mim e sua amada também. Na noite de minha despedida, fomos os três à beira do mar. Os dois jovens se sentaram um perto do outro. Eu me afastei alguns passos e tive uma visão muito significativa. Vi uma jovem belíssima, vestida de branco, envolvida em um longo véu e uma coroa de jasmins descansando em suas têmporas. A menina sorria tristemente e me apontava um túmulo que havia em segundo plano. Compreendi o significado daquele quadro e murmurei com resignação: "Obrigado, meu Jesus! A felicidade da Terra morreu para mim. Mas resta-me teu reino, que conquistarei com meu heroísmo e minha resignação".

E desde aquele dia me consagrei a Jesus. Procurei imitar suas virtudes e, embora não tenha podido me assemelhar a ele, consegui fazer mais progresso naquela encarnação que em cem vidas anteriores que só dediquei a querer ser sábio, mas sem saber unir à minha sabedoria o sentimento do amor.

Aquele que nunca viu Jesus não pode ser bom sacerdote. Compreendam bem o que lhes quero dizer: ver Jesus não é exatamente vê-lo em forma tangível como eu o vi. O espírito pode sentir sua influência; ou melhor, todo aquele que quiser amar e consagrar-se em corpo e alma ao bem de seus semelhantes pode atrair sua inspiração divina. Todo aquele que ama ao próximo vê Jesus, porque se identifica com ele.

Na religião do amor universal, os seres amantes do progresso podem ser seus grandes sacerdotes. Não apenas aqueles que usam vestes diferentes e tonsura na parte superior da cabeça são sacerdotes. Sacerdote é aquele que chora com o menino órfão, que acompanha em seu luto a viúva desolada, que participa do desespero da mãe, que chora ao lado de um berço vazio, que lamenta com o encarcerado sua falta de liberdade, que apela, enfim, a todos os meios para melhorar a sorte dos necessitados.

Sacerdote é aquele que, por conta de suas culpas anteriores, tem que vir à Terra para viver completamente sozinho, sem participar dos gozos terrenos, mas que, dotado de um claro entendimento, se consagra a difundir a luz vivendo entre sombras. Não entre as brumas do erro nem as trevas do pecado, entendam bem; vive entre sombras porque sua alma está sozinha. Quando virem um desses seres tristes e resignados que sorriem com doce melancolia, que não têm filhos, mas que muitos o chamam de pai ou mãe, porque lhes devem grandes consolos e sábios conselhos, mesmo que esse espírito use um envoltório coberto de farrapos, é um dos grandes sacerdotes que vêm iniciar os homens no cumprimento da lei de Deus.

O homem se engrandece quando ama, quando se sente inflamado pelo puro amor que Jesus sentiu. Nada significam as cerimônias da Terra para elevar o espírito, eu sei por mim. Quando celebrei a primeira missa, vi-me cercado de todas as más paixões que se agitam no mundo. Li o ódio nos olhares dos príncipes da Igreja e estremeci de espanto ao ver o abismo onde minha orfandade me havia feito cair. E quando vi Jesus na beira do mar, seu semblante lindíssimo, seu melancólico sorriso, seu olhar magnético, sua voz dulcíssima encontraram eco em meu coração. Encontrei nele a personificação de tudo com que sonhava. Compreendi a grandeza da missão de Jesus, vi sua influência moralizadora derrubando os impérios do terror e proclamando a fraternidade universal, e me uni a sua causa, porque é a causa de Deus. Eu me senti dominado por uma vontade poderosíssima; vi o túmulo de minha felicidade terrena e o berço de meu progresso indefinido. E desde então amei o sacerdócio e me consagrei a Jesus, espírito protetor da Terra, anjo tutelar deste planeta, grande sacerdote da verdadeira religião.

Eu recebi o batismo da vida na beira do mar, único lugar onde o homem deve dobrar os joelhos para adorar a Deus, porque é o lugar onde o criador se mostra com toda sua imponente majestade.

Quando as decepções da vida os angustiarem, quando a dúvida torturar sua mente, vão à beira do mar. E, se ainda restar em seu espírito um átomo de sentimento, se as fibras de seu ser ainda se comoverem diante de um espetáculo maravilhoso, sentem-se na areia, contemplem as ondas com seu manto de nítida espuma, escutem atentos e entenderão o que as ondas dizem em seu eterno murmúrio, e verão que, sem que notem, seu pensamento vai se elevando buscando a causa de tão grandioso efeito.

Nos templos de pedra sentirão frio na alma. E na beira do mar o calor da vida infinita reanimará vosso ser.

Uma noite de sol

Fazeis bem em preferir a contemplação da imensidão a tomar parte das tristes alegrias de vossa Terra, onde não há sorriso que não deixe por herança uma lágrima, nem prazer satisfeito que não produza tédio. E o destino do espírito não é se entediar, não é cair desfalecido no caminho da saciedade. O corpo poderá se saciar, mas o espírito sempre deve estar sedento de luz, faminto de justiça e de ciência, ávido de infinito. Felizes vós que vindes a este lugar onde a criação se ostenta com suas melhores galas e toda sua imponente majestade, onde a mentira não solta sua baba peçonhenta!

Felizes vocês que não celebram a festa de um espírito forte indo a lugares onde se mancha sua memória. Como se a memória de um mártir pudesse ser manchada!

"Oh, tu, espírito de Verdade, que vieste à Terra para demonstrar aos homens o poder de tua firme vontade, se nesta noite te aproximares do planeta onde perdeste a cabeça por dizer que Deus era a verdade e a vida, quanta compaixão te inspirarão seus moradores, que à sombra de nomes ilustres cometem incontáveis desacertos!

Como são tristes as festas da Terra! Quantas responsabilidades adquirem aqueles que navegam sem bússola nos mares do prazer!

Quanta degradação!

Quanta obsessão!

Pobre humanidade! Busca flores onde só pode encontrar espinhos! E não acreditam que eu abomino os gozos terrenos, não. Já sabem que nunca fui ascético, mas, ao contrário, acreditei que o homem foi criado para gozar a vida. Mas para gozá-la racionalmente, não se embrutecendo, não afundando no caos da concupiscência, não perdendo nenhum dos direitos que Deus lhe concedeu, nem faltando a nenhum dos deveres que esses mesmos direitos lhe impõem.

Vocês, almas doentes que esperam a hora suprema de voltar ao mundo dos espíritos, fixem seus olhares na imensidão, como vêm fazendo; pois a sede de infinito só se acalma na Terra na beira do mar, onde tudo fala de Deus, onde a catarata da vida verte seus eternos caudais.

Se descerem ao fundo dos mares, encontrarão tesouros em pedras preciosas, em uma vegetação admirável, em incontáveis espécies que vivem de uma maneira inconcebível para vocês, e em tudo se encontra a marca da perfeição; a unidade da diversidade: o todo no átomo isolado e no conjunto dos corpos orgânicos e inorgânicos; a vida germinando no fundo do mar e na elevada cúpula dos céus, no pequeno peixinho que não podem ver sem a ajuda do microscópio e no mundo que precisa de vários sóis para que faixas luminosas de cores prismáticas cruzem seu céu.

Almas que suspiram por uma vida melhor, que arrependidas sinceramente voltam como o filho pródigo à casa de seu pai implorando sua divina clemência, preparem-se para a eterna viagem com um verdadeiro exame de consciência. Não como dizem seus confessores, não trancados em seus aposentos, sem que a natureza lhes fale de Deus, sem que seu espírito se impressione diante da grandeza do Onipotente.

Deixem suas casas de pedra e vão ao grande templo como fizeram esta noite. Perguntem-se diante da imensidão que virtudes possuem? Que caridade praticam? Que sacrifício fazem? A quem amam? Em quem esperam? Que juízo formam de seu modo de ser? E embora se encontrem pequenos, ao mesmo tempo se encontrarão grandes; porque não há nada pequeno na criação, posto que em tudo palpita a onipotência divina do infinito Criador.

Quando se sentirem emocionados ao contemplar as maravilhas da natureza, alegrem-se, regozijem-se, sorriam gozosos, pois começam a se preparar para habitar melhores moradas. Porque o espírito toma posse de um reino quando sabe apreciar o lugar onde se encontra. Ninguém recebe mais alimento do que estritamente necessita.

Não deem pérolas aos porcos, diz a Escritura, e tem razão, e razão de sobra. Muitos de vocês se queixam porque vivem na Terra. Insensatos! Não ririam se levassem alguns cegos ao campo e lhes ordenassem que copiassem aquela paisagem? Pois tão inútil lhes seria passar, em suas condições atuais, a um mundo melhor, cuja luz os deslumbraria, os deixaria cegos, cegos.

Amem; amem a Terra que encerra incontáveis belezas. Ainda há muito que explorar, ainda há bosques virgens onde ecoa a voz de Deus, quando disse às árvores: “Crescei e formai uma terra hospitaleira para as gerações vindouras”.

Ainda há mares cujas águas não foram singradas por barcos à vela e ignoram se a vida se desenvolve em seus polos. Há tanto a fazer ainda! Trabalhem, trabalhem, tornem habitável este planeta em todas as latitudes, colonizem, rompam a terra endurecida deixando nela o sulco do arado; lancem a semente fecunda, que necessitam abundantes colheitas, pois muitos de vocês padecem fome, e muito poucos de vocês estão fartos. Preparem, preparem o reinado da justiça, pois a Terra tem que presenciar uma apoteose. Para todos os planetas chega um dia de glória, e para a Terra chegará também.

Trabalhem, trabalhem com ardor, pois seus amigos invisíveis os ajudam. Reunam forças, associem-se, fraternizem, unam-se, amem-se, convençam-se de que depende de vocês apressar o fausto dia em que o próprio Jesus Cristo voltará à Terra, não com a coroa do martírio, não com a túnica do penitente, seguido de um povo ignorante e fanático, mas lindo, feliz, transfigurado, cercado de seus discípulos e de uma multidão sensata, que o aclamará, não como a um rei, não como a um Deus, mas sim como a um sacerdote do progresso que virá consolidar as bases da fraternidade universal.

A obra que Jesus propôs para si ainda não está concluída; está apenas iniciada, e o período de iniciação terá seu término quando os homens praticarem a lei de Deus.

E a praticarão, não duvidem. Já começam, já buscam o apoio dos espíritos, já querem se relacionar com sua família espiritual, já querem ver e saber de onde vêm e aonde vão. E para todo aquele que bate, as portas do céu se abrem de par em par; todo aquele que pergunta tem resposta; todo aquele que pede, recebe.

Almas doentes, sorriam gozosas, pois recuperarão a saúde e voltarão à Terra para desfrutar de sua obra. Mas não virão sozinhos, perdidos e errantes como as folhas secas arrebatadas pelos úmidos ventos do outono, como hão vindo agora, não. Seu avanço lhes permitirá voltar no seio de amorosa família, criarão afetos duradouros, e sua vida será uma agradável primavera. Nós, que hoje os guiamos e aconselhamos no espaço, estaremos mais perto de vocês, porque seremos membros de sua família, viveremos em sua atmosfera. Mestres e discípulos voltarão à Terra formando uma associação verdadeiramente fraternal.

Trabalhem, artífices do progresso, trabalhem. Os sóis resplandecentes os cercam, as humanidades regeneradas os aguardam. Avancem, vão ao encontro delas. Os filhos do avanço lhes perguntarão: "Que querem?", e vocês devem responder: "Queremos luz, ciência e verdade!"

E ainda, amados meus, guardem em sua mente uma recordação da poética noite de São João.

Quarenta e cinco anos!

– Tudo tem sua causa, e tua tristeza e abatimento a tem também. Um espírito de sofrimento te envolve com seu denso fluido; há poucos dias ele deixou seu envoltório neste imenso túmulo onde as religiões não puderam acender seus círios funerários, nem o orgulho humano ergueu pirâmides nem mausoléus. O mar é a grande vala comum onde se confundem o suicida que negou a onipotência do Eterno e o náufrago que chamou por Deus em seus momentos de agonia.

"O espírito que pretende se comunicar contigo não teve tempo, em sua última vida, de ser crente ou ateu, pois seis horas depois de ter nascido, sua mãe, sua desventurada mãe, desesperada, louca, fugindo de si mesma, jogou-o longe de si e, para ter certeza de sua morte, lançou-o ao mar. Quando as ondas, compassivas, lhe abriram seus braços e o adormeceram com seus cantos e carícias, aquela mulher respirou melhor e olhou em volta, dizendo: 'Ninguém me viu, ninguém.' Mas eu vi. E então, horrorizada, pediu com delírio às revoltas ondas que lhe restituíssem aquele pobre ser entregue a sua voracidade. Mas elas, assim como a calúnia, que não solta sua presa, rugiram com raiva, levantaram uma montanha de espuma e fugiram apressadas levando uma vítima das preocupações sociais.

"O espírito desse menino vaga constantemente por esses lugares, aonde sua mãe vai para rezar com seu amargo pranto. Se tu visses quantas histórias tristes têm seu epílogo no mar! Cometem-se tantos crimes diante do imenso espelho dos céus!"

– Parece impossível – replicamos –, porque olhando o mar se acredita em Deus.

– E tu acreditas que só são cegos aqueles que têm os olhos fechados? Esses são poucos. Muitos são os que veem as estrelas sem compreender que naqueles mundos distantes se agitam outras humanidades que sentem, pensam e amam. Os que reduzem a vida ao estreito círculo de suas paixões, e, para satisfazê-las, cometem todo tipo de desacertos. Faz muitos séculos que esses cegos de entendimento e legisladores de sua categoria escreveram códigos que, em nome da lei, truncam as leis naturais, que são as leis divinas. Pobre, pobre humanidade!

“O espírito que agora reclama nossa atenção foi um desses cegos que tropeçaram e caíram muitas vezes. Por fim, viu a luz e reconheceu seus erros, e, se valoroso e pertinaz foi no mal, não pode ser acusado de covarde em sua expiação. Com ânimo sereno, avaliou o quadro de sua vida e viu em primeiro plano a multidão formada por suas vítimas. Mais longe, um lago imenso formado com as lágrimas de todos os que por causa dele sofreram perseguição e morte, ou desonra e miséria. Pesou uma por uma todas as dores que sua ferocidade havia produzido; analisou todo o mal que por sua causa havia se apossado deste mundo; compreendeu as fatais consequências de seu iníquo proceder; buscou no mar, teatro de suas horrendas façanhas, todos os seus atos de barbárie; viu-se senhor dos mares, sendo o terror e o espanto de mar e terra; viu as crianças sacrificadas, as virgens violentadas, os idosos atormentados e, diante de tantos horrores, não tremeu; ao contrário, decididamente começou a sofrer sua pena sem murmurar. Muito já pagou, mas ainda lhe resta muito a pagar. Uma das vidas em que demonstrou seu valor a toda prova foi, sem sombra de dúvida, a que vou contar.

“Ele nasceu na maior miséria, cresceu em meio a todo tipo de privação, mendigou seu pão até que teve idade para se entregar aos trabalhos mais rudes, sendo grumete em uma galera que foi capturada nas águas da Índia, no mesmo lugar onde, em outras vidas, o pirata que dizia “Todo o Universo é meu!” havia semeado o horror e a morte.

“Toda a tripulação do navio capturado foi passada na faca e só perdoaram a vida do jovem grumete, que foi conduzido ao interior da Índia e submetido aos mais terríveis tormentos. Viveu quarenta e cinco anos sofrendo alternadamente os horrores da água e do fogo, recebendo o dardo de flechas agudas, sendo arrastado por cavalos indômitos, e não havia sofrimentos que lhe causassem a morte. Sempre se curava de todas as feridas; parecia um esqueleto, uma múmia fugida da sepultura. Ninguém o amou, ninguém o quis, ninguém teve compaixão por aquele desafortunado. Não pôde recordar o beijo de sua mãe, nem a proteção de seu pai. Nasceu entre abrolhos, cresceu entre espinhos, morreu em meio a dores agudíssimas.

“Como é ruim ser ruim!

“Como é bom ser bom!

“O herói de nossa história, que chamaremos de Wilfredo, depois daqueles “quarenta e cinco anos” de irresistíveis tormentos teve várias encarnações e em todas elas morreu no mar, que foi onde cometeu todos os seus crimes, onde adquiriu maiores responsabilidades. Agora, pela lei natural, tem que escolher pais sem coração ou dominados por circunstâncias desfavoráveis, que influem poderosamente no destino adverso de Wilfredo, que sempre se propõe a lutar e vencer, mas que nem sempre consegue. E essa contrariedade entra em sua expiação, porque o espírito decidido a sofrer quase se regozija no martírio. Mas esse prazer Wilfredo não pode ter em todas as suas vidas. Por isso sua vida se trunca em seus primeiros anos, e ultimamente nem um dia lhe tem sido permitido permanecer na Terra, contratempo que hoje lamenta porque quer avançar e não avança tudo que deseja. Jogou no mar tantas crianças que o estorvavam em suas viagens que é justo, muito justo, que sucumba nas ondas aquele que não escutou os rogos e os lamentos das mães desoladas."

– Então, se é justo que assim suceda – refletimos –, a mulher que o jogou longe de si não deve ter muita responsabilidade. Se há fatos que fatalmente têm que acontecer, é preciso que haja seres que os executem.

– Isso não existe, cometes um erro gravíssimo, pois o mal nunca é necessário. Porque o mal não é a lei da vida. A lei eterna é o bem, e para que um ser morra não é indispensável que haja assassinos. O homem morre por si só quando tem necessidade de morrer, e, quando deve se salvar, mesmo que se encontre no meio dos maiores perigos, salva-se milagrosamente, como dizem uns; providencialmente, como afirmam outros; casualmente, como acredita a maioria. Não existe milagre, nem providência, nem acaso. O que houve, há e haverá eternamente é justiça, justiça infalível.

"Há um dito popular que diz assim: Não há folha da árvore que se mova sem a vontade de Deus. E é realmente verdade, mas falta explicar o que é a vontade de Deus, que não é o que os homens chamam de vontade, cujos atos são querer e não querer, o poder de admitir ou evitar alguma coisa. E se Deus quisesse ou não quisesse, seria torná-lo suscetível a sentimentos contraditórios; haveria luta em seus ideias, e em Deus só pode haver imutabilidade, infalibilidade, suprema perfeição. Sua vontade é a lei da gravidade que regulariza o movimento dos seres e das coisas; é a força centrífuga e centrípeta, é o efeito respondendo à causa, é a lógica, é a justiça, é dar a cada um segundo suas obras. Deus fez as leis imutáveis e eternas, e elas funcionam na criação sem mudança alguma. Para todas as estações há suas flores e seus frutos, suas chuvas e seus ventos, seus dias de sol e sua noite de borrasca, e para todas as espécies seus idílios de amor.

"Amam os leões nos desertos abrasados pelo sol dos tópicos, amam as rolinhas e as pombas nos caseiros ninhos, amam os peixes em seu leito de cristal, amam os passarinhos nos galhos da selva sombria, amam as palmeiras e todos os vegetais, ama o homem nos braços de sua mãe e prostrado diante do anjo de seus sonhos, amam os planetas o sol que os fecunda; amam os sóis os corpos celestes que giram a sua volta pedindo um ósculo de amor.

"Tudo ama, tudo se relaciona com a vida. Não há fato isolado nem homem solitário, tudo forma família. O crime cria sua atmosfera asfixiante e a virtude seu semblante puríssimo. Deus não quer que o homem sucumba ao peso de infortúnios. O homem cai, desce e morre no meio de dores agudíssimas em cumprimento estrito da lei, pois aquele que se regozijou na dor alheia não tem direito a ser bem-aventurado. A felicidade não se usurpa, é obtida por direito divino quando se cumprem todos os deveres humanos. Por isso Wilfredo não pode ser bem-aventurado, porque, sendo homem, não amou a humanidade, e como forte oprimiu os fracos. Como empregou seu talento no mal, nada mais justo que sua vida seja uma peregrinação muito penosa e que tudo que a natureza encerra tenha para ele agudos espinhos.

"Detenho-me nessas digressões porque é muito necessário que vocês, humanos, se convençam de que quem comete um crime não o executa porque inconscientemente atende a planos divinos para castigar o culpado, não. Isso seria acumular crimes, e as leis divinas só acumulam amor.

"Quando um homem tem que sucumbir no fogo porque precisa sentir as dores que fez que outros sofressem na fogueira, sucumbe em um incêndio sem que ninguém o jogue, e, mesmo quando se empregam todos os meios para salvá-lo, morre. A lei da vida é lei de progresso, não de destruição. Amar todo ser nascente, desde a florzinha do campo até a criança que chora ao nascer para despertar o sentimento da compaixão é obedecer ao mandado divino.

"Amar é viver, viver é sentir e querer. E todo aquele que mata, embora adversas circunstâncias o induzam a isso, é criminoso, porque se opõe às leis de Deus.

"Wilfredo desperdiçou tantos séculos de vida que agora tem sede de viver na Terra. Mas truncou tantas vidas que irremediavelmente hão de truncar as suas, e o trágico episódio de sua última encarnação o entristeceu prolongadamente. Contempla sua mãe, a quem odeia e de quem se compadece ao mesmo tempo, e, se lhe fosse possível, inspiraria cem médiuns ao mesmo tempo para contar suas várias histórias. Ele tem pressa de trabalhar, crê que está tarde para ele no caminho da vida e deseja ganhar os séculos perdidos; acredita que, como querer nem sempre é poder, ele não pode, ou melhor, não merece o prazer da expansão, e não o tem. Bate a diversas portas e ninguém lhe responde. É um dos muitos anacoretas[15] que existem no espaço. Aproximou-se de ti e, como tua sensibilidade está em completo desenvolvimento por conta do ativo trabalho de teu plano de vida, necessariamente sentiste sua dolorosa influência, e eu, para o bem dos dois, dele e de ti, me apressei a desvanecer teus sombrios pres-

[15] Nota da editora: Anacoreta – homem que vive afastado da sociedade, por pertencer a alguma ordem religiosa ou cumprir penitência por erro cometido.

sentimentos e a transmitir algo do muito que se agita na mente de Wilfredo, que, como um rio que transborda com a abundância de suas águas, em vez de fertilizar, destrói as plantações. A água em seu curso dá vida às plantas, mas, invadindo os vales em avalanche torrencial, é sua morte.

"Por enquanto, a inspiração de Wilfredo é avalanche torrencial, e a comunicação dos espíritos não deve, em sã lógica, prejudicar o médium, porque seria devolver mal por bem, e devemos devolver bem por mal. A comunicação, para ser útil, deve instruir, moralizar, procurar que o médium não sofra alteração alguma, ao contrário, que se reanime com seu fluido e adquira força para trabalhar na oficina do progresso. O médium, por sua vez, deve estar sempre alerta, propício ao trabalho, mas reservando sua ilimitada vontade, sendo dono absoluto de seus atos, e desta maneira se estabelece uma relação entre vós e nós que nos presta mútuo consolo.

"Para o espírito é gratificante comunicar-se com os terrenos quando tem na Terra seres amados e sagrados deveres a cumprir. E vocês, que vivem como os infusórios em uma gota d'água, encontram em nós as fontes do infinito; adquirem verdadeiras noções da vida e, embora não lhes damos a ciência infusa, os estimulamos a buscar na ciência o princípio de todas as coisas, e no amor universal o imenso caudal do sentimento, que é o que realmente engrandece o espírito.

"Fui intermediário entre ti e Wilfredo, como te disse antes, para o bem dos dois, pois farto consolo necessitam os anacoretas do espaço e os solitários da Terra. Pobres irmãos meus! Não desanimem. Wilfredo, alma perdida no embravecido mar das paixões, náufrago que em uma rocha solitária, em um castelo formado pela natureza, de suas altas ameias contemplas o abismo onde tantas vezes sucumbiste, e não sabes se abençoa a perpetuidade da vida ou deseja o não ser da morte.

"Para ti também haverá uma família, também chegará um dia em que encontrarás uma mãe amorosa que viverá esperando teus sorrisos e escutando tuas primeiras palavras. Como não há inverno que não tenha como primogênita a primavera, nem estio que não tenha como herdeiro o outono, também a luz do alvorecer brilhará para ti.

"Viveste 'quarenta e cinco anos' de horríveis tormentos, e foste tão forte, tão enérgico, tão decidido para sofrer, que pagaste grandes dívidas naquela encarnação. A energia é um grande auxiliar para o rápido progresso do espírito; não desfaleças, não lamentes nascer e morrer no breve prazo de seis horas, quando podes viver eternamente.

"Não olhes o presente, contempla o porvir; não te apresses demais, pois a corrida só produz cansaço e fadiga. Vá devagar, muito devagar, pois o modo de ser de um espírito não muda em curtos segundos. O homem se despoja de seus vícios lentamente, não se perdem em um dia os hábitos de cem séculos. Espera, reflete e confia em uma nova época não muito distante em que encarnarás na Terra e terás uma família que te ame. Os quarenta e cinco anos de teu martírio na Índia merecem uma trégua de algumas horas de repouso, e tu as terás.

"E tu, cenobita[16] envolvido na humilde túnica de uma mulher, poeta de outros tempos, cantor aventureiro que fugiste do lar doméstico porque não compreendias os direitos e os deveres dos grandes sacerdotes do progresso, mendigas hoje um olhar carinhoso; olha em volta e vê como nascem as gerações, enquanto tu, planta estéril, não pudeste beijar a fronte de uma criança, dizendo: 'Meu filho!'

"Trabalha em tua profunda solidão; busca na contemplação da natureza o complemento de tua pobre vida, já que não tens um ser íntimo a quem contemplar. Mas a mesma coisa que disse a Wilfredo digo a ti: não desfaleças; embora sejas pobre como as folhas secas, podes trabalhar e chegar a possuir uma riqueza fabulosa. Ninguém pode se chamar de pobre tendo o infinito como patrimônio. Tu o tens também, avança. Espíritos amantes do progresso te cercam solícitos. Navega no mar da vida sem temor algum, que a vitória será para ti, como para todos os que trabalham na vinha da civilização universal.

"Lê com afã o que escrevem as ondas ao deixar suas espumas na praia. Sabes que dizem? Isto: 'Humanidade, aprende com nosso exemplo: trabalhamos incessantemente. Se nos imitares, serás feliz'.

"Não esqueças o conselho das ondas. No trabalho está a liberdade. É o trabalho que diz em todas as épocas: Faça-se a luz, e a luz se faz. Vive na luz, e viverás na verdade."

[16] Nota da editora: Cenobita – monge que leva a vida em comum com outros, em oposição ao anacoreta.

Os mantos de espuma

Dizes bem (diz-nos um espírito), a praia coberta de espuma é de um efeito surpreendente e grandioso acima de qualquer ponderação. Não há salão de rico soberano que tenha tapete melhor trabalhado nem telhado mais esplendoroso.

Ontem te acompanhei em teu passeio, associei-me a tua contemplação, chorei contigo e não te deixei nem um segundo, porque queria te contar um episódio de minha última vida intimamente enlaçada com os mantos de espuma que tanto te impressionaram, mantos como nenhum césar teve tão lindos, porque o manto de Deus é superior em beleza a todas as púrpuras e arminhos da Terra.

Em minha última encarnação pertenci a teu gênero e, assim como a Moisés, jogaram-me no mar em um lindo cestinho de vime, em uma linda manhã de primavera.

Um menino de dez anos que estava brincando à beira do mar viu meu berço e, dominado pela curiosidade infantil, entrou na água e momentos depois saltou à terra ébrio de felicidade, porque sem esforço algum havia conseguido pegar o objeto cobiçado, o cestinho de vime cor-de-rosa que estava boiando na água.

Grande foi sua surpresa quando, ao abri-lo, encontrou dentro uma terna criatura envolvida em rendas e peles de arminho. Pegou o precioso achado e correu apressado a buscar seus pais, que eram colonos de um grande senhor. Ao me ver, acariciaram-me, e a boa Ernestina rapidamente me prestou todo tipo de solícitos cuidados.

Naquele mesmo dia caiu sobre minha fronte a água do batismo. Decidiram me chamar Maria do Milagre, pois para aquela boa gente, que não sabia se meu berço havia sido jogado aos mares em distante continente ou na mesma praia onde meu salvador me viu, minha salvação foi um milagre evidente.

Como estavam longe de pensar que eu era filha de um opulento senhor e de uma dama nobilíssima que foi esconder sua desonra atrás dos muros de um convento!

Meus benfeitores me acolheram como um presente dos céus, meu libertador me amou com delírio, cresci nos braços de Augusto, fui completamente feliz, todos que me cercaram me amavam, mas principalmente Augusto, que participava de minhas brincadeiras de menina. E, no dia em que completei 15 primaveras, ele mesmo colocou em minhas têmporas a simbólica coroa de flor de laranjeira, jurando ao pé dos altares consagrar para mim sua vida e seu amor.

Aos 16 anos fui mãe de um menino lindíssimo, que completou minha felicidade. Meu pequeno Rafael era meu encanto. Tão bom quanto seu pai, vivia em meus braços, sempre sorrindo e me acariciando. Forte e robusto, ao completar um ano, corria pela praia brincando com a areia e a espuma das ondas. Certa tarde, estava eu à beira do mar, que era o lugar predileto de meu Rafael, vendo-o brincar e correr. Ainda o vejo com sua roupinha rosa pálido, seus louros cabelos, seus olhinhos azuis e sua pele mais branca que a açucena. Deitava-se na areia e gostava que a espuma das ondas o cobrisse. Ao sentir suas carícias, meu menino ria alegremente; levantava-se, corria, gritava, beijava-me carinhosamente e saía correndo novamente. Eu corria atrás dele, e até meu Augusto participava de nossas brincadeiras.

Naquela tarde eu estava sozinha com meu filho, pois meu esposo havia ido à cidade. Negras nuvens cobriam o horizonte, mas eu estava tão acostumada a viver na praia, onde havia brincado quando menina, onde minha alma despertou para o amor, onde havia recebido os primeiros beijos de meu filho, que não me causavam temor nem as nuvens, nem as ondas, por mais altas que se elevassem. Eu tinha profunda confiança nelas. Tinha imensa gratidão por elas por haverem embalado meu frágil berço.

Meu Rafael brincava como de costume, fugindo e buscando a espuma. Aproximou-se da margem, inclinou-se, veio uma onda com grande violência e arrebatou meu filho. Ao vê-lo desaparecer, joguei-me atrás dele sem avaliar o perigo e perdi a razão, recuperando-a só dois anos depois. Uns pescadores viram nossa queda e vieram em nosso auxílio, com tão boa sorte que nos salvaram, mas eu não murmurei uma queixa. Quando meu Augusto voltou, encontrou seus pais completamente desesperados, porque eu parecia uma idiota olhando meu filho, sem chorar e sem rir. O menino me chamava, mas sua voz não me causava a menor emoção. Daquele estado de idiotismo passei ao da loucura mais violenta, e meu adorado Augusto, sem consentir que me tirassem de seu lado, viveu dois anos morrendo, mas sem perder as esperanças em minha cura. Meu pai contribuiu poderosamente para tornar menos triste a sorte de minha atribulada família, pois embora nunca tenha dito a meu esposo que ele era responsável por meu nascimento, demonstrou um interesse realmente paternal por minha cura, pagando a um médico notório grandes somas para que permanecesse constantemente ao meu lado.

Vivi dois anos entre dolorosas alternâncias de calma estúpida e de furor terrível, até que, numa tarde tempestuosa, o médico decidiu fazer um último teste. Meu esposo foi com meu filho à praia encontrar-se comigo. As ondas chegavam aos meus pés sem me causar a menor reação; até que uma onda mais forte que as outras me cobriu de espuma e meu filho se jogou em meus braços, gritando: "Minha mãe! Minha mãe!" A comoção foi violentíssima, mas Deus teve piedade de nós. Lágrimas dulcíssimas afluíram a meus olhos e eu abracei meu filho com verdadeiro frenesi, enquanto o médico me dizia: "Chora, chora, pobre mãe, chora de alegria! Um manto de espuma envolveu teu filho e dentro desse manto ele viveu dois anos esperando que tu viesses tirá-lo de sua nevada prisão. Acolhe-o em teus braços, não o soltes".

Não era necessário que me dissesse, pois eu o segurava apertado em meu peito e, enquanto não me vi dentro de minha casa, não o afastei de meus braços. A partir daquela tarde feliz minha cura foi rápida. O melhor remédio era ver meu filho mais lindo que os anjos, com seus cabelos de ouro, seu alegre sorriso, que correndo em todas as direções sempre vinha se refugiar em meus braços.

Deixei a Terra muito jovem. Eu era tão feliz que minha felicidade truncava as leis deste planeta. Eu me desprendi de meu envoltório sorrindo, vendo os mantos de espuma que as ondas deixavam na praia.

Meu esposo, cumprindo minha última vontade, deixou meu ataúde três dias exposto à beira do mar. Eu quis que as ondas acariciassem meu féretro, já que um dia embalaram meu berço.

Meus descendentes, nas longas noites de inverno, ainda contam a seus filhos a história de seus antepassados, e em primeiro lugar vem a lenda de Maria do Milagre, que muitos julgam fabulosa, mas que é verdade.

Meu Augusto e meu Rafael voltaram à Terra, e eu, do espaço, acompanho-os com olhar amoroso. Ainda gosto de me aproximar da beira do mar porque me faz recordar meu último idílio de amor terreno.

Triste é este mundo em comparação com outros planetas, mas, vivendo como vivi, tão amada por meu esposo, por meu filho e por todos que me cercaram, é um pequeno paraíso, um oásis abençoado, um porto de bonança, onde a alma vive feliz quando ama e é amada.

Tu admiras como eu admirava os mantos de espuma que espalham sobre a areia, orgulhosos, suas rendas de neve. Eles têm para ti também uma história que hoje não recordas e que nem me deixam que te faça recordar.

Eu te agradeço a gentileza de ter aceitado minha comunicação. Quando estiveres à beira do mar, consagre uma recordação a:

Maria do Milagre

Vinde a mim os que choram!

A vida é o desenvolvimento de forças. A atividade é para o crescimento do homem o que o sol é para a fecundação da Terra.

Um de seus sábios contemporâneos disse que aquele que trabalha ora. E o trabalho constante foi minha oração; pois embora muitas vezes tenha ficado mergulhado em profunda meditação diante do túmulo da menina pálida, a dos cachos negros, e elevasse meu pensamento a Deus no topo das montanhas, nunca me sentia mais forte nem mais inspirado que quando podia enxugar o pranto dos incontáveis mártires da miséria, ou quando me era possível evitar uma ação vergonhosa de algum magnata que com seu ouro queria comprar seu martírio futuro.

Como meu espírito crescia na luta! Meu organismo, debilitado pelo sofrimento e até pela fome – porque minha excessiva pobreza nunca permitiu que me alimentasse com nutritivos manjares –, ganhava uma vida exuberante. Eu me sentia tão forte, tão valoroso, tão convicto de que Deus estava comigo que obrava de maneiras superiores a meus conhecimentos, a meus meios de ação, e agia realmente obedecendo a outra vontade mais forte que a minha. Eu compreendia (sem que me restasse a menor dúvida) que em mim havia dois seres que atuavam ao mesmo tempo, e que se em um momento de crise meu espírito ficava abalado, alguém lhe dizia: "Avança, não retrocedas nunca no caminho do bem. Que os sacrifícios não te doam". E realmente não doíam, porque eu me regozijava no sacrifício. A solidão, a desgraça, o abandono em que minha mãe me deixou transformaram-me em um filósofo profundo. Desde minha mais terna juventude considerei o sacerdote católico romano como uma árvore seca. Eu pensava que todas as cerimônias religiosas eram insuficientes para engrandecer a alma; admirava e invejava o pai de família que consagrava sua vida ao sustento de seus filhos. Via algo útil nisso, enquanto que em minha existência solitária não encontrava mais que um fundo de egoísmo.

E como estava decidido a não ser egoísta, plenamente convicto de que o maior de todos os vícios é viver para si mesmo, decidido a engrandecer minha vida, com meu espírito cansado de participar dos sofrimentos alheios, quando não acontecia nada de extraordinário em minha aldeia, eu praticamente ia à caça de aventuras. Bastava-me ouvir o relato de uma calamidade para ir, solícito, consolar os que sofriam.

Em uma ocasião, um caixeiro-viajante chegou a minha aldeia, colocou-se no meio da praça e, depois de vender parte de seus badulaques, contou a quem quis ouvir que não o haviam deixado entrar em Santa Eugenia, povoado muito distante de minha aldeia, porque havia sido declarada a peste naquela localidade; que a maioria dos moradores havia fugido em debandada, sendo o padre um dos primeiros, causando penosa má impressão em todos os seus fiéis, posto que os havia deixado entregues à perdição, sem ter com quem se confessar em seus últimos momentos.

A narração daquele homem havia me comovido profundamente, e imediatamente disse a Miguel:

– Atende. Vai até eles.

Logo compareceram André e Antonio, honrados proprietários, que empregavam parte de sua pequena fortuna, por conselho meu, em obras de caridade. Ao vê-los, eu disse:

– Preciso de vocês para que me acompanhem a um lugar onde se chora, onde por falta de tudo, não têm nem um sacerdote que os escute em confissão. Tragam seus melhores cavalos. A bom passo, amanhã poderemos chegar à aldeia empesteada. Vocês descansarão na fazenda que fica na entrada do povoado e eu farei meu trabalho. No dia seguinte regressarão para que eu fique completamente tranquilo.

Conforme contou o caixeiro-viajante, havia uma pobre família, que eu conhecia muito bem, cujos sete membros estavam no leito de morte, e um criminoso, um assassino, era a única pessoa que a autoridade destinara para cuidar dos doentes. Pensei: "Isso é horrível! Isso é desumano! Enquanto eu puder me manter em pé, quero dizer com meus feitos: 'Vinde a mim os que choram!' Pois, se Deus me negou os filhos do amor, foi para me dar uma família maior, composta de todos os desafortunados que sucumbem ao peso da dor".

Em minha última vida tive, sem sombra de dúvida, uma força magnética de primeira ordem, porque impunha minha vontade sobre todos aqueles que me cercavam, sem que nenhum se atrevesse a fazer a mais leve objeção.

Montamos a cavalo e meus companheiros mal conseguiam me acompanhar. Eu corria na velocidade do raio. Meu corcel pulava cercas e precipícios sem se intimidar com as escarpadas vertentes nem com os profundos abismos.

O sol mergulhou atrás dos montes; a lua, em toda sua plenitude, espalhou seu manto de prata sobre o mar que dormia tranquilo, e com toda a felicidade chegamos ao fim de nossa viagem.

Hoje não existe nem mais uma pedra daquele lugar empesteado, pois guerras e incêndios destruíram essa aldeia agrícola, rica em mananciais, em frutos saborosos e em fazendas-modelo.

A uma boa distância de Santa Eugenia encontramos o cordão de isolamento, e o burgomestre passeava de um lado a outro, demonstrando profunda inquietude em seu semblante.

Quando nos viu chegar, interceptou nosso passo, dizendo com aspereza:

– Passem longe, pois o diabo se abriga aqui.

– Pois é onde o diabo está que se deve erguer a cruz. Deixe-me passar, pois venho consolar os doentes.

– Quem é você?

– O padre Germano.

– O padre Germano! O bruxo, o feiticeiro, o endiabrado! Fugi, fugi daqui!

– Posso ser tudo, tudo que quiseres, mas deixe-me passar. Há aqui sete indivíduos abandonados pelos homens, e eu venho lhes dizer que não foram abandonados por Deus. Sei que a viúva do moendeiro de Torrente é vítima de uma horrível catástrofe: deixe que eu vá em seu auxílio. E tu, vá a tua casa que, sem sombra de dúvida, tua família precisa de ti – E esporeando meu cavalo, lancei-me a galope, enquanto o burgomestre (segundo me disseram depois meus companheiros) fazia o sinal da cruz, dizendo com voz entrecortada:

– Têm razão, esse homem fez pacto com Satanás.

A humanidade sempre me julgou mal. Enquanto estive na Terra, julgou-me em conivência com o diabo e, quando deixei esse mundo, chamou-me de santo. Quão longe esteve sempre o vulgo da verdade! Na realidade, fui apenas um homem ávido de progresso que havia perdido séculos e séculos buscando na ciência o que nunca pude encontrar: esse prazer íntimo, essa satisfação imensa, essa alegria inextinguível que a prática do bem nos proporciona. Que importa que haja ingratos na Terra se eles, com sua ingratidão, não podem nos arrebatar essa recordação puríssima que qual luz misteriosa nunca se extingue, iluminando o caminho que percorremos? Bem-aventurado aquele que ao se entregar ao descanso pode dizer: "Hoje enxuguei uma lágrima".

A aldeia de Santa Eugenia não me era desconhecida. Eu sabia onde morava a viúva do moendeiro de Torrente, que habitava uma casa meio arruinada quase fora do povoado. Seu marido havia morrido em meus braços seis anos antes e suas últimas palavras ainda ecoavam em meus ouvidos. Morreu dizendo: "Vou tranquilo, meus filhos não ficam órfãos", e acompanhou suas palavras com um desses olhares que nos fazem acreditar na existência de Deus. Existem olhares de fogo, olhares luminosos que desvelam as imensidões da eternidade.

Quando cheguei à casa empesteada, um homem alto e robusto, de aspecto repugnante e feroz, interceptou meu passo, dizendo encolerizado:

– Tenho ordem de não deixar ninguém entrar. A morte está aqui dentro.

– Pois é onde a morte está que os vivos devem ir. Deixa-me entrar, porque venho compartilhar tua fadiga. Leva-me onde está Cecília. – E apeando, disse a meu interlocutor: – Guia-me.

Aquele desventurado me olhou com espanto e disse com mais doçura:

– Padre, o senhor, sem dúvida, não sabe o que há aqui. É a peste!

– É por isso que venho, porque sei que há vários seres agonizando. Não percamos mais tempo.

E com passo apressado entrei na casa, onde encontrei um quadro dos mais horríveis que já vira na vida. Em um aposento desarrumado, iluminado por uma tocha, havia seis homens amontoados, em cima de um monte de palha, mantas e trapos, tudo revirado. Sua respiração cansadíssima me impressionou dolorosamente. Olhei para todos os lados procurando a boa Cecília, que era uma mãe exemplar, e a encontrei em um canto, sentada no chão e sem movimento algum.

Peguei sua mão direita e a estreitei nas minhas, murmurando suavemente: "Cecília!" Ela abriu os olhos, olhou para mim como quem desperta de um profundo sono. Repeti com a voz mais acentuada:

– Cecília, levanta-te. Deus ouviu tuas preces.

– É verdade, posto que o senhor aqui está.

E fazendo um esforço sobre-humano, aquela pobre mártir se levantou, e entre soluços me contou que fazia vinte e seis dias que lutava com a horrível doença de seus filhos, descansando apenas brevíssimos momentos no meio do dia, pois à noite a doença se agravava e não os podia abandonar; que aquela tarde lhe haviam faltado totalmente as forças; que havia pensado em mim e me chamado com insistência, estranhando que eu não houvesse ido antes, posto que em todas as suas preces pedia a Deus que me enviasse.

Eu havia levado comigo minha caixinha de remédios, muito simples na preparação, pois todos eram vegetais, mas me ajudavam mais que todas as minhas faculdades curativas, minha força magnética, tão poderosa que me havia granjeado fama de bruxo, pois em muitas ocasiões fiz curas maravilhosas (a olho nu), por mais que não passassem de fatos naturais dentro das leis físicas, leis desconhecidas para as multidões ignorantes.

Eu tinha a imensa vantagem de saber aproveitar o tempo e, três horas depois de haver chegado àquele lugar de tormento, os seis doentes dormiam tranquilamente, uns mais descansados que outros, enquanto Cecília e o enfermeiro que lhe haviam enviado, seguindo minhas instruções, preparavam infusões e calmantes. Eu, enquanto isso, corri à casa do burgomestre para pedir clemência para aqueles infelizes que careciam do mais indispensável.

Quando a autoridade me viu, compreendi em seu olhar que eu lhe inspirava espanto. Acreditava cegamente que eu havia feito pacto com Satanás, porque, ao chegar a sua casa, preocupado com o que eu lhe havia dito, encontrou suas três filhas sofrendo terríveis convulsões, devidas, evidentemente, a uma causa simples e natural: haviam saído aquela tarde, passando perto da casa dos empesteados, quando um dos doentes, dominado pela febre, havia burlado a vigilância de sua mãe e saído ao campo enrolado em uma manta, dando gritos lancinantes. E as meninas, ao vê-lo, se impressionaram. O terror se apoderou delas e voltaram para casa tremendo convulsivamente. Eu não sabia disso, mas, em muitas ocasiões, sem poder explicar a causa, eu adivinhava o que ia acontecer.

Sem me preocupar com os olhares receosos do burgomestre, pedi a sua esposa que me acompanhasse com suas preces para prestar alívio a suas filhas. E como a oração de uma mãe é a súplica mais fervorosa que o espírito pode fazer, pois há nela todo o amor que a alma pode sentir, seu rogo e minha poderosa vontade de fazer o bem conseguiram deter as convulsões das pobres meninas impressionadas.

Seu pai via o milagre que se operava sem saber quem o fazia, mas, como amava suas filhas, olhou para mim quase com gratidão, dizendo com certo receio:

– Dizem que és emissário de Satanás, mas tuas obras, temos de confessar, não mostram isso.

– Tens razão. O gênio do mal nunca se regozijará no bem. Há em mim apenas um ardente desejo de transformar a humanidade fracionada em uma única família. Quando todos se amarem, a Terra será o bíblico paraíso. Deus não criou os homens para que vivessem pior que as feras, mas para que se amassem. Eu compreendi sua lei, essa é toda minha ciência, todas as minhas bruxarias! Aonde vejo uma lágrima, vou rapidamente. Só o amor universal será a redenção do homem.

Fiquei mais de um mês em Santa Eugenia. Cecília teve a imensa felicidade de ver seus seis filhos completamente curados. O júbilo daquela mãe modelo foi indescritível. Seus olhares e suas demonstrações de carinho me recompensaram amplamente de todos os meus afãs.

Quando decidi voltar para minha aldeia, um pensamento me assaltou. Cecília e seus filhos eram espíritos adiantados, e, naquele lugar, habitado por seres supersticiosos e egoístas, não estavam em seu centro. A prova estava bem evidente, pois quando necessitaram de auxílio foram abandonados quase em absoluto, negando-se a eles o mais necessário para a vida. Julgavam-nos amaldiçoados por Deus por terem adquirido uma doença contagiosa que, segundo se acreditava, havia sido levada àquele lugar por uns boêmios que pernoitaram em Santa Eugenia.

Minha chegada, embora houvesse sido benéfica, em minha ausência poderia lhes servir de novo tormento, e quem sabe se não poderiam até ser perseguidos dizendo que estavam enfeitiçados por mim, posto que eu os havia curado. Eu conhecia tão a fundo o vulgo ignorante que não quis deixar meus amigos expostos a sua ira imbecil, e lhes propus que se mudassem, vindo para minha aldeia, onde com seu trabalho poderiam viver com mais tranquilidade que em Santa Eugenia.

Cecília respondeu que pensava nisso, pois compreendia como eu que, quando eu fosse embora, cairia sobre eles uma verdadeira perseguição, começando pelo padre da aldeia, que nunca me perdoaria por haver exposto sua impiedade.

Quando fui me despedir do burgomestre, ofereci-lhe minha humilde casa, dizendo:

– Estou levando os empesteados. Se acaso a peste reaparecer em Santa Eugenia, mande-me tua família, pois as jovens são impressionáveis e o medo é o contágio.

– Pensa que a peste voltará?

– Quem sabe! Se isso acontecer, a primeira vítima será o pastor que abandonou seu rebanho.

Saí de Santa Eugenia com Cecília e seus filhos. Um único homem se despediu de mim chorando como uma criança: o pobre criminoso que havia servido de enfermeiro aos empesteados. Aquele infeliz se abraçou aos meus joelhos chamando-me de seu deus! Na realidade, minha voz encontrou eco em sua consciência e naquela encarnação ele começou a ver a luz. E hoje está entre vocês sendo um apóstolo da verdadeira religião.

Em minha última vida talvez eu não tenha tido momentos mais felizes que os que transcorreram durante minha volta à aldeia com Cecília e seus filhos. Eles eram espíritos tão lúcidos, tão compreensivos, tão amantes do avanço; sabiam amar com tanto sentimento que me senti feliz ao ver que levava para minha aldeia seis homens que poderiam ser bons chefes de família. Ao vê-los tão ágeis, tão robustos, tão cheios de vida e de juventude, eu me lembrava do modo como os encontrara, tão abatidos, tão desfigurados, tão horrorosos, com o rosto enegrecido, os cabelos eriçados, os olhos sem brilho, os lábios cobertos de espuma sanguinolenta, a inteligência entorpecida a ponto de não reconhecerem nem a própria mãe, que todos adoravam como a uma santa. E era santa, na realidade, porque foi uma das melhores mães que conheci na Terra.

Entrei em minha aldeia mais satisfeito comigo mesmo que todos os conquistadores do mundo, e cheio de emoção disse aos meus fiéis:

– Fui buscar no seio da morte o princípio da vida. Eu lhes trago uma família modelo, de modo que imitem suas virtudes e serão mais ricos que todos os soberanos da Terra.

Um mês depois, soube pela família do burgomestre de Santa Eugenia, que veio se refugiar em minha aldeia fugindo da peste, que, quando o padre voltou, foi o primeiro a sucumbir, vítima da doença que tanto horror lhe causava e que o obrigara a esquecer seus deveres nos momentos mais solenes.

Resta-me dizer-lhes, para terminar este capítulo de minhas memórias, que os seis filhos de Cecília foram a base de várias famílias amantes do progresso e da verdade. Todos se casaram, e a maior parte de seus filhos recebeu a primeira instrução de mim.

Vocês me inspiram compaixão quando os vejo definhar suspirando na solidão que criam por seu egoísmo. Dizem que não têm família. Ingratos! Pois os desvalidos e os doentes não são seus irmãos menores? Todo ser fraco que reclama seu amparo é seu parente, e há tantos infelizes no mundo! A família dos anacoretas é tão numerosa! Há tantos cenobitas que morrem de frio nos desertos deste planeta!

Acreditem, falem como eu falava: "Vinde a mim os que choram", e tereis uma família imensa. Há tantas crianças sem pai, tantos cegos sem ter quem os guie! Há tantas vítimas das misérias humanas!

Enxuguem suas lágrimas, pois o pranto que se verte na inação é como a água do mar que não fecunda a terra fértil. Não chorem sozinhos, chorem com os aflitos, e seu pranto será orvalho benéfico que fará brotar flores entre as pedras.

Um adeus!

Via de regra, o homem ama os lugares onde foi bem-aventurado, e as paragens onde caiu, angustiado sob o peso enorme da cruz, inspiram-lhe aversão. E embora a reflexão nos faça considerar que o que tiver de ser, será, seja em um lugar ou em outro, essa preocupação domina o homem, sem que nem o sábio nem o ignorante se eximam de seu influxo.

Nós confessamos ingenuamente que recordamos com horror alguns lugares onde sentimos essas dores tão agudas, esses acessos de profundo desespero, essa agonia que acaba com todas as esperanças, deixando-nos no profundo abismo do abatimento.

Como se sofre quando a alma se abate, quando o desalento nos cobre com seu manto de neve ou sua capa de cinza fria, quando tudo parece morto. Quando o não ser parece o porvir da humanidade! É quase natural que olhemos com certo temor para os lugares onde sofremos e que recordemos com indizível prazer os pontos onde encontramos repouso de nossas fadigas habituais, mesmo que por breves momentos.

Poucos dias de sol tivemos nesta existência. Percorremos várias cidades e, ao deixá-las, nosso coração não teve que bater com mais violência que de costume. A todos os lugares nos seguiu essa sombra muda, esse fantasma fatídico de nossa expiação, pois, como sem sombra de dúvida ontem semeamos ventos, hoje colhemos abundantes tempestades.

Os que vivem em um naufrágio contínuo têm poucos instantes de alegria. Mas como ninguém vai embora da Terra sem ter sorrido, sem ter descansado alguns instantes, para depois prosseguir com mais ânimo sua penosa jornada, nós, em cumprimento dessa lei, também tivemos alguns momentos de repouso e de doce contemplação na beira do mar.

Sim. Ali, sozinhos diante da imensidão ou acompanhados de uma linda menina de cinco anos e um menino de três primaveras, perguntamos às ondas: “Dizei-me, onde está a felicidade?”, e elas, levantando montanhas de nevada espuma, parecia que nos respondiam: "Na luta incessante do trabalho. Segue nosso exemplo". E acompanhávamos com olhar ansioso seu constante movimento, admirando sua maravilhosa e variada beleza, porque nada muda tanto de forma e de cor como as ondas.

Sempre são belas, sempre falam ao coração sensível contando-lhe uma história interminável, sempre traçam na areia misteriosos hieróglifos, fugindo apressadas, voltando com afã para deixar na praia suas líquidas pérolas. O mar é a força absorvente e a força expelente, e uma e outra se complementam em sua eterna luta. Sem uma, o trabalho da outra seria nulo.

O mar nos parece o manto de Deus. Que lindo, como é lindo! Com suas múltiplas cores quando recebe a chuva de ouro que o sol lhe envia em seus raios luminosos, quando a lua o cobre com seu manto de prata ou os crepúsculos com suas nuvens de púrpura.

O mar sempre é grandioso, sempre é admirável, sempre surpreende com um novo encanto, sempre oferece ao homem pensador um livro imenso onde estudar as infinitas maravilhas da criação.

A doce voz de um menino veio nos tirar de nosso êxtase. De volta à vida real, olhamos para a pequena Rosita, que sempre foi nossa inseparável companheira na beira do mar.

Também vemos Deus no rosto de uma criança, porque seus olhos irradiam os resplendores do céu.

Seguimos nosso passeio e nossos olhares se detiveram em um jovem casal que brincava com as ondas, rindo alegremente quando a branca espuma salpicava seus vestidos com nítidas pérolas.

Como é risonha a juventude! Durante alguns momentos contemplamos os seres que nos cercam, e notamos que todos juntos escrevíamos uma página da história humana.

Rosita e seu irmão brincavam na areia alegres e confiantes, e sua boa mãe os olhava com prazer. Para ela, seus filhos são a coisa mais linda na Terra. O jovem casal que brincava com as ondas, Celia e Enrique, que os dois juntos não contam meio século, olhavam-se amorosamente. Para eles, tudo está em seu amor, e nós, sem a alegria das crianças, sem a bendita satisfação de sua mãe, sem a dulcíssima esperança de Celia e Enrique, olhávamos o mar e víamos em suas ondas algo que nos falava de Deus e nos fazia pensar na eternidade.

A dor é o agente do progresso que diz a muitos espíritos: "Levanta-te e anda!" Quanto tempo faz que sua voz ecoa em nossos ouvidos!

Antes de deixar aquela praia tranquila, entramos na humilde casinha onde tantas vezes escutamos o médium falante inspirado pelo espírito do padre Germano. Paramos na salinha onde havíamos ouvido frases tão consoladoras, agradecemos em nossa mente àquelas paredes que haviam nos abrigado, àquelas cadeiras que haviam nos servido para repousar. E como não agradecer, se naquela sala recebemos tão instrutivas lições, tão sábios, tão prudentes conselhos, dados com tanto amor, com tanta paciência? Um espírito amigo nunca se cansa de aconselhar e de instruir. Como é imenso o amor dos espíritos!

Chegou o momento de partir, e abandonamos a casinha, a praia, as rochas, as ondas. Tudo ficou lá!

Quando deixarmos a Terra, sem sombra de dúvida nosso espírito irá àquele lugar, se sentará naquelas rochas e, sendo certo (como diz Draper) que sempre que uma sombra se projeta em uma parede deixa uma marca permanente nela, estando provado que as imagens do passado estão gravadas nos quadros do éter, assim como os sons das vozes passadas, e até os perfumes das flores murchas há séculos e os aromas das frutas que pendiam das árvores quando o homem ainda não havia ensaiado o voo de seu pensamento, ali nos contemplaremos, ali nos veremos tristes e abatidos, lamentando a eternidade da vida, acreditando que era a eternidade da dor.

Ali tornaremos a ouvir a voz do padre Germano, que tanto nos impulsiona hoje ao progresso, que tanto nos estimula, que tanto nos inspira. Oh, sim! Ao deixar este mundo iremos ao lugar onde estivemos ontem, para dar-lhe um adeus. Seríamos muito ingratos se esquecêssemos o inefável consolo que nosso espírito encontrou naquele lugar.

Quantas vezes chegamos àquele lugar lamentando as misérias humanas e, ao deixá-lo, sorrimos gozosos, murmurando com íntima satisfação:

– Como é bonito viver quando se confia em nosso progresso indefinido e se ama a verdade suprema, a eterna luz!

Adeus, humilde casinha! Praia tranquila! Ondas envolvidas em nevada espuma! Rochas cobertas com seu manto de algas! Adeus! Adeus!

Amalia Domingo y Soler
Gracia, 12 de março de 1884.

Perdoo-te

Teresa de Ávila (1515-1582) viveu na Espanha. E teria sido a reencarnação de Maria Madalena, discípula de Jesus — é o que acaba deduzindo quem lê esta história, trazida pelo espírito Íris. Seus relatos antecedem a existência de Maria de Magdala, reportando-se a tempos imemoriais, na Atlântida, onde teria vivido com o nome Íris. Intrigante é o fato de o espírito comunicante não usar de forma explícita o nome de Madalena nem o da revolucionária religiosa Teresa de Ávila, também chamada Teresa de Jesus. Mas temos de levar em conta que, nos tempos em que viveu Amália Soler, o espiritismo era muito combatido.

Esta edição foi impressa em Novembro de 2017 pela Assahi Gráfica e Editora Ltda., São Bernardo do Campo, SP, para o Instituto Lachâtre, sendo tiradas duas mil cópias, todas em formato fechado 160x230mm e com mancha de 115x180mm. Os papéis utilizados foram o Off-set 63g/m^2 para o miolo e o Cartão Supremo Triplex 300g/m^2 para a capa. O texto foi composto em Utopia Std 10,5/12,1, os títulos foram compostos ITC Berkeley Oldstyle Std Black 22/25,3, as citações e as notas, em Utopia Std 8,5/10,8. A programação visual da capa foi elaborada por Andrei Polessi.